U0469408

中国短期跨境资本流动宏观审慎管理研究

The Macroprudential Management of Short-term Capital Flows of China

谈 俊 著

社会科学文献出版社
SOCIAL SCIENCES ACADEMIC PRESS (CHINA)

图书在版编目(CIP)数据

中国短期跨境资本流动宏观审慎管理研究/谈俊著.——北京：社会科学文献出版社，2018.12
（中国社会科学博士后文库）
ISBN 978 - 7 - 5201 - 3778 - 2

Ⅰ.①中… Ⅱ.①谈… Ⅲ.①资本流动-宏观管理-研究-中国 Ⅳ.①F832.6

中国版本图书馆 CIP 数据核字（2018）第 252179 号

·中国社会科学博士后文库·
中国短期跨境资本流动宏观审慎管理研究

著　　者／谈　俊

出 版 人／谢寿光
项目统筹／张　超
责任编辑／张　超

出　　版／社会科学文献出版社·皮书出版分社（010）59367127
　　　　　　地址：北京市北三环中路甲29号院华龙大厦　邮编：100029
　　　　　　网址：www.ssap.com.cn

发　　行／市场营销中心（010）59367081　59367083
印　　装／三河市龙林印务有限公司

规　　格／开　本：787mm×1092mm　1/16
　　　　　　印　张：15　字　数：251千字
版　　次／2018年12月第1版　2018年12月第1次印刷
书　　号／ISBN 978 - 7 - 5201 - 3778 - 2
定　　价／89.00元

本书如有印装质量问题，请与读者服务中心（010-59367028）联系

▲ 版权所有 翻印必究

第七批《中国社会科学博士后文库》
编委会及编辑部成员名单

（一）编委会

主　任：王京清

副主任：马　援　张冠梓　高京斋　俞家栋　夏文峰

秘书长：邱春雷　张国春

成　员（按姓氏笔画排序）：

卜宪群　王建朗　方　勇　邓纯东　史　丹
朱恒鹏　刘丹青　刘玉宏　刘跃进　孙壮志
孙海泉　李　平　李向阳　李国强　李新烽
杨世伟　吴白乙　何德旭　汪朝光　张　翼
张车伟　张宇燕　张星星　陈　甦　陈众议
陈星灿　卓新平　房　宁　赵天晓　赵剑英
胡　滨　袁东振　黄　平　朝戈金　谢寿光
潘家华　冀祥德　穆林霞　魏后凯

（二）编辑部（按姓氏笔画排序）：

主　任：高京斋

副主任：曲建君　李晓琳　陈　颖　薛万里

成　员：王　芳　王　琪　刘　杰　孙大伟　宋　娜
　　　　陈　效　苑淑娅　姚冬梅　梅　玫　黎　元

序　言

博士后制度在我国落地生根已逾30年，已经成为国家人才体系建设中的重要一环。30多年来，博士后制度对推动我国人事人才体制机制改革、促进科技创新和经济社会发展发挥了重要的作用，也培养了一批国家急需的高层次创新型人才。

自1986年1月开始招收第一名博士后研究人员起，截至目前，国家已累计招收14万余名博士后研究人员，已经出站的博士后大多成为各领域的科研骨干和学术带头人。这其中，已有50余位博士后当选两院院士；众多博士后入选各类人才计划，其中，国家百千万人才工程年入选率达34.36%，国家杰出青年科学基金入选率平均达21.04%，教育部"长江学者"入选率平均达10%左右。

2015年底，国务院办公厅出台《关于改革完善博士后制度的意见》，要求各地各部门各设站单位按照党中央、国务院决策部署，牢固树立并切实贯彻创新、协调、绿色、开放、共享的发展理念，深入实施创新驱动发展战略和人才优先发展战略，完善体制机制，健全服务体系，推动博士后事业科学发展。这为我国博士后事业的进一步发展指明了方向，也为哲学社会科学领域博士后工作提出了新的研究方向。

习近平总书记在2016年5月17日全国哲学社会科学工作座谈会上发表重要讲话指出：一个国家的发展水平，既取决于自然科学发展水平，也取决于哲学社会科学发展水平。一个没有发达的自然科学的国家不可能走在世界前列，一个没有繁荣的哲学社会科学的国家也不可能走在世界前列。坚持和发展中国特色社会主义，需要不断在实践和理论上进行探索、用发展着的理论指导发展着的实践。在这个过程中，哲学社会科学具有不可替代的重要地位，哲学社会科学工作者具有不可替代的重要作用。这是党和国家领导人对包括哲学社会科学博士后在内的所有哲学社会科学领域的研究者、工作者提出的殷切希望！

中国社会科学院是中央直属的国家哲学社会科学研究机构，在哲学社会科学博士后工作领域处于领军地位。为充分调动哲学社会科学博士后研究人员科研创新积极性，展示哲学社会科学领域博士后优秀成果，提高我国哲学社会科学发展整体水平，中国社会科学院和全国博士后管理委员会于2012年联合推出了《中国社会科学博士后文库》（以下简称《文库》），每年在全国范围内择优出版博士后成果。经过多年的发展，《文库》已经成为集中、系统、全面反映我国哲学社会科学博士后优秀成果的高端学术平台，学术影响力和社会影响力逐年提高。

下一步，做好哲学社会科学博士后工作，做好《文库》工作，要认真学习领会习近平总书记系列重要讲话精神，自觉肩负起新的时代使命，锐意创新、发奋进取。为此，需做到：

第一，始终坚持马克思主义的指导地位。哲学社会科学研究离不开正确的世界观、方法论的指导。习近平总书记深刻指出：坚持以马克思主义为指导，是当代中国哲学社会科学区别于其他哲学社会科学的根本标志，必须旗帜鲜明加以坚持。马克思主义揭示了事物的本质、内在联系及发展规律，是"伟大的认识工具"，是人们观察世界、分析问题的有力思想武器。马克思主义尽管诞生在一个半多世纪之前，但在当今时代，马克思主义与新的时代实践结合起来，愈来愈显示出更加强大的生命力。哲学社会科学博士后研究人员应该更加自觉坚持马克思主义在科研工作中的指导地位，继续推进马克思主义中国化、时代化、大众化，继续发展21世纪马克思主义、当代中国马克思主义。要继续把《文库》建设成为马克思主义中国化最新理论成果的宣传、展示、交流的平台，为中国特色社会主义建设提供强有力的理论支撑。

第二，逐步树立智库意识和品牌意识。哲学社会科学肩负着回答时代命题、规划未来道路的使命。当前中央对哲学社会科学愈发重视，尤其是提出要发挥哲学社会科学在治国理政、提高改革决策水平、推进国家治理体系和治理能力现代化中的作用。从2015年开始，中央已启动了国家高端智库的建设，这对哲学社会科学博士后工作提出了更高的针对性要求，也为哲学社会科学博士后研究提供了更为广阔的应用空间。《文库》依托中国社会科学院，面向全国哲学社会科学领域博士后科研流动站、工作站的博士后征集优秀成果，入选出版的著作也代表了哲学社会科学博士后最高的学术研究水平。因此，要善于把中国社会科学院服务党和国家决策的大智库功能与《文库》的小智库功能结合起来，进而以智库意识推动品牌意识建设，最终树立《文库》的智库意识和品牌意识。

第三，积极推动中国特色哲学社会科学学术体系和话语体系建设。改革开放30多年来，我国在经济建设、政治建设、文化建设、社会建设、生态文明建设和党的建设各个领域都取得了举世瞩目的成就，比历史上任何时期都更接近中华民族伟大复兴的目标。但正如习近平总书记所指出的那样：在解读中国实践、构建中国理论上，我们应该最有发言权，但实际上我国哲学社会科学在国际上的声音还比较小，还处于有理说不出、说了传不开的境地。这里问题的实质，就是中国特色、中国特质的哲学社会科学学术体系和话语体系的缺失和建设问题。具有中国特色、中国特质的学术体系和话语体系必然是由具有中国特色、中国特质的概念、范畴和学科等组成。这一切不是凭空想象得来的，而是在中国化的马克思主义指导下，在参考我们民族特质、历史智慧的基础上再创造出来的。在这一过程中，积极吸纳儒、释、道、墨、名、法、农、杂、兵等各家学说的精髓，无疑是保持中国特色、中国特质的重要保证。换言之，不能站在历史、文化虚无主义立场搞研究。要通过《文库》积极引导哲学社会科学博士后研究人员：一方面，要积极吸收古今中外各种学术资源，坚持古为今用、洋为中用。另一方面，要以中国自己的实践为研究定位，围绕中国自己的问题，坚持问题导向，努力探索具备中国特色、中国特质的概念、范畴与理论体系，在体现继承性和民族性，体现原创性和时代性，体现系统性和专业性方面，不断加强和深化中国特色学术体系和话语体系建设。

新形势下，我国哲学社会科学地位更加重要、任务更加繁重。衷心希望广大哲学社会科学博士后工作者和博士后们，以《文库》系列著作的出版为契机，以习近平总书记在全国哲学社会科学座谈会上的讲话为根本遵循，将自身的研究工作与时代的需求结合起来，将自身的研究工作与国家和人民的召唤结合起来，以深厚的学识修养赢得尊重，以高尚的人格魅力引领风气，在为祖国、为人民立德立功立言中，在实现中华民族伟大复兴中国梦征程中，成就自我、实现价值。

是为序。

中国社会科学院副院长
中国社会科学院博士后管理委员会主任
2016 年 12 月 1 日

摘　要

　　2008年国际金融危机的爆发使人们意识到微观层面金融机构的稳健并不意味着宏观层面金融系统的稳健，宏观审慎管理再次进入学术界和决策层视野，对其研究也日渐增多。与此同时，全球掀起新一轮跨境资本流动，资本在国家间的大规模频繁流动给新兴经济体和发展中国家的经济稳定带来了冲击。如何从宏观审慎的角度管理跨境资本流动成为各界的热点关注领域，其中，短期跨境资本流动成为对跨境资本流动进行宏观审慎管理的重点之一。

　　从现有国内外文献来看，对短期跨境资本管理的研究主要集中在三个方面，其一为短期跨境资本流动监管的必要性，即为何需要对短期跨境资本流动进行监管？中外学者对这一问题的回答不蔓不枝，大多认为短期跨境资本流动性强、停留时间短、流动方向易变，会冲击一国经济稳定，甚至导致出现经济和金融危机。其二为短期跨境资本流动监管的成效。现有文献主要从短期跨境资本监管对资本流动规模的影响、对相关经济指标（如货币增长、财政赤字、外汇储备、利率水平等）的影响以及对企业经营效率的影响等三个方面开展研究，由于在指标选取、研究方法、样本区间等方面的差异，学者们在上述三个领域均未取得一致意见，正面、负面及中性结论皆有之。其三为此次国际金融危机以来部分国家对短期跨境资本流动宏观审慎监管的探索。总体来看，无论是理论研究，还是实践探索，整体上仍处于初期阶段，有待进一步深化。

　　改革开放以来，我国短期跨境资本流动规模随着市场化取向改革的深入和经济规模的不断扩大而逐步增加，短期跨境资本流动频率也随着经济开放程度，特别是金融与资本账户开放程度的提高而加快。我国对短期跨境资本流动的管理方式也从最初单一的行政式资本管制逐步转向数量管制与市场调节并举。2008年国际金融危机以来，我国较早开始探索跨境资本流动的宏观审慎管理以防范与化解系统性金融风险，短期跨境资本流动作为跨境资本流动重要组成部分，也被纳入宏观审慎管理框架之中。

"系统性风险"概念的出现主要缘于最近二十多年来越来越多的对一国甚至跨国金融风险的担忧，但学术界对这一概念至今尚未形成统一认识，比较一致的看法是，冲击与传导机制是构成系统性风险的两个关键要素。对金融系统而言，冲击包括局部冲击和系统性冲击、内部冲击和外部冲击。传导机制在系统性风险中居于核心地位，可以使一个局部的扰动发展成为影响全局的系统性风险。从国内外实践来看，金融体系中系统性风险主要产生在银行体系、金融市场以及支付清算系统等三个领域。短期跨境资本流动导致出现系统性金融风险的方式有两个：一是经由银行等金融机构内在的顺周期性，通过短时期内放大经济周期性波动幅度，特别是扩大一国资本市场和资产价格随经济周期波动幅度而出现系统性风险；二是经由系统重要性金融机构途径，通过系统重要性金融机构巨大的溢出效应和网络传导效应将短期跨境资本流动所产生的风险快速扩散至整个金融系统，从而出现系统性金融风险。

与系统性风险相结合的宏观审慎政策以设法解决两类系统性风险为目标，一类是随时间演化的系统性风险，即金融机构的顺周期性；另一类是在给定时点上因金融机构之间业务往来而形成的具有网络传导效应的系统性风险。宏观审慎政策的实施需要基于一定的框架，框架的核心内容包括政策目标、政策实施范围、政策工具以及与其相适应的政府治理，制度安排、系统性风险的识别与监测，化解系统性风险的成本分摊与政策协调等亦属于宏观审慎政策框架的重要组成部分。

我国短期跨境资本流动宏观审慎管理的目标具有非唯一性，由包括最终目标和直接目标构成的目标体系组成，其中，最终目标是确保不发生系统性金融风险、更好地服务实体经济发展，直接目标则包括促进汇率稳定、优化跨境资本流动结构、促进人民币资本项目完全可兑换和资本账户的进一步开放等。实践中，我国主要使用数量型工具和行政型工具对短期跨境资本流动进行调节，对中资企业短期外债和银行短期外债更是运用数量型和行政型指标进行双重约束，对价格型工具的运用则仍在探索之中。

放眼全球，作为新兴经济体的土耳其的中央银行面对短期跨境资本的大规模流动，创造性地采用了灵活利率走廊和准备金选择机制，较好地平抑了短期跨境资本流动和汇率波动，其有益经验值得我国借鉴。纵观历史，托宾税在调节新兴经济体跨境资本流动方面曾发挥一定作用。宏观审慎管理下，托宾税作为一种调节跨境资本流动的价格型工具，与宏观审慎管理具有内在的逻辑一致性，我国可以考虑将其作为调节短期跨境资本流动的工具，具体包括逐步实施以均衡汇率水平为基础的两级托宾税、加强部门和国际合作等。

从中短期来看，美联储货币政策进入以加息和缩表为主要内容的紧缩性通道后，其货币政策具有的广泛溢出效应已经对新兴经济体和发展中国家产生影响，部分国家的金融市场出现了大幅动荡，国际市场再次出现资本大规模回流美国的情况。我国金融市场也受到波及，人民币汇率面临较大贬值压力，股市出现较大幅度下跌，短期跨境资本流出压力也持续存在。预计这一状况将延续一段时期，对此，我国应高度重视并综合评估美联储紧缩政策及国际金融市场动荡对我国可能产生的影响，采取包括宏观审慎管理在内的多项政策举措应对短期跨境资本流动。

从长期看，随着我国经济进一步融入世界经济体系，金融"走出去"将成为我国经济"走出去"的重要组成部分，其中，金融机构的"走出去"和人民币国际化将成为我国金融"走出去"的重要组成部分，在这个过程中短期跨境资本流动的规模将加大，流动频率也将提高。对短期跨境资本流动进行宏观审慎管理有助于平缓跨境资本流动的波动，促进我国金融更好地"走出去"。

关键词： 宏观审慎　短期跨境资本　系统性风险　托宾税

Abstract

The international financial crisis that broke out in 2008 made people realized that the stability of financial institutions does not mean the stability of the whole financial system. Macro-prudential management again enters into the academic and decision-making horizons, and the research on this field is also increasing. At the same time, a new round of cross-border capital flows over the world and brings shocks to emerging and developing countries. How to manage cross-border capital flows with macro-prudential methods becomes a hotpot in society, and short-term cross-border capital flows have become one of the focus.

From the existing domestic and foreign literature, researches on short-term cross-border capital flows management focuses on three areas. The first one is the need for short-term cross-border capital flows regulation, that is why it is necessary to regulate short-term cross-border capital flows? The answers to this question are not dispersion. Most people think that short-term cross-border capital has strong liquidity, short stay time, and variable flow directions, which will impact a country's economic stability and even lead to economic and financial crisis. The second one is the effectiveness of short-term cross-border capital regulation. The existing literature mainly focuses on the impact of short-term cross-border capital regulation on the scale of capital flows, the impact on relevant economic indicators (such as currency growth, fiscal deficit, foreign exchange reserves, interest rate levels, etc.) and the impact on business efficiency. Due to differences in indicator selection, research methods, sample intervals and so on, scholars have not reached consensus in the above three areas yet. The third one is the exploration of macro-prudential supervision of short-term cross-border capital flows in some countries since the international financial crisis. In general, whether it is theoretical research or practical exploration, the macro-prudential management of short-term cross-border capital flows still in the initial stage and needs further research.

Since the reform and opening up, the scale of China's short-term cross-border capital flows has gradually increased with the deepening of market-oriented reforms. The frequency of short-term cross-border capital flows is also accelerating with the degree of economic openness, especially with the increase in the openness of financial and capital accounts. The management of short-term cross-border capital flows has also gradually shifted from the single administrative capital control initially to quantitative control and market regulation. Since the international financial crisis in 2008, China has begun to explore macro-prudential management of cross-border capital flows to prevent and resolve systemic financial risks, short-term cross-border capital flows are also included.

The emergence of the concept of "systemic risk" is mainly due to the growing concern over one country and even cross-border financial risks in the past two decades, however, the scholars have not yet formed a unified understanding of this concept, the more consistent view is that the shock and transmission mechanism are the two key elements that constitute systemic risk. For the financial system, shocks include local and systemic shocks, internal shocks and external shocks. The transmission mechanism is at the core of systemic risk, which can make a local disturbance develop into a systemic risk that affects the whole financial system. From the perspective of domestic and foreign practice, systemic risks in the financial system are mainly generated in the banking system, financial market and payment clearing system. There are two ways in which short-term cross-border capital flows can lead to systemic financial risks: the first is through the inherent procyclicality of financial institutions such as banks, amplifying the cyclical fluctuations of the economy in a short period of time, especially expanding the capital market and asset prices of a country with the magnitude of fluctuations in the economic cycle that resulting in systemic risks, the second is through the systemically important financial institutions, through the huge spillover effects and network transmission effects of systemically important financial institutions, the risks arising from short-term cross-border capital flows are quickly spread to the entire financial system, resulting in systemic financial risks.

The macro-prudential policy combined with systemic risk aims to solve two types of systemic risks, the one is the systemic risk that evolves over time, that is, the procyclicality of financial institutions, and the other is at a given point the systemic risk of network conduction effects formed by business transactions between institutions. The implementation of macro-prudential policies needs to be based on a certain framework, which contents of the framework includes policy objectives, scope of policy implementation, policy tools, and government governance appropriate to it, institutional arrangements, the identification and monitoring of systemic risks, the cost-sharing of systemic risks and policy coordination are also important components of the macro-prudential policy framework.

The objective of macro-prudential management of short-term cross-border capital flows in China is non-unique, consisting of a target system consisting of a final goal and a direct goal. The ultimate goal is to ensure that no systematic financial risks occur and better serve the real economy. Direct objectives include promoting exchange rate stability, optimizing cross-border capital flow structure, promoting full convertibility of RMB capital projects, and further opening of capital accounts and so on. In practice, China mainly uses quantitative tools and administrative tools to regulate short-term cross-border capital flows. For short-term

Abstract

external debts of Chinese-funded enterprises and short-term foreign debts of banks, they use both quantitative and administrative indicators to impose dual constraints, and price-based instruments is still being explored.

As an emerging economy, Turkey's central bank faces the massive flow of short-term cross-border capital, creatively adopting flexible interest rate corridors and reserve option mechanisms, they have better stabilized short-term cross-border capital flows and exchange rate fluctuations, and the useful experience is worth learning from. Historically, Tobin tax has played a role in regulating the cross-border capital flows of emerging economies. Under macro-prudential management, Tobin tax as a price-based tool for regulating cross-border capital flows has inherent logical consistency with macro-prudential management. China can consider it as a tool to regulate short-term cross-border capital flows, includes the gradual implementation of a two-level Tobin tax based on a balanced exchange rate level, and strengthening cooperation between departments and between the countries.

In the short to medium term, the Fed's tightening monetary policy with interest rate hikes and shrinking tables has already affected emerging economies and developing countries, financial markets in some countries have experienced significant turmoil, the international market has once again seen massive capital return to the United States. China's financial market has also been affected, the RMB exchange rate is facing greater depreciation pressure, the stock market has experienced a significant decline, and the short-term cross-border capital outflow pressure also exists. This situation is expected to continue for a period of time, China should attach great importance to it and comprehensively assess the possible impact of the Fed's tightening policy and international market turmoil, and adopt a number of policies, including macro-prudential management.

In the long run, with the further integration of China's economy into the world economic system, financial "going out" will become an important part of China's "going out" economy. Among them, financial institutions' "going out" and RMB internationalization will be the focus. In this process, the scale of short-term cross-border capital flows will increase and the frequency will increase too. Macro-prudential management of short-term cross-border capital flows will help promote better "going out" of China's finance.

Keywords: Macro-prudential; Short-term Cross-border Capital; Systemic Risk; Tobin Tax

目 录

第一章 引言 ……………………………………………………………… 1

    第一节 转变之中——世界经济发展新趋势 ……………………… 1

    第二节 波动频繁——全球短期跨境资本流动新态势 …………… 4

    第三节 调整之中——资本流动监管立场新变化 ………………… 6

    第四节 结构调整与波动加大并存——我国跨境资本
　　　　流动新变化 ……………………………………………… 10

    第五节 本研究的意义 ……………………………………………… 12

    第六节 全书结构框架、新意及不足 ……………………………… 13

第二章 文献综述 ……………………………………………………… 15

    第一节 金融危机后对跨境资本流动与金融危机关系的探讨 …… 15

    第二节 短期跨境资本流动进行监管的必要性 …………………… 20

    第三节 短期跨境资本流动监管的成效 …………………………… 25

    第四节 短期跨境资本流动的宏观审慎监管 ……………………… 28

第三章 改革开放以来我国短期跨境资本流动管理的历程、
　　　　逻辑与趋势 …………………………………………………… 31

    第一节 改革开放以来我国短期跨境资本流动规模的测算 ……… 31

    第二节 我国短期跨境资本流动管理历程 ………………………… 39

    第三节 我国短期跨境资本流动管理的逻辑与发展趋势 ………… 57

第四章 短期跨境资本流动宏观审慎管理理论分析 ………………… 60

    第一节 短期跨境资本流动的系统性风险衍生机制分析 ………… 60

第二节 宏观审慎管理政策的演进历程……………………… 68

第五章 我国短期跨境资本流动宏观审慎管理体系构建………… 77
  第一节 我国现有跨境资本流动宏观审慎管理文献综述……… 77
  第二节 我国短期跨境资本流动宏观审慎管理的总体框架
      与实践进展……………………………………………… 78
  第三节 促进完善我国短期跨境资本流动宏观审慎管理的建议…… 87

第六章 短期跨境资本流动与宏观审慎政策：土耳其
    的经验与启示……………………………………………… 89
  第一节 土耳其灵活利率走廊和准备金选择机制：实践与成效…… 91
  第二节 对土耳其灵活利率走廊和准备金选择机制的评价…… 101
  第三节 土耳其灵活利率走廊和准备金选择机制对我国的启示… 103

第七章 宏观审慎管理视角下的托宾税及其实施……………… 105
  第一节 托宾税理论与实践发展………………………………… 105
  第二节 研究进展………………………………………………… 107
  第三节 宏观审慎管理视角下对托宾税的新认识……………… 109
  第四节 宏观审慎管理下我国实施托宾税的政策建议………… 113

第八章 美联储新一轮紧缩性货币政策下我国短期
    跨境资本流动及应对……………………………………… 116
  第一节 美联储紧缩性货币政策及影响的历史回顾…………… 116
  第二节 美联储紧缩性货币政策引起当前国际金融市场
      大幅动荡………………………………………………… 121
  第三节 美联储紧缩性货币政策溢出效应对我国短期跨
      境资本流动的影响……………………………………… 137
  第四节 政策建议………………………………………………… 147

第九章 我国金融"走出去"背景下短期跨境资本
    流动的宏观审慎管理……………………………………… 150
  第一节 我国金融"走出去"的进展及未来发展目标………… 151

第二节　金融"走出去"与短期跨境资本流动的宏观审慎管理 … 165
　　第三节　金融"走出去"背景下短期跨境资本流动宏观审慎
　　　　　　管理面临的障碍及政策建议 …………………………… 173

附　录 ………………………………………………………………… 179
　　附录一　类托宾税等价格型工具的国际实践 ………………… 179
　　附录二　国家外汇管理局历年资本项目外汇管理政策汇总 ……… 181

参考文献 ……………………………………………………………… 191

索　引 ………………………………………………………………… 208

后　记 ………………………………………………………………… 211

Content

Chapter 1   Introduction   / 1

    1.1   Transformation: New Trends in World Economic
          Development   / 1
    1.2   Frequent Fluctuations: a New Trend of Global
          Short-term Cross-border Capital Flows   / 4
    1.3   Adjustment: New Changes in the Regulatory
          Position of Capital Flows   / 6
    1.4   Coordination of Structural Adjustment and Volatility:
          New Changes in China's Cross-border Capital Flows   / 10
    1.5   Significance   / 12
    1.6   Structure, New Ideas and Shortcomings   / 13

Chapter 2   Literature Review   / 15

    2.1   Discussion on the Relationship between
          Cross-border Capital Flows and Financial
          Crisis after the Financial Crisis   / 15
    2.2   The Necessity of Short-term Cross-border Capital
          Flow Supervision   / 20
    2.3   The Effectiveness of Short-term Cross-border
          Capital Flow Supervision   / 25
    2.4   Macro-prudential Supervision of Short-term
          Cross-border Capital Flow Regulation   / 28

Content

Chapter 3　The History, Logic and Trend of China's Short-term Cross-border Capital Flow Management since the Reform and Opening up　/ 31

  3.1 Estimation of the Scale of Short-term Cross-border Capital Flows in China since the Reform and Opening up　/ 31

  3.2 China's Short-term Cross-border Capital Flow Management Process　/ 39

  3.3 The Logic and Development Trend of Short-term Cross-border Capital Flow Management in China　/ 57

Chapter 4　Theoretical Analysis of Macro-prudential Management of Short-term Cross-border Capital Flow　/ 60

  4.1 Analysis of Systemic Risk Derivation Mechanism of Short-term Cross-border Capital Flow　/ 60

  4.2 The Evolution of Macro-prudential Management　/ 68

Chapter 5　Construction of Macro-prudential Management System for Short-term Cross-border Capital Flow in China　/ 77

  5.1 A Literature Review of Macro-prudential Management of Short-term Cross-border Capital Flow in China　/ 77

  5.2 The Overall Framework and Practice of Macro-prudential Management of Short-term Cross-border Capital Flows in China　/ 78

  5.3 Suggestions on Promoting the Macro-prudential Management of Short-term Cross-border Capital Flow in China　/ 87

Chapter 6　Short-term Cross-border Capital Flows and Macro-prudential Policies: Turkey's Experience and Enlightenment　/ 89

  6.1 Turkish Flexible Interest Rate Corridor and Reserve Option Mechanism: Practice and Effectiveness　/ 91

          6.2   Evaluation of Turkey's Flexible Interest Rate Corridor and Reserve Option Mechanism　　/ 101

          6.3   The Enlightenment of Turkey's Flexible Interest Rate Corridor and Reserve Option Mechanism to China　　/ 103

Chapter 7　Tobin Tax and Its Implementation from the Perspective of Macro-prudential Management　　/ 105

          7.1   Tobin Tax Theory and Practice Development　　/ 105

          7.2   Literature Review　　/ 107

          7.3   A New Understanding of Tobin's Tax from the Perspective of Macro-prudential Management　　/ 109

          7.4   Policy Suggestions on the Implementation of Tobin Tax in China from the Perspective of Macro-prudential Management　　/ 113

Chapter 8　China's Short-term Cross-border Capital Flows and Its Response under the New Round of Tightening Monetary Policy of the Federal Reserve　　/ 116

          8.1   A Historical Review of the Fed's Tight Monetary Policy and Its Impact　　/ 116

          8.2   The Fed's Tightening Monetary Policy has Caused a Sharp Turmoil in International Financial Markets　　/ 121

          8.3   The Impact of the Fed's Tight Monetary Policy Spillover Effect on China's Short – Term Cross – Border Capital Flows　　/ 137

          8.4   Policy Suggestion　　/ 147

Chapter 9　Macro-prudential Management of China's Short-term Cross-border Capital Flows in the Context of Financial "Going Out"　　/ 150

          9.1   The Progress of China's Financial "Going out" and Its Future Goals　　/ 151

9.2 Financial "Going out" and Macro-prudential
Management of Short-term Cross-border
Capital Flows / 165
9.3 Obstacles and Suggestions on Macro – Prudential
Management of Short – Term Cross – Border Capital
Flow in the Background of Financial "Going Global" / 173

Appendix / 179

Appendix 1 International Practice of Price Instruments
such as Tobin Tax / 179
Appendix 2 Summary of Capital Projects Foreign Exchange
Management Policies of the State Administration
of Foreign Exchange / 181

Bibliography / 191

Index / 208

Postscript / 211

第一章 引言

2007年下半年美国次贷危机爆发并于2008年演变为席卷全球的金融风暴。此次危机影响深远，至今余波未平，有学者认为这堪比20世纪20年代末至30年代初的"大萧条"。危机爆发后，受危机影响的国家借助宽松的货币政策和积极的财政政策努力谋求本国经济尽快走出危机返回正常发展轨道，人们也从多个角度对危机成因以及现有世界经济体系存在的缺陷进行反思，探索世界经济重回平稳发展轨道的路径。

第一节 转变之中——世界经济发展新趋势

次贷危机和国际金融危机的爆发表明，此前全球经济长达20余年的"大稳定"[①]阶段基本结束，世界经济开始向着新的稳定状态演进。在这一过程中，全球经济发展呈现一些新的特征。

首先，全球经济增速均值仍处于相对稳定区间。图1-1显示了1980—2020年基于不变价计算的全球国内生产总值（GDP）增速变化和趋势演变的情况。一方面，国际金融危机爆发后全球GDP增速相对危机前有所降低。2004—2007年全球GDP年均增速为5.36%，2011年以来则围绕4%的水平窄幅波动。虽然预计2015年后全球GDP增速会有所提高并保持稳定状态，但始终低于4%的水平，仍低于危机爆发前几年全球

---

① "大稳定"的概念首先由美国经济学家Stock和Waston提出，并经美联储前主席伯南克进一步发展。

GDP平均增速，这也从侧面反映出未来一段时期人们对全球经济形势持有的谨慎乐观态度。另一方面，从历史发展趋势来看，1980—2020年全球GDP趋势增速（包含预测数）稳定在3%—4%的区间范围内，且整体呈现上升的态势，其间全球GDP年均增速为3.53%（包含预测数），以这一标准来衡量，当前及今后一段时期全球经济增速仍处于相对稳定的区间。

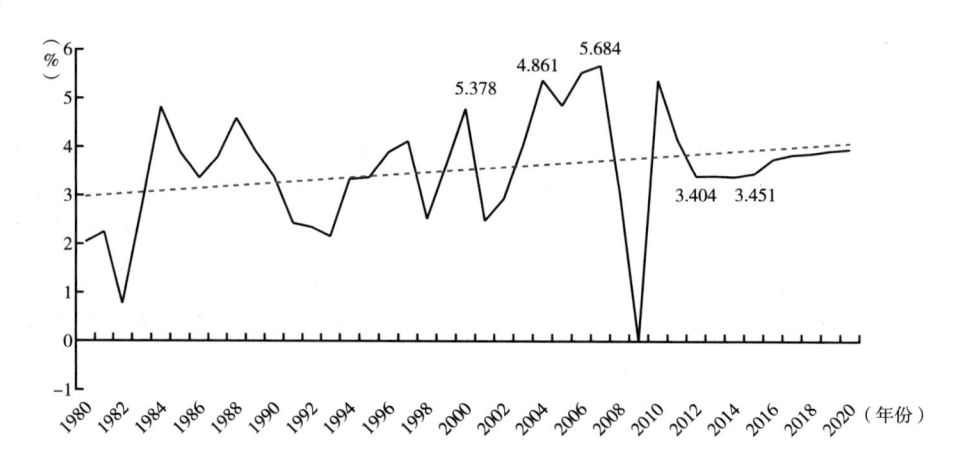

图1-1 1980—2020年世界经济增速与货物和服务贸易增速情况

资料来源：根据国际货币基金组织（IMF）世界经济展望数据库2015年4月数据绘制，增速基于不变价计算，图中虚线为全球GDP增速趋势线，2014年及以后年份为预测数据。

其次，全球经济阶段性分化特征明显。各国在摆脱危机、走向复苏过程中因自身发展程度、经济结构等方面存在差异，出现了经济增速的分化以及在此基础上的政策分化。危机爆发后，面对国内国际市场上巨大流动性萎缩压力，世界各主要经济体较为一致地采取了强刺激政策。美联储自2007年9月起，逐步将联邦基金利率目标值从5.25%降至0—0.25%的区间，并陆续实施了三轮量化宽松（QE）政策；日本政府分别于2008年8月、10月、12月和2009年4月公布四份经济刺激方案，财政支出合计27.4万亿日元，占名义GDP的4.2%；欧元区于2008年10月8日将基准利率降低50个基点，其后至2009年5月间又陆续下调275个基点，将基准利率降至1%的水平，此外还推出了高达2000亿欧元的紧急财政刺激计划（张雪春，2015）。在这一系列刺激政策的推动下，世界主要经济体经济增速在短期内实现了不同程度的恢复，但2011年后，各经济体经济增速走势出现了明显的趋势性分化（见图1-2）。美国经济增速趋稳并缓慢回升，欧元区受部分国家主权债务危机的影响，经济增速再次落入负增长区间，日本经济增速稳定在1.5%左右，中国经济增速则从2010年10.41%的高位降低至8%以内。各经济体经济增速分化导致了政策分化。如正当美国逐步退出量化宽松政策时，欧元区则从2015年3月开始实施总额高达1万亿欧元的欧版量化宽松政策，旨在通过购买政府债券来增强市场流动性以刺激欧元区萎靡不振的经济。

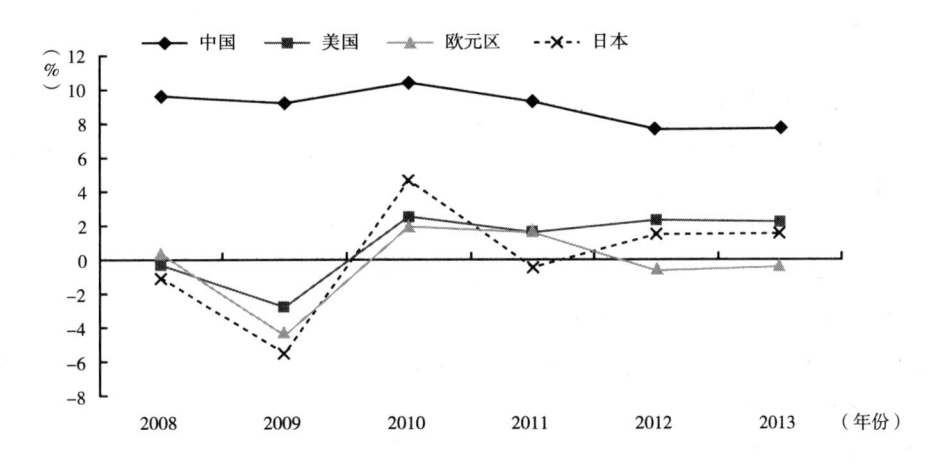

图1-2　2008—2013年世界主要经济体经济增速

资料来源：根据国际货币基金组织（IMF）世界经济展望数据绘制，增速基于不变价计算。

再次，全球经济融合发展趋势仍在延续。第一，从世界经济大的发展趋势来看，此次危机虽然放缓了经济全球化的步伐，逆全球化有所抬头，但并未扭转全球化大的发展趋势。跨国公司在全球范围的生产、销售等活动仍然是推动经济全球化的主要动力，网络技术的突飞猛进则进一步便利了各国的经贸往来。第二，危机后的分化中孕育着新的融合。跨太平洋伙伴关系协定（TPP）、跨大西洋贸易与投资伙伴协议（TTIP）、双边投资协定2012年范本（BIT2012）、服务贸易协定（TISA）、欧日"经济合作协定"等虽然体现了发达国家特别是美国借主导高标准规则的制定重塑未来世界经济格局的意图,但其中蕴含着促进区域经济融合发展的因子,区域内国家之间通过进一步细化分工、重整产业链条实现新的融合发展。以 TTIP 谈判为例,TTIP 谈判的达成能够给欧美跨国企业带来切实利益,进一步提升美欧双方的贸易水平。据德国汽车行业统计,美欧若消除双方非关税壁垒,每年可为德国汽车企业节省 10 亿欧元贸易关税。因此,可以预计,随着各区域自由贸易谈判不断推进、各国分歧不断弥合,区域经济也将实现新的融合发展。第三,如果将世界经济新的稳定状态视为新的总体均衡,则这一总体均衡的实现需要以若干局部均衡的实现为基础,换言之,世界经济新的总体均衡状态建立在区域均衡的基础上,而当前新的区域融合发展趋势则是实现区域均衡的必要准备。

最后,经济发展逆全球化趋势明显。近年来,世界经济发展中的另一个大的特点是出现明显的逆全球化趋势。TTIP 谈判开始以来就面临欧盟民众持续不断的强烈反对,2015 年 7 月,来自多个领域的 483 家机构组成名为"停止 TTIP"组织,公开呼吁欧盟停止 TTIP 谈判;2015 年 10 月,德国多个社会组织在柏林发起 15 万人的游行,公开抵制谈判以表达对 TTIP 会降低欧盟食物安全标准并可能造成环境破坏的担忧(谈俊,2016)。此外,具有鲜明"反全球化"立场的特朗普当选美国总统、英国脱欧公投、欧洲民族主义和民粹主义政党在民众支持下上台等事件亦表明当前世界经济发展的逆全球化趋势不断高涨。

因此,全球经济整体保持稳定情况下分化与融合并存(更确切地说是阶段性分化与区域性融合并存)、全球化与逆全球化交融将是今后一段时期全球经济发展态势演变的主要特征。

第二节 波动频繁——全球短期跨境资本流动新态势

在世界经济从"大动荡"到"大稳定"的再平衡过程中,受各国和各地区经济分化以及在此基础上的政策分化的影响,短期资本大规模跨境流动频繁。危机爆发后,美国实施的量化宽松政策、欧元区主权债务危机等均引起短期资本在发达国家与新兴市场经济体和发展中国家之间的大规模流动。

短期跨境资本流动规模方面,图1-3显示了2006—2014年全球新兴经济体和发展中国家证券投资①净流入的总体情况,可以看到,2008年全球金融危机爆发以来,全球新兴经济体和发展中国家证券投资总体呈净流出状态,且不同年份间短期跨境资本流出的数额变化较大。

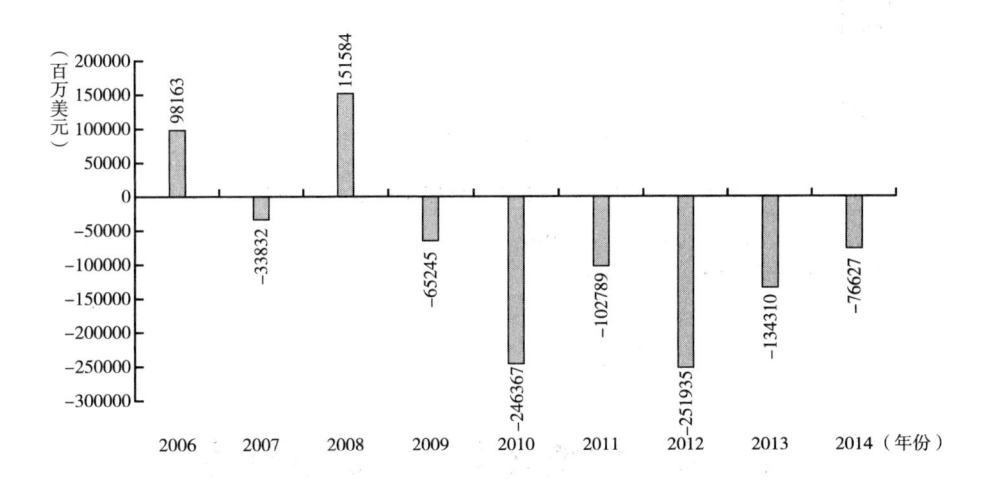

图1-3 全球新兴市场和发展中国家证券投资净流动

资料来源:国际货币基金组织(IMF)国际收支平衡和国际投资头寸统计数据库(BOP/IIP)相关年份数据计算,BPM6。

短期跨境资本流动结构方面,图1-4显示了部分新兴市场经济体和发展中国家2007—2014年证券投资净额情况,可以看出,2007—2014年,泰国的证券投资净额较为稳定,围绕0值水平上下小幅波动,表明泰国短期跨境资本的流入和流出处于较为均衡的状态。中国、印度、巴西、墨西哥和韩国则出现幅度不一的短期跨境资本净流入或净流出。

---

① 出于行文便利此处用证券投资作为短期跨境资本流动情况指标缘于:一方面,IMF研究显示,2008年全球金融危机爆发后,证券投资流动在总资本流动中所占份额不断扩大;另一方面,对不同国家来说,短期跨境资本流动构成要素不一,但绝大多数国家都包括"证券投资"这一项,即"证券投资"这一指标具有较高代表性。

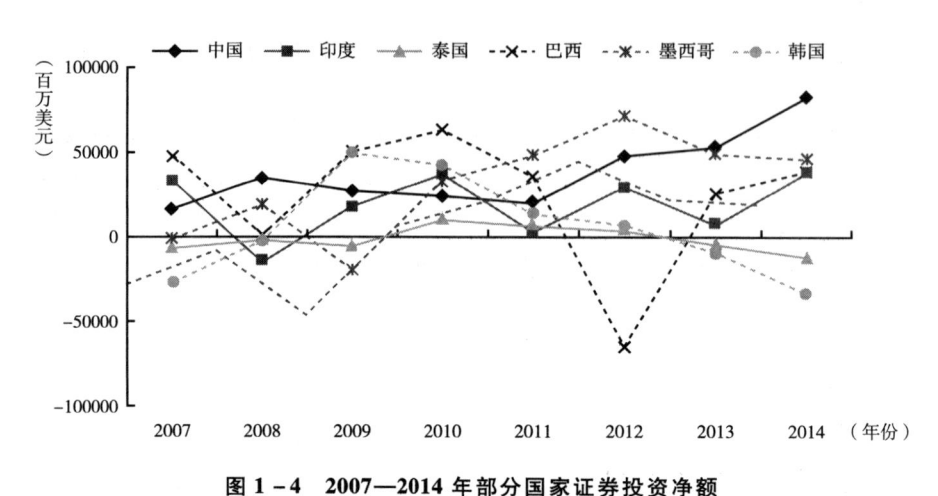

图1-4 2007—2014年部分国家证券投资净额

资料来源：国际货币基金组织（IMF）国际收支平衡和国际投资头寸统计数据库（BOP/IIP）相关年份数据计算，BPM6。

第三节 调整之中——资本流动监管立场新变化[①]

一、对资本自由流动是否需要进行管制的立场有所转变

作为国际货币体系的重要组成部分，IMF一方面对资本跨境流动的立场深刻影响成员方货币当局的决策，另一方面也根据世界经济发展形势和成员方的诉求相应调整自身对资本跨境流动的立场。

自布雷顿森林体系解体至2008年全球金融危机爆发前，IMF推动资本在国家间自由流动的立场没有显著改变。虽然20世纪90年代后期东南亚金融危机爆发后曾有不少发展中国家出于稳定本国经济的需要而一改以往允许资本自由流动的立场，对资本跨境流动进行管制（见表1-1），如

---

① 本部分"资本跨境流动"包括短期资本跨境流动在内。

第一章 引言

1998年9月马来西亚对资本流出（包括长期资本和短期资本）进行控制以缓解资本流出和本国货币（林吉特）贬值压力，但这并未使IMF改变其原有立场。[①] 进入21世纪后，从2003年开始，全球经济进入新一轮流动性扩张周期，许多国家的商品和资产市场出现价格膨胀压力，加之全球需求放缓，一些国家（主要是新兴市场经济体）通过宽松性货币政策刺激经济增长，大量货币投放进一步提高了资产价格压力。

表1-1 2007年前后部分国家应对资本流入的情况

国家	资本流入的最主要形式	与资本流入有关的挑战	当局采纳的政策
中国	外国直接投资；股票	信贷迅速增长；通货膨胀压力	通过提高基准贷款利率和存款准备金率紧缩银根；通过行政管制和贷款指导来控制信贷增长；逐渐放开汇兑管制（市场改革、放开资本流出）
哥伦比亚	银行贷款；外国直接投资；股票	通胀压力；升值压力；内需迅速增长	资本管制（无利息准备金）；外汇干预
埃及	外国直接投资；股票和债券；工人汇款	升值压力；通货膨胀压力	通过提高政策利率紧缩银根；为防止汇率升值进行干预；结构改革（包括进行私有化以吸引外国直接投资）
匈牙利	外国直接投资；债券（主权）；短期银行贷款	通胀压力；升值压力；住户信贷和外币贷款迅速增长；因全球性外因造成资本流动逆转风险	财政整顿；改善通货膨胀目标；采取行政措施，提高借款人汇率风险意识
冰岛	债券（银行发行）	通胀压力；资本流动逆转（突然贬值）	通过提高政策利率来紧缩银根
印度尼西亚	外国直接投资；债券；股票	因全球性因素造成资本流动逆转风险	通过提高政策利率紧缩银根；根据清迈倡议，与中国和日本达成货币互换协议
哈萨克斯坦	总流入（能源出口收入）；银行贷款；外国直接投资	升值压力；信贷快速增长	紧缩银根；采取审慎措施，限制银行借款和信贷膨胀
韩国	外国直接投资；金融衍生工具	对住户以及中小企业信贷迅速增长（企业利润下降，尤其是中小企业）	宏观经济/货币政策措施；放开资本外流；转向以风险为基础的监督

---

① 在马来西亚对资本流入进行管制的同时，智利则正在逐步取消对资本流动的管制。实施资本流动管制国家数量较少或许是IMF面对亚洲金融危机坚持资本自由流动立场的一个原因。

续表

国家	资本流入的最主要形式	与资本流入有关的挑战	当局采纳的政策
新西兰	债券（国内银行和公司）	通货膨胀压力（中期）；资本流动逆转的风险（突然贬值）	通过提高政策利率来紧缩银根；进行外汇干预（2007年6月，1985年以来的第一次）
巴基斯坦	外国直接投资；债券（主权）	通胀压力；信贷快速增长；因全球性因素造成资本流动逆转的风险	积累储备
秘鲁	外国直接投资；股票	升值压力；因全球性因素造成资本流动逆转的风险	积累储备；财政整顿；加强审慎框架
菲律宾	工人汇款；外国直接投资	升值压力（丧失竞争力）；金融部门风险管理不充分	积累储备；转向国内预算融资；放开外汇体系
波兰	外国直接投资；债券；股票；银行贷款	升值压力；通货膨胀压力；本币和外币信贷迅速增长；因全球性因素造成资本流动逆转风险	紧缩财政（欧盟趋同）；货币自由浮动；放开资本账户；根据加入欧盟的要求加强审慎管理框架；加强对外币计值贷款的风险管理和披露标准
俄罗斯	总流入（能源出口收入）；银行贷款（公司），包括套利交易；外国直接投资	通货膨胀压力；升值压力；信贷快速增长；资产价格膨胀	紧缩银根；提高汇率灵活性；部分放开资本账户，包括取消当初为控制资本流动而采取的特别账户和无偿的准备金要求；加强审慎管理和监督
泰国	外国直接投资；有价证券；与银行有关的流动	升值压力（对竞争能力和波动性的担心）	干预外汇市场和道义劝告；实行无偿准备金要求，以此进行资本控制；部分放开资本外流
土耳其	债券；股票；银行贷款；外国直接投资	升值压力；信贷快速增长；公司部门面临的汇率风险	允许货币升值；提高资本充足率标准；提高准备金要求；采取措施改善流动性管理
乌拉圭	债券；股票	升值压力	干预外汇市场、积累储备和放慢升值速度

注：资本流入采用的是广义的国际收支分类。
资料来源：转引自国际货币基金组织（2007），第89—90页。

2007年下半年次贷危机爆发后，当年9月美国开始大幅降低其政策利率，英国于同年12月采取了相同的政策。与之相对，部分发达经济体和新兴市场国家在这一时期通过提高利率应对资产价格上升的压力。2008年全球金融危机爆发后,多个国家经历了大规模资本跨境流动,一些金融市场高度发达、资本账户早已完全开放的发达经济体也不同程度受到跨境资本流动的冲击。面对资本大规模跨境流动,部分新兴市场国家和地区相继采取措施对资本流动(包括资本流入和资本流出)进行管制(见表1-2),其中,以各种类型税收为主的价格工具是绝大多数新兴市场国家和地区对跨境资本流动进行调节的主要方式。

表1-2 2009—2010年部分国家和地区对资本流动进行管制的情况

国家和地区	实施时间	管制对象	主要内容
巴西	2009年10月	资本流入	对除直接投资以外的所有类型的资本流入征收2%的税(该税率起初为1.5%,但旋即被提升至2%)
	2010年10月	资本流入	将固定利息资本流入的税率提高至6%,将组合权益投资流入税率维持2%不变
中国台湾	2009年11月	资本流入	禁止定期存款流入
韩国	2010年6月	资本流入	加强对货币衍生品交易的限制;加强对银行外币贷款的限制;强化对本国银行外币流动比率进行管理的现有法规;重新开始对外国投资者从政府债券中所获收入征收14%的所得税
印度尼西亚	2010年6月	资本流入	主要通过规定投资者至少持有一个月中央银行发行的本币债务工具"印尼央行债券"来缓解资本大规模流入的压力
泰国	2010年10月	资本流入	取消对外国人在本地债券上所获收入征收15%税收的豁免

资料来源:根据公开资料整理。

资本大规模频繁跨境流动,特别是投机性短期资本的大规模频繁跨境流动极大增加了相关国家维持经济稳定的宏观调控压力,加之新兴市场经济体和发展中国家广泛采取了资本流动管制措施,IMF一贯持有的坚持资本自由流动的立场出现转变。2011年4月,IMF发布了首个旨在控制投机性资本流动的指导方针,提出如果一国货币未被低估、该国拥有充足外汇储备且无法使用货币或财政政策,则该国可以对资本流入加以控制。这一方针表明IMF承认需要对短期性投机资金的跨境流动进行约束,标志着IMF的立场开始出现转变,同时也意味着其对短期跨境资本流动进行有条件管制的认可。2012年12月，IMF发布《资本自由流动与管理——一种制度观》的报告，对成员方管理跨境资本流动提出建议，认为在特定条件下成员方对资本流入进行管制有助于金融体系和宏观经济的稳定，但这类政策应具有针对性、透明性。

二、宏观审慎管理成为对跨境资本流动进行管理的主要方向

2008年全球金融危机带给人们的最主要的反思是，传统的金融监管政策和监管工具因聚焦于防范微观风险而在系统性风险的应对上存在缺陷，从而在微观层面的金融机构仍然稳健的情况下仍然会爆发宏观层面的系统性风险，导致一国出现金融危机，并在各国经济日益密切的条件下扩散为国际金融危机，如1997年亚洲金融危机的爆发、2008年美国次贷危机的扩散等危机事件中，资本的跨境流动均起到重要推动作用。对此，旨在以应对系统性风险为核心的宏观审慎监管再次引起广泛关注并成为多个国家的共识。

第四节 结构调整与波动加大并存
——我国跨境资本流动新变化

经过改革开放以来40年的快速发展，我国跨境资本流动结构出现显著变化，跨境资本流动的波动程度也显著提高。图1-5和图1-6分别显示了改革开放以来我国非储备性质金融账户下资产和负债的构成及其变化情况，可以看出，2004年以来，特别是2008年国际金融危机爆发以来，无论是资产端，还是负债端，我国跨境资本流动规模明显加大，波动程度也较2004年以前明显提高。通过图1-5和图1-6还可以看出，2004年以来我国跨境资本流动规模的变化与其他投资的变化之间呈现较高的一致性，即我国跨境资本流动波动性的提高主要来自其他投资项目下跨境资本流动波动性的提高。跨境资本流动的结构方面，改革开放至今，直接投资和其他投资仍是构成我国跨境资本流动的主体，随着我国金融体系不断发

展壮大，证券投资项下跨境资本流动的规模有所增加，从整体上优化了我国跨境资本流动的期限结构。

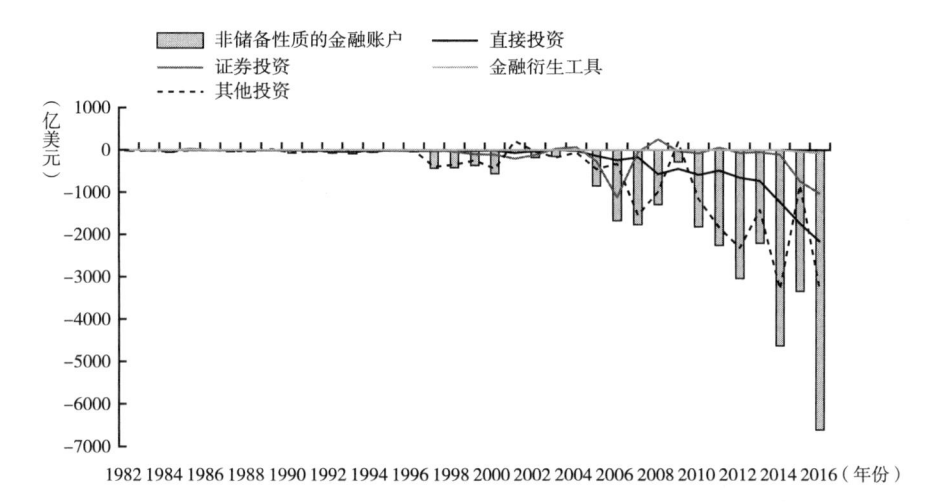

图1-5 1982—2016年我国非储备性质金融账户的资产构成及变化情况

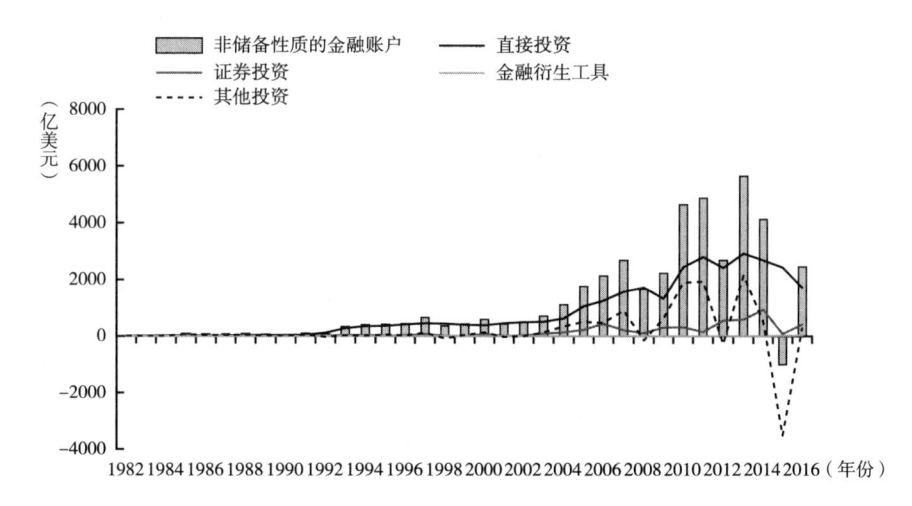

图1-6 1982—2016年我国非储备性质金融账户的负债构成及变化情况

从大的方面来看，我国跨境资本流动出现结构性调整，其原因主要在于我国经济结构的变化，即经济结构的变化引起了跨境资本流动的结构调整。改革开放之初，依托生产资料的低成本优势，劳动密集型产业是拉动我国经济增长的重点领域，同时，引进外资成为弥补国内资本不足的重要途径。随着我国经济发展水平的逐步提升，服务业在我国经济中的比重不断上升，其中，作为服务业重要组成部分的金融业在经济发展中的重要性日益显现，证券市场的出现与发展拓宽了市场主体的融资渠道，一定程度上满足了经济主体多元化融资需求。与此相应，资本账户开放程度的提高便利了证券投资项下跨境资本的双向流动，引起了证券投资项下跨境资本流动规模的增加，改变了我国跨境资本流动的期限结构。

第五节　本研究的意义

随着我国不断扩大对外开放和不断提升资本账户开放水平，短期跨境资本流动对我国利率、信贷、资产价格和人民币汇率的影响将不断增大，对短期跨境资本流动的宏观审慎管理进行研究具有理论和现实意义。

理论意义方面，首先，"宏观审慎监管"这一概念虽然出现较早，但直到2008年全球金融危机爆发后方逐步引起学术界、决策层等各界的普遍关注，由于研究时间相对较短，对跨境资本流动如何进行宏观审慎管理的理论研究整体上仍处于初期阶段，有待深入。因各国国情存在差异，对跨境资本流动进行宏观审慎管理应具备的条件、可行的政策工具、最终政策效果等也不尽相同。我国人民币资本项目尚未实现完全可兑换，人民币汇率形成机制市场化改革仍在完善之中，但同时我国作为世界第二大经济体，与其他国家和地区的经贸与资本往来日益密切，基于这一国情，对我国短期跨境资本流动的宏观审慎管理进行研究有助于丰富这一领域的理论认知，为完善我国短期跨境资本流动管理提供理论支持。其次，鉴于2008年全球金融危机的巨大影响，当前世界上多个国家都在探索建立符合各自国情的跨境资本流动监管框架和政策工具，本项研究可以对其他国家在监管中取得的有益经验进行研究和总结，供我国吸收和借鉴。

从现实意义来看，一方面，近年来我国资本流出压力加大，资本与金融账户出现逆差，短期跨境资本流动的波动性加大，加上市场上人民币贬值预期仍然存在，需要着力防范与化解短期跨境资本流动可能给宏观经济稳定带来的冲击；另一方面，从长远的制度建设来看，当前我国以行政和数量管制为主的短期跨境资本调控方式虽然取得了一定成效，但仍存在不足之处，如难以及时根据市场价格信号进行调整，扭曲了市场汇率水平等，未来需要逐步建立以价格手段为主体的短期跨境资本流动调节体制机制。

第六节　全书结构框架、新意及不足

本书框架结构如下：第一章为本书的引言部分，介绍了2008年全球金融危机以来世界经济发展态势、短期跨境资本流动态势、各国政策应对、IMF资本管制立场的变化、我国跨境资本流动的结构调整与波动等方面的情况；第二章对国内外学术界有关短期跨境资本流动及监管的文献进行了综述；第三章基于历史视角对改革开放以来我国短期跨境资本流动监管的发展历程进行了回顾，并对其背后存在的逻辑与发展趋势进行了分析；第四章对短期跨境资本流动的宏观审慎管理进行了理论分析；第五章探讨了我国短期跨境资本宏观审慎管理体系的构建；第六章介绍了土耳其运用宏观审慎政策调控短期跨境资本流动的经验，分析了其可能给中国带来的启示；第七章探讨了宏观审慎管理视角下的托宾税及其实施；第八章基于美联储以加息和缩减资产负债表为主的紧缩性政策背景，分析了美联储货币政策的溢出效应对新兴市场经济体的影响，以及对今后一个时期我国短期跨境资本流动的影响，提出了相关政策建议；第九章将分析视角定位于未来一个较长时期我国金融"走出去"的背景，提出了我国在实现金融"走出去"目标的过程中加强短期跨境资本流动宏观审慎管理的政策建议。

本书有新意之处在于：一是基于我国经济改革发展的实践提出我国管理短期跨境资本流动的逻辑，即在实现经济平稳发展和风险可控的前提下，不断发挥市场配置资源的决定性作用，稳步推进各项改革，逐步建立和完善与经济发展需求相适应的短期跨境资本流动管理的体制机制；二是基于我国金融监管体系的现状探讨了短期跨境资本流动宏观审慎管理的发展路径，并从四个方面提出促进完善我国短期跨境资本流动宏观审慎管理的建议，即加强对短期跨境资本流动的监测和分析、完善体制机制配套改革、加强部际协调以及加强短期跨境资本流动宏观审慎管理的国际监管合作；三是在对我国短期跨境资本流动规模进行测算和分析的基础上，以历史的视角对改革开放以来我国短期跨境资本流动的原因及背后的逻辑进行了分析；四是从宏观审慎的视角对托宾税进行了新认识，并提出运用托宾税加强对以银行为主体的系统重要性金融机构跨境资本的调节。

本书的不足之处在于通篇以定性的规范性研究为主，数理性实证研究显得不足，计量经济学方面的定量研究仍有待进一步增加。未来，可在如下方面做进一步延伸：一是增加数理推导和计量实证分析的内容，借助数学逻辑的严密性进一步论证宏观审慎管理对我国短期跨境资本流动可能的影响；二是加大对本领域的实际调研，从实践中发现问题，并提出相应的对策建议，使文章更加具有政策指导意义；三是继续关注国外对短期跨境资本流动进行宏观审慎管理的成功经验，取其有益之处为我国所借鉴。

专栏 大稳定

"大稳定"（Great Moderation，GM）是指在1980年中期以后，美国、欧洲以及其他发达国家经历的一段经济稳定增长的时期。关于"大稳定"的原因，主要有三种解释：一是经济结构的改变（Structural Change in Economy），二是货币政策的改善（Monetary Policy Improvement），三是纯粹的"好运"（Good Luck），目前较多学者赞同第一种解释，而"经济结构的改变"引起的"大稳定"主要是指由技术进步带来的生产效率的提高使经济发展处于一个相对稳定的状态。

经济处于"大稳定"状态并不意味着经济中蕴含的风险也处于较低水平，而是有可能随着"大稳定"持续时间的不断延长，经济中积累的风险也日益增多。从其可能产生的负面影响来看，"大稳定"会使人们产生当前的经济稳定状态在可预见的将来会一直延续下去的预期，从而减少储蓄增加消费，而社会整体储蓄水平的下降和消费水平的提升通常会带来本国经常账户的逆差（Current Account Deficit）。这种经常账户逆差的长期存在将导致全球经济出现失衡。经济长期处于"大稳定"状态还将导致金融领域杠杆率显著上升、资产价格波动加剧以及风险的不断积累。从这个角度看，"大稳定"在一定程度上导致了全球经济失衡和金融危机的产生。

第二章 文献综述

国际社会对跨境资本（包括短期资本）流动是否需要监管意见尚不统一，支持监管与支持放松，甚至是取消监管的声音长期共存：一方面，随着经济增长的周期性变化而此消彼长，如经济平稳发展时期，主张跨境资本自由流动的观点通常居主流地位，而经济危机后主张对跨境资本流动加强监管的声音则往往会有所增加；另一方面，随着国家的不同而有所差异，发达经济体更倾向于消除资本管制、实现更大程度的资本自由流动，新兴市场经济体和发展中国家的立场则相对有所保留。虽然研究表明跨境资本流动促进了新兴市场经济体和发展中国家的经济增长（César Calderón 和 Ha Nguyen，2015），但这些国家仍倾向于对跨境资本流动进行监管。无论是否需要对包括短期资本在内的跨境资本流动进行监管，首先需要回答的是，跨境资本流动如何导致了金融风险甚至金融危机的产生。

第一节 金融危机后对跨境资本流动与金融危机关系的探讨

国际金融危机爆发后的一段时期内，对其成因的研究是学者们重点关注的主题之一，从跨境资本流动的角度剖析金融危机的成因是其中一个重要领域，而随着世界经济和金融体系一体化程度的不断提升以及跨境资本流动规模、频率的提高，学者们也日益重视从跨境资本流动的视角来探讨金融危机的成因。2008年爆发的国际金融危机为学者们的研究提供了新的背景素材，出现了一些新的关于跨境资本流动与金融危机的研究成果。

Ozge Akinci 和 Albert Queralto（2014）通过拓展的定量宏观模型分析了银行在不同条件下，股权融资和短期债权融资所引起的银行内生性风险行为对其内在价值及金融体系稳定的影响，这一模型能够在一定程度上解释金融危机的产生原因，分析思路如下。

模型假设在一个小型开放性经济体下，银行机构是唯一的金融中介，银行机构从本国居民和国际市场吸收存款，并向本国的非银行机构提供风险贷款，同时，由于代理问题的存在，银行机构的外部融资会受到一定限制。

模型假设，家庭不直接持有资本，而是存入银行。家庭通过最优化工作和消费实现自身效用最大化，用公式表示为：

$$\text{Max} \quad E_0 \sum_{t=0}^{\infty} \beta^t U(C_t, L_t),$$

其中，

$$U(C_t, L_t) = \frac{\left(C_t - x\frac{L_t^{1+\epsilon}}{1+\epsilon}\right)^{1-\gamma} - 1}{1-\gamma}$$

面临的预算约束为：

$$C_t + B_t \leq W_t L_t + R_{t-1} B_{t-1} + \Pi_t$$

对银行部门而言，银行由银行家经营。除自有资本外，银行还将从家庭部门和外国投资者处获取资金，即：

$$B_t = n_t + d_t$$

其中，B_t 为银行持有的资本总额，n_t 为银行的自有资本，d_t 为银行的外部融资。

$$d_t = b_t + b_t^*$$

其中 b_t 为银行机构从家庭部门获取的融资，可视为家庭部门在银行机构的储蓄，b_t^* 为银行机构从外国投资者处获得的融资。

在每一期期初，银行机构用所拥有的资本 B_t 购买非银行企业发行的债

券 S_t，价格水平为 Q_t，银行机构面临的约束为：

$$S_t Q_t \leq n_t + d_t$$

由于银行机构存在破产的可能，因而只有当银行机构能够在 t 期实现盈利的情况下，才能在 $(t+1)$ 期进行新一轮的股权融资以支撑自身的经营。如果银行机构在 $(t+1)$ 期没有受到融资约束，则会倾向于选择不进行股权融资，否则银行机构将存在股权融资的动机。此外，模型还将非银行企业划分为生产最终产品的企业和生产非最终产品的企业。

通过引入利率过程（采用小型开放型经济体的银行机构在国际金融市场上进行借贷的利率进行估计）和资本质量冲击（矫正资本质量冲击的波动性，使产出增长的波动性的标准差为 1.8%，这也是新兴市场和发达国家的平均值），模型分析了不同冲击条件下信贷扩张与银行机构的风险承担之间的动态变化关系，结果表明，在正常的经济周期环境下，由于银行机构风险性行为的存在，银行部门出现的一个小的冲击即有可能产生大的金融危机，对此，政府部门可以通过税收（Tax）或补助（Subsidy）政策以有效降低金融危机发生的概率，从而改进自由放任的市场政策。

Shaghil Ahmed 和 Andrei Zlate（2013）以亚洲和拉丁美洲 12 个新兴经济体为研究对象，考察了上述国家在国际金融危机爆发前后跨境资本流动的状况及其对金融体系稳定的影响，研究结果表明，经济增长、政策利率水平、全球金融风险的分布状况等因素会对新兴经济体的净资本流动产生影响，但其重要性在危机前后没有显著的差别。危机之前，经济增长对一国跨境资本流动总规模的影响较大，资本流入主要集中在银行和其他投资领域；危机期间，银行机构和证券投资组合的资本流入受到较大影响；危机爆发后，由于证券组合投资对各国利率差异和风险厌恶的敏感程度显著增加，会导致在金融危机爆发后一段时期内，新兴经济体面临跨境资本流动的规模和频率均会显著提高，这一时期往往也是新兴经济体金融体系脆弱性增加、爆发金融危机可能性较高的时期。除上述因素外，文章研究发现美国的非常规货币政策是影响新兴经济体跨境资本流动的一个显著因素，特别对证券投资组合下资本跨境流动影响更为显著。

Nikola Tarashev、Stefan Avdjiev 和 Ben Cohen（2016）认为，近年来国

际市场跨境资本流动的主要驱动因素是发达经济体货币政策的分化、新兴市场经济体经济增速的下降、伴随投资者重新调整投资组合而来的汇率波动。此外，部分新兴市场经济体非金融企业以美元计价的负债规模较大，使这些国家对资本流出非常敏感。通过对部分国家中央银行资产负债表和国际收支平衡表进行研究，文章提出，新兴市场经济体非金融部门企业离岸市场借贷的快速增长提高了单个公司的金融脆弱性，同时也导致本国信贷规模快速增加，放大国内经济繁荣程度，未来在存在货币错配和期限错配的情况下，会加速经济收缩的速度。

Ben S. Bernanke、Carol Bertaut、Laurie Pounder DeMarco 和 Steven Kamin（2011）在 Bernanke 提出的"全球储蓄过剩"（Global Saving Glut，GSG）假说的基础上分析了 2008 年全球金融危机爆发的原因，认为在危机发生之前，国际资本流动在降低美国国债和其他优质安全资产的收益率中发挥了重要作用，具体包括新兴市场国家通过经常账户顺差购买美国国债和机构债。发达经济体，特别是欧洲国家通过发行外债购买了大量美国资产，特别是高评级的私人 MBS。随着美国国内抵押贷款逐渐偏向次级贷款和其他风险资产，美国金融机构通过一系列技术手段把这些资产转变为本国和外国投资者需要的 AAA 级优质安全资产，并给整个金融体系的稳定埋下了隐患。房地产泡沫最终破灭表明了次级贷款和其他风险资产的巨大破坏力。

传统观点认为，2008 年全球金融危机爆发后，发达经济体超常规的宽松货币政策导致大量资本流入新兴市场经济体，带来了信贷扩张和资产价格泡沫，并引起部分国家汇率升值。当美国和其他发达经济体推出宽松政策，开始货币政策正常化时，资本流动趋势将逆转，并会导致新兴市场经济体出现金融和经济危机。John Clark、Nathan Converse、Brahima Coulibaly 和 Steve Kamin（2016）研究发现，新兴市场经济体的资本流入在 2008 年全球金融危机爆发和发达经济体实施宽松货币政策之前已经开始，且 2010 年后在发达经济体仍处于宽松货币政策的情况下，流入新兴市场的资本即开始出现下降趋势，因此以美联储量化宽松政策为代表的发达经济体的宽松货币政策并不是影响新兴市场经济体跨境资本流动的主要因素。文章通过进一步实证研究发现，经济增长和全球大宗商品价格的波动是新兴市场经济体资本流动的主要驱动力。从这个角度来看，新兴市场经济体因跨境资本流动而来的金融不稳定并非由发达经济体货币政策的溢出效应引起。未来，随着美联储货币政策逐步回归正常，新兴市场经济体需要加强与市场的沟通，从而使跨境资本流动逐步恢复平稳状态。

Luiz Awazu Pereira da Silva（2015）指出，对于新兴市场经济体而言，跨境资本流动一直是金融危机的重要诱导因素，在经历多次危机之后，新兴市场经济体建立了相应的政策应对框架，包括相对浮动的汇率制度、可持续的财政收支、开放的资本账户、独立的财政政策、加强金融监管以及积累足够的外汇储备等。但上述政策并未使新兴市场经济体完全摆脱跨境资本流动的冲击。作者从新的角度对这一问题进行了研究：一是发达经济体的风险承担行为和对跨境资本流动不当管理。发达经济体与新兴市场经济体的情况类似，也面临跨境资本流动的突然增加和突然停止的影响，但发达经济体中央银行的政策工具比新兴市场经济体少。发达经济体金融机构的风险承担行为导致信贷繁荣，本币升值，在国际市场低利率背景下还将促使银行增加外部融资规模，特别是短期融资的规模，从而导致大规模的短期跨境资本流动，而欧洲银行购买的美国高收益资产中包含大量有风险的次级贷款，随着金融风险的逐步暴露，短期资本的偿还压力最终导致金融市场短期内面临流动性枯竭的压力，从而导致出现金融危机。二是发达经济体非常规货币政策的溢出效应。为了应对国际金融危机，发达经济体采取了非常规货币政策并导致大量资本流入新兴经济体，导致新兴经济体信贷规模扩张、汇率大幅波动及资产价格扭曲，由此而来的宏观金融稳定问题使新兴经济体从应对资本流入的突然停止转为在资本流入大量增加的情况实现宏观金融的稳定，这一转变背后的原因是发达经济体货币、财政政策的内在冲突。

Stefan Avdjiev、Leonardo Gambacorta、Linda S. Goldberg 和 Stefano Schiaffi（2016）研究发现，与金融危机爆发之前相比，危机爆发后跨境资本流动形式出现很大变化，由先前以银行借贷为主转变为以直接市场融资为主，且所有类型的跨境资本流动对美国货币政策的敏感性均有所上升，特别是国际债券资本流动对全球金融风险的敏感性显著增强。出现这一变化的原因是资本流动的驱动力发生了转变，由传统的国内经济增长、资产回报率等转变为利率波动、国际市场对风险性事件的厌恶等。

第二节　短期跨境资本流动进行监管的必要性

一、应对短期跨境资本流动带来的负面冲击

对短期跨境资本流动进行监管（Regulation）[①]主要源于短期资本流动可能造成的负面影响。短期资本对经济形势变化敏感、流动方向易变，加剧了资本流入国货币的波动，使其短期内面临较大升值压力，助长资产价格出现泡沫，削弱该国财政与货币政策有效性，增加宏观调控的难度等（Bhagwati，1998；Edison 和 Reinhart，2000；朱孟楠、刘林，2010；王军，2011；赵进文、张敬思，2013），进而对一国产出产生影响（Prasad、Rajan 和 Subramanian，2007；Aoki、Benigno 和 Kiyotaki，2010；Iacovie 和 Neri，2010；Shin 和 Adrian，2010；Mendoza 和 Terrones，2012；陈瑾玫、徐振玲，2012；刘澜飚、文艺、王博，2014）。对新兴经济体和发展中国家来说，还可能出现资本流入"急停"，[②]并触发金融和经济危机。[③]

国外有学者提出，对短期跨境资本流动进行适当监管有助于减缓短期跨境资本流动规模与波动频率，降低经济受短期资本特别是投机性资本冲击的可能性，促进金融体系稳定（Tobin，1978；Dornbusch，1986）。但也有学者对此持有不同意见，认为资本监管会导致汇率波动加大（Glick 等，2005），增加经济危机爆发的可能性（Eichengreen 等，2001）。

[①] 也有学者在讨论跨境金融时使用"控制"（control）。本文选择使用"监管"一词，因为对短期资本的跨境流动而言，"监管"具有在对短期跨境资本监测基础上进行管理的含义，而控制本身属于管理的一种方式方法。

[②] "急停"源于 Dornbusch、Werner、Calvo 和 Fischer（1994）关于墨西哥问题的讨论中，Calvo（1998）、Calvo 和 Reinhart（2000）首次以资本急停解释后布雷顿森林体系时期新兴市场经济体和发展中国家出现的资本流入突然停止的现象。

[③] 20世纪70年代后期以来，经济学家相继发展出三代货币危机模型，用以解释短期资本流动如何引发金融危机。这方面的研究文献汗牛充栋，很多教科书和研究文献均有较为详细的描述，本文在此处不再赘述。

二、"三元悖论"在实践领域的运用

在全球经济一体化不断深化的大背景下,新兴市场经济体和发展中国家面临通过不断扩大开放融入世界经济体系和保持国内经济稳定的双重任务。新兴市场经济体和发展中国家由于金融体系发展相对落后,易受跨境资本流动冲击,因而,在扩大开放的过程中保持国内稳定成为新兴市场经济体和众多发展中国家的现实诉求。

Mundell(1963)通过将对外贸易和资本流动引入封闭 IS－LM 模型,分析了开放经济中汇率制度与货币政策和财政政策的关系,结果显示,如果一国政府允许资本自由流动,则不能同时实现汇率稳定和货币政策的独立性,而如果一国政府实行资本管制,则可以同时实现汇率稳定和货币政策独立性。Krugman 进一步发展了这一思想,提出一个经济体在一定时期内通常不能同时实现资本市场开放、独立货币政策和固定汇率体制的观点,三者中至多两者可以同时出现,即一定时期内,一个经济体可以选择资本账户开放、固定汇率制度但相对非独立的货币政策,或者选择固定汇率制度、相对独立的货币政策但资本账户不开放,还可以选择资本账户开放、独立的货币政策和浮动汇率制度,这一观点被称为"不可能三角定理"或者"三元悖论",也被称为"蒙代尔—克鲁格曼不可能三角定理"。

对于"三元悖论"在现实世界中是否存在以及在多大程度上存在,一些研究者基于历史资料进行了实证检验。Obstfeld 和 Taylor(2002)考察了金本位时期(19 世纪 70 年代至"一战"爆发前)、两次世界大战之间(20 世纪 20 年代至 30 年代前半期)、布雷顿森林体系时期(20 世纪 50 年代至 60 年代末)和牙买加体制时期(20 世纪 70 年代末以后)"三元悖论"在若干经济体中存在程度的问题,结果显示"三元悖论"并非一定成立。例如,布雷顿森林体系时期,跨境资本流动受到严格管制,绝大多数国家货币的汇率与美元挂钩,根据"三元悖论"这些国家可以实现独立的国内货币政策,对澳大利亚、联邦德国、印度以及瑞典等国的检验结果却显示,上述国家的国内货币政策在一定程度上是非独立的。Obstfeld、Shambaugh 和 Taylor(2004)在上述研究的基础上对两次世界大战期间之外的三个阶段中"三元悖论"是否存在进行了实证研究,得到了相似的结论。

虽然从各国的现实来看,"三元悖论"并非一定成立,但"三元悖论"具有的政策指导作用仍是国内外学者们关注的一个重要方面,成为实践领域对跨境资本(包括短期跨境资本)流动进行监管的政策依据与指导原则。根据"三元悖论",一个国家要实现货币政策的独立性和相对固定的汇率制度,则需要对资本流动加以限制,例如 Krugman(1998)基于"三元悖论"认为,针对东南亚金融危机带来的冲击,当地政府若要保持汇率稳定和货币政策的独立性,必须对资本流动加以监管。

一些研究者对"三元悖论"做了进一步拓展,认为"三元悖论"反映的是一种绝对状态,如绝对的固定汇率、绝对的资本流动等,属于"角点解",没有考虑"中间"状态,如半独立的货币政策和半流动性的跨境资本。沿此思路,易纲、汤弦(2001)认为在金融市场工具发达状态下,"角点解"将占绝对优势,而当金融市场工具尚不发达时,汇率体制将依据各国经济情况和政府选择有所不同,即对新兴市场经济体和发展中国家来说更倾向于选择"中间"状态,对资本跨境流动进行部分监管。

三、货币政策难以兼顾价格稳定和金融稳定双重目标

Mahir Binici 和 Mehmet Yörükoğlu(2011)指出,通常一国货币政策以实现本国物价稳定(Price Stability)为主要目标,而较少关注金融稳定(Financial Stability)。在经济持续增长时期,以控制通货膨胀水平为目标的短期利率政策往往无法消除金融体系不稳定的潜在风险,因此从政策制定者的角度来看,需要通过实施宏观审慎政策提升金融体系的稳定性。在"大稳定"时期,对新兴市场经济体而言,经济持续快速增长以及全球金融一体化的加深、跨境资本流动的加快使其面临更大的金融稳定压力。新兴经济体跨境资本流动呈现四个特点:一是部分新兴经济体国家尚未完全实现资本账户的自由兑换;二是资本流动的波动程度较大;三是20世纪90年代后期,亚洲金融危机爆发后许多新兴市场经济体经历了国内储蓄增加、经常账户顺差、外汇储备的积累;四是许多新兴经济体进行了货币政策和汇率制度的改革。出现上述四个特点的根本原因是新兴经济体整体的金融体系制度建设仍处于不断完善的过程当中,防范金融危机的能力相

对较弱。对新兴经济体来说，资本流动对货币政策及金融稳定的影响集中体现在两个方面：一是过度依赖外部融资的国家更加容易受到资本流动的突然停止（Sudden Stop）和资本流动反转（Reversals）的冲击；二是资本流入会带来本币升值，削弱货币政策有效性。当本国采用固定汇率制时，跨境资本频繁流动会使本国丧失货币政策独立性，如果采用浮动汇率制，资本流入会带来通胀压力，因而需要采取紧缩性货币政策，但利率的提高会进一步带来资本流入，导致汇率进一步升值，并不断积累金融风险。当新兴经济体普遍出现短时期资本流动方向逆转以及着力去杠杆时，将引发资产价格和私人信贷的崩溃。因而相对于发达经济体来说，新兴市场经济体更加需要借助宏观审慎政策提升金融体系的稳定性，可以选择的政策工具包括：债务收入比约束、外币借款约束、信贷增速约束、银行间风险敞口约束、逆周期或动态准备金制度、贷款储蓄比约束以及公开市场货币头寸约束等。

Yusuf Soner Baskaya, Julian di Giovanni, Sebnem Kalemli-Ozcan, Jose-Luis Peydro, Mehmet Fatih Ulu（2016）等人的研究表明，金融危机后，发达经济体的非常规货币政策使大量资本流入新兴经济体，使新兴经济体在整体信贷规模增长的同时，外币贷款也相应增长，从而出现外部失衡以及私人部门资产和负债的期限错配、货币错配，如何解决因资本流入带来的汇率和信贷问题成为新兴经济体面临的主要问题之一。传统货币政策不仅难以兼顾价格和金融稳定的目标，而且会放大汇率和信贷波动。从理论和现有部分国家的实践上来看，宏观审慎政策可以弥补货币政策在促进金融稳定方面的不足，减轻金融体系的系统性风险以及降低资本流动对信贷的影响，但其仍存在一些问题有待解决，具体包括：第一，宏观审慎政策为了遏制与资本流动相关的国内信贷增长，可能同时也阻碍了国内投资和宏观经济的增长；第二，由于宏观审慎政策具有多样性，在实际运用中很难衡量某一具体政策在缓解跨境资本流动中的实际效果；第三，宏观审慎政策和跨境资本流动与一国的宏观经济状况、微观经济基础密切相关，如果不考虑一国宏观经济基本面及企业等因素，难以得出正确的宏观审慎政策与跨境资本流动之间的因果关系；第四，由于各个国家之间的差异，适用于一个国家的政策不一定适用于其他国家；第五，宏观审慎政策设计一定程度上基于微观层面的异质性数据，但由于考察对象差异性加大，这种异质性数据往往难以获得。

Eswar Prasad（2013）针对发展中国家跨境资本流动状况，从资本流动的特点、资本流动的主要驱动因素、周期性、监管、发达国家货币政策等五个方面提出了对比分析框架（见表2-1）。

表2-1 发展中国家跨境资本流动的理想状态与现状对比框架

项目	理想的框架	现状
资本流动的特点	相对稳定的资本流动，有正确的特点，除了资金流动之外还要有技术、公司治理提高以及金融市场深化	20世纪八九十年代的新兴市场经济体危机是由外币短期债券导致的。但最近已经发生了变化，FDI已经占了50%以上，加上组合投资，占60%以上
资本流动的主要驱动因素	宏观基础（Macroeconomic Fundamentals）	由市场情绪驱动（Market Sentiments）
周期性	逆周期的（Countercyclical）	顺周期的（Cyclical）
监管	国际、国内的良好监管环境	金融市场的管理虽然进步了，但是还不能有效缓冲新兴市场的风险
发达国家货币政策	良好的政策（Well Functioning Policies）	发达国家的政策成为风险的来源而非稳定世界经济的来源

Eswar Prasad认为，发展中国家跨境资本流动现状与理想状态之间出现上述差异的原因在于三个方面：一是市场失灵（Market Failures），即由信息不对称及投资激励措施导致的投机行为（Herding Behaviour）；二是政策失灵（Policy Failures），即不规范的宏观政策和无效的金融监管政策会增大跨境资本流动波动的风险；三是机构失灵（Institutional Failures）。市场失灵和政策失灵相对容易解决，针对政策失灵，可以通过一些特殊的政策，如金融监管政策和宏观审慎政策使资本流入生产性领域（Productive Uses）。机构失灵是影响发展中国家跨境资本流动的最重要的因素，从国内层面来看，中央银行的政策目标往往过多，如既要促进经济增长，也要防范金融风险，但仅仅依靠货币政策无法实现多重政策目标，尤其对于发达国家来说更是如此，发达国家需要更多的财政政策改革和结构性改革。国际层面，金融一体化使发达国家的货币政策和新兴市场国家的货币政策之间存在相互溢出效应，而目前并无有效的合作机制来应对这种溢出效应。跨境资本流动领域全球治理的缺乏，使新兴市场经济体和发展中国家不得不积累更多外汇储备，并购买发达国

家债券作为安全资产，为资本流动的波动提供保护。金融危机期间及之后，发展中国家对安全资产的需求上升，全球范围内安全资产的供给却不断下降，甚至一些发达国家从安全资产的提供国变成了需求国（如日本、瑞典等），因此需要加强跨境资本流动领域的全球治理合作，共同解决面临的全球宏观问题。Enrique Alberola、Aitor Erce 和 José María Serena（2015）也认为新兴市场经济体在应对跨境资本流动方面需要加强政府间的协作。

针对货币政策难以兼顾物价稳定和金融稳定的问题，Luiz Awazu Pereira da Silva（2015）提出，货币政策仍应以物价稳定为主要目标，同时可以采用宏观审慎政策来应对跨境资本的大规模流动，此外还需要建立综合平衡的政策组合，通过结构性改革稳定增长，提升金融体系稳健性，并增强政策沟通力度。

上述三方面内容显示，无论是应对短期跨境资本流动可能带来的负面冲击，还是出于政策选择考量，实现金融体系和宏观经济稳定是对短期跨境资本流动进行监管的一个共同基本出发点。

第三节　短期跨境资本流动监管的成效

学术界对短期跨境资本流动监管有效性的研究通常分别从宏观和微观层面展开，宏观层面主要关注监管是否能够有效调节跨境资本流动规模以及是否能够通过影响相关经济指标实现调控目标，微观层面主要关注短期跨境资本监管能否提升企业经营效率等。

一、短期跨境资本流动监管对资本流动规模的影响

由于各国发展程度、经济结构以及资本项目开放程度的差异，不同国家短期跨境资本流动监管政策对资本流动的影响差异较大。有学者研究发现，跨境资本流动监管通常不会影响资本流动规模，但会对新兴市场经济体和发展中国家短期跨境资本流动结构产生影响。Edwards（1999）、Rodric 和 Velasco（1999）研究发现，资本监管对短期跨境资本流动规模

影响不显著,但对短期性债务的期限结构影响较大。Reinhart 和 Montiel (1999) 基于 15 个新兴市场经济体资本管制指数数据研究发现,资本监管使资本流入由短期性的证券投资等转向具有长期特征的外国直接投资(FDI)等,但对资本流动规模影响很小。DeGregorio 等 (2000)、Gregorio (2004) 通过对智利无息准备金政策的研究也得到了类似的结论,即一国实施资本监管会使短期资本流入规模降低,中长期资本流入规模提高,但资本流入总规模变化不大。与上述研究不同的是,部分学者研究结果显示,对短期跨境资本流动进行监管不仅不会对流入资本总规模产生影响,也不会对流入资本结构、汇率水平、外汇储备等变量产生显著影响(Johnston 和 Ryan,1994;Grilli 和 Milesti – Ferretti,1995)。Ariyoshi 等 (2000) 通过对泰国、智利、巴西、马来西亚和哥伦比亚等五国的研究发现,资本监管使泰国、智利、马来西亚和哥伦比亚四个国家的资本流动结构发生显著变化,泰国和马来西亚资本净流入减少,而巴西资本流入结构和资本流入规模变化均较小。

Shaghil Ahmed 和 Andrei Zlate (2013) 基于 2008 年全球金融危机前后的数据建立了一个考虑资本管制因素的固定效应模型,具体形式如下:

$$\frac{NPI_{it}}{Y_{it}} = \alpha_0 + \sum_{i=1}^{n-1} \alpha_i D_i + \beta' X_{it} + \gamma_1 RA_t + \gamma_2 CC_{it} + \varepsilon_{it}$$

$$X_{it} = \begin{pmatrix} X_{1it} \\ X_{2it} \\ X_{3it} \\ X_{4it} \end{pmatrix} = \begin{pmatrix} g_{it} - g_t^{AE} \\ R_{it} - R_t^{US} \\ \sum_{k=1}^{8} INTV_{i,t-k}/Y_{it} \\ USLSAPS_t \end{pmatrix}$$

其中,NPI 为净私人资本流入(Net Private Inflows),D_i 为固定效应变量(取值 1 或 0),X_{it} 为能够对收益产生影响的向量组合,具体包括新兴经济体与发达国家实际 GDP 增长率之差、与美国利率水平的差异、国家 i 在 k 季度之前对外汇市场的干预措施、美联储大规模资产购买;RA 为风险规避因素,CC 为资本管制措施,如对外来证券投资征税和限制证券投资的类型、对银行的短期外债征税、对银行的外汇敞口设置数量约束等。研究表明,对新兴经济体而言,资本管制措施可以在一定程度上平缓跨境资本流动。危机之前,当一国通过增加外汇储备的方式缓解本币升值的压力时，往往会导致更大规模的资本流入；危机之后，由于外汇和资本管制等的存在，并不会在短期内出现大规模资本流出。

二、短期跨境资本流动监管对相关经济指标的影响

即使在短期跨境资本流动处于较为平稳的状态下，货币当局仍然可能对短期资本流动采取监管措施，此种情况下资本监管的一个重要考量是通过监管调节短期资本流动规模以带动相关经济指标变化，进而实现预定的宏观调控目标。

Eichengreen 等（1996）基于 20 个国家 1962—1992 年的数据研究发现，资本流动监管对货币供给增长、财政赤字等经济变量影响较为显著，对外汇储备和利率水平影响不大，且资本流动监管政策在通货膨胀和贸易逆差较高的时候较为有效。Edwards（1998）对智利资本监管政策和实践的研究表明，智利的监管政策对其国内利率水平的影响不大，在资本管制条件下货币政策独立性并不强，且容易导致市场扭曲。Tamirisa（1999）、Wei 和 Zhang（2007）研究了外汇管制对国际贸易的不利影响，发现贸易外汇支付管制相当于将关税提高 14 个百分点，外汇交易管制相当于将关税提高 11 个百分点。

国内外部分学者对中国资本监管有效性进行了研究，分别得出了资本监管有效和资本监管无效的结论。McCauley 等（2006）基于人民币离岸市场和在岸市场利率差异的数据，通过实证研究发现中国的资本管制在一定程度上是有效的。张斌（2002）认为，虽然我国面临资本外逃，但资本管制对我国国内价格稳定、产出增长和国际收支平衡具有积极作用，因而资本管制是有效的。金荦等（2005）基于"三元悖论"分析也得出我国资本管制有效的结论。苟琴等（2012）基于国家外汇管理局数据，运用评分法对法规意义上的资本管制强度进行评估，并结合短期资本流动规模估计方法，研究发现当前我国资本账户管制能够有效控制短期资本流动。与上述研究结论不同的是，部分学者研究发现我国资本管制并不有效，我国贸易开放度的不断提高势必将弱化资本管制的有效性，短期资本大规模跨境流动将成为未来发展趋势。

除了上述方面外，还有学者从其他角度对短期跨境资本流动监管的影响进行了研究。如，有效的资本监管可以防止资本外流、维持国内储蓄水平以满足国内投资需要（Jappelli 和 Pagano，1992），有助于促进国内经济稳定和经济结构调整（Leiderman 和 Razin，1994），可以保持国内税基稳定（Guidotti 和 Vegh，1992）等。

三、短期跨境资本流动监管对企业经营效率的影响

从微观层面研究短期跨境资本流动监管对企业经营效率影响的文献尚不多见，主要观点是：短期跨境资本流动监管很大程度上限制了企业多样化选择资产的空间（Voth，2003），加大了企业特别是小型贸易企业的融资难度并提高了融资成本（Bekaert 等，2000；Forbes，2003；Desai 等，2004），对此，企业往往会采取导致市场扭曲的措施加以应对（Forbes，2005）。

第四节　短期跨境资本流动的宏观审慎监管

2008 年全球金融危机以来，学术界关于跨境资本流动监管研究的一个重要方面是探讨如何对资本流动进行宏观审慎监管。Bernanke 等（2011）表示，美国在 20 世纪 90 年代像其他新兴市场经济体那样，经历了大规模的资本流入和国内脆弱的金融系统相互影响带来的破坏性后果，但这并不意味着要金融逆全球化，而是需要通过加强世界各国的合作来提高私人部门的金融稳健性，加强金融监管，特别是加强宏观审慎监管是一个值得探索的途径。但从世界各国的发展情况来看，无论是理论研究还是实践探索，目前仍处于初期阶段，有待继续深化。

从已有研究文献来看，准备金率是对跨境资本流动进行宏观审慎监管的重要政策工具之一。通过调节准备金率水平，可以改变流入资本的期限结构，减少短期资本流入，增加长期资本流入（DeGregorio 等，2000），可以代替利率政策以实现宏观审慎目标（Tovar，2012），降低各类资本流入意愿（Montoro 和 Moreno，2011），部分新兴市场经济体使用准备金率

工具成功地调控了跨境资本流动（Gray，2011）。此外，还有学者从发达经济体货币政策溢出效应的角度对新兴市场经济体运用准备金率政策工具调控资本跨境流动进行了研究。Hoffmann 和 Loeffler（2013）基于28个新兴市场经济体1998—2012年的数据研究发现，新兴市场经济体受欧美等发达经济体货币政策的影响较大，倾向于通过提高准备金率应对资本大规模流入。

有学者对宏观审慎政策在平缓跨境资本流动方面所起到的作用持有不同看法，认为宏观审慎政策不会对跨境资本流动产生显著影响。Valentina Bruno、Ilhyock Shim 和 Hyun Song Shin（2015）基于亚洲-太平洋地区12个经济体（包括澳大利亚、中国、中国香港、印度、印度尼西亚、日本、韩国、马来西亚、新西兰、菲律宾、新加坡以及泰国）2004年第一季度至2013年第三季度的季度数据，实证研究了资本流动政策（Capital Flow Measures）和国内宏观审慎政策对经由银行渠道的跨境资本流入、债券资本流入以及信贷总规模的影响。研究结果显示，国内宏观审慎政策对跨境借贷、单家银行机构信贷以及银行体系信贷总规模均没有显著影响；2007年之前银行体系的资本流动政策往往伴随着资本流入增速的下降，2007年之后则出现相反的趋势，资本流动政策带来了银行体系资本流入增速的上升，债券市场资本流动政策的实际影响与银行体系类似，但其拐点在2009年，2009年之前债券市场资本流入呈现放缓态势，2009年之后有所加快；债券市场和银行体系的资本流动政策之间具有较为显著的溢出效应，2007年之前银行体系的资本流动政策带动了国际债券规模的上升，2009年之后债券市场的资本流动政策促进了银行体系跨境借贷规模的上升。

Paul Castillo、Cesar Carrera、Marco Ortiz 和 Hugo Vega（2014）从可贸易部门与不可贸易部门相互溢出效应的角度考察了对资产价格波动和跨境资本流动的影响，研究发现发展中国家实际汇率和资产价格波动之间存在正向变化关系，这种变化会引起跨境资本流动的顺周期波动。发展中国家在跨境资本持续流入和流出期间，贷款价值比率（Loan to Value Ratios）作为宏观审慎政策工具可以缓解跨境资本流动的波动。

近一段时期以来，我国学者结合我国实际从多个角度对跨境资本流动（包括短期资本）的宏观审慎监管进行了研究。伍戈、严仕锋（2015）认为，应从宏观、中观和微观三个层面采取综合措施，防范资本流动各环节的正反馈效应及其对国内经济的冲击,并建议从日常管理、危机应对和长效机制等维度强化宏观审慎管理,为国内金融调控与经济体制改革营造良好外部环境。王志强、李青川(2014)基于我国的数据研究发现,如果采用外汇占款增长率作为转换变量,当外汇占款增长较大时,资本流动对信贷增长有显著正的影响,此时可以通过提高准备金率抑制信贷增长和控制资本流动的冲击,即此时准备金率可以作为宏观审慎工具;反之,当外汇占款增长率较低时,准备金则不能起到缓解资本流动冲击的作用。这表明,准备金率作为宏观审慎政策工具在缓解资本跨境流动冲击方面具有非对称性效果。

当前,针对我国宏观审慎监管框架尚未完全建立的情况下如何应对短期跨境资本流动的冲击,我国学者提出了着眼长远、立足当下的应对之策。从长远来看,需要完善我国金融监管法律体系、监管手段和方法(陈瑾玫、徐振玲,2012),提高鉴别和监控各类热钱的能力,加强对中长期资本市场的引导开发,尽快建立资本大规模跨境流动的监测、预警和管理体制机制(王军,2011;吕光明、徐曼,2012),建立综合数据监测系统和共享的数据库,以加强对国际短期资本流动的分析研究(安起雷、李治刚,2011)。从短期来看,需要加强对短期跨境资本流入的管制,加大对投机性热钱非法流入等各类投机行为的打击查处力度(王军,2011)。

第三章 改革开放以来我国短期跨境资本流动管理的历程、逻辑与趋势

改革开放以来,我国对短期跨境资本流动的管理与我国渐进式市场化改革一路随行。总体上,随着我国经济市场化程度的不断提高以及与世界经济融合程度的不断加深,对短期跨境资本流动的管理也由以行政管制为主向当前的以数量型工具调控为主转变。本章首先对改革开放以来我国短期跨境资本流动规模进行了测算,梳理了不同时期我国出台的跨境资本流动管理政策,在此基础上对我国短期跨境资本流动管理的逻辑与趋势进行了分析。

第一节 改革开放以来我国短期跨境资本流动规模的测算

一、短期跨境资本流动规模测算的基本方法

国际上对短期跨境资本流动规模进行测算的方法主要有直接法和间接法两种。直接法由卡丁顿(Cuddington)于1986年首次提出,基本原理是将一国国际收支平衡表中的若干项目直接相加而得到该国短期跨境资本流动的规模,计算公式为:短期资本净流动(SCF) = 误差与遗漏项净额 + 其他部门其他短期资本项目净额。肯特(Kant,1996)在卡丁顿的基础上对直接法进行了扩展,将计算公式拓展为:短期资本流动(SCF) = 误差与遗漏项净额 + 其他部门其他短期资本项目净额 + 证券投资差额

（含股本证券和债务证券）。

间接法由世界银行（World Bank）于1985年首先提出，对短期跨境资本流动规模的估算采用外汇储备增量减去一国国际收支平衡表中相关项目的思路，计算方法为：短期资本流入＝外汇储备增量－经常项目顺差－FDI净流入－外债增量。与卡丁顿提出的直接法计算公式相类似，这一公式也因统计口径准确性不足而为后来的学者做了扩展，较有代表性的主要包括：Morgan Guaranty Trust Company（1986）将公式调整为：短期资本流入＝外汇储备增量－经常项目顺差－FDI净流入－外债增量＋商业银行海外净资产增量，Cline（1987）将其进一步修正为：短期资本净流入＝外汇储备增量－经常项目顺差－FDI净流入－外债增量＋商业银行海外净资产增量＋停留在国外的海外资产再投资收益＋其他投资收益＋旅游收入。

对比直接法与间接法计算公式可以发现，直接法从短期跨境资本双向流动的角度测算资本流动净额，正值表示资本净流入，负值表示资本净流出；间接法则从资本单向流入的角度测算短期跨境资本流动规模，结果与直接法类似，正值为资本净流入，负值为资本净流出。

二、我国现有文献中短期跨境资本流动的统计口径

我国学者在上述直接法和间接法的基础上，结合实际对我国短期跨境资本流动的计算口径进行了研究，并在此基础上对我国短期跨境资本流动规模进行了测算。

（一）基于直接法的统计口径调整

对于直接法的优点，学术界比较一致的看法是简洁、直观，而其存在的不足也显而易见。由于直接法假定未选中的项目都不是短期资本，因而会低估短期跨境资本流动的规模（张明，2011；石刚等，2014）。国内学者运用直接法估算我国短期跨境资本流动规模主要沿着两个思路展开：一是直接运用卡丁顿的公式进行计算；二是运用扩展法计算，包括直接运用Kant的公式进行计算以及在Kant公式的基础上进行一定调整。张明（2011）和石刚、王琛伟（2014）对此做了较为全面的总结，所不同的是，张明从短期跨境资本流入的角度进行了归纳，而石刚等则从短期跨境资本流动净额的角度进行总结，具体内容见表3-1。

第三章 改革开放以来我国短期跨境资本流动管理的历程、逻辑与趋势

表3-1 直接法测算指标、计算公式与文献比较①

所用指标	文献
净误差项与遗漏项(A) A项调整(AT1):用发达国家A项占贸易总量的比例进行调整 A项调整(AT2):估算一个比例(40%)对A项进行直接调整	直接法中的多数文献 任惠(2001) 刘仁伍、覃道爱、刘华(2008),王信(2005)
经常项目差额(C)	
贸易顺差(C1) C1项调整(C1T1):实际值减去移动平均值	刘亚莉(2008)
进出口伪报额(C2) C2项调整(C2T):用进出口总额乘以某个系数(1%)进行调整	杨海珍、陈金贤(2000),任惠(2001),兰振华、陈玲(2008),张明(2011) 刘仁伍、覃道爱、刘华(2008)
收益差额(C3) C3项调整(C3T):实际值减去前5年收益平均值	尹宇明、陶海波(2005)
经常转移差额(C4) C4项调整(C4T1):用实际值减去移动平均值 C4项调整(C4T2):用实际值乘以系数(40%)进行调整	刘亚莉(2008) 刘仁伍、覃道爱、刘华(2008)
资本和金融项目差额(D)	刘仁伍、覃道爱、刘华(2008)
直接投资差额(D1)	刘仁伍、覃道爱、刘华(2008)
外国直接投资差额(D11) D11调整项(D11T1):实际值减去模型预测值 D11调整项(D11T2):估算一个比例(30%)对D11进行调整	尹宇明、陶海波(2005) 刘仁伍、覃道爱、刘华(2008)
证券投资差额(含股本证券和债务证券)(D2)	Kant(1996)
金融项目下其他投资的短期项目(含短期贸易信贷、短期贷款、货币与存款、其他短期资产)(D3) D3调整项(D3T):实际值减去指数平滑预测值	尹宇明、陶海波(2005)
金融项目下短期投资(含货币市场工具、短期贸易信贷、短期贷款、货币与存款、其他短期资产)(D31)	曲凤杰(2006),兰振华、陈玲(2008),张明(2011)
贸易信贷项目(D32) D32调整项(D32T):实际值减去来料加工和正常的贸易信贷	杨海珍、陈金贤(2000) 任惠(2001)
其他部门其他资本项目(D33)	杨海珍、陈金贤(2000)

---

① 严格地讲,张明和石刚等人对文献的总结是相似的,但石刚等人的总结时效性更强,见石刚、王琛伟(2014),故在此加以转引,谨致诚挚谢意。

续表

所用指标	文献
其他部门其他短期资本项目(D34)	Cuddington(1986)、Kant(1996)、杨胜刚、刘宗华(2000)、修晶、张明(2002)、尹宇明、陶海波(2005)

直接法计算公式（短期资本流动：SCF）

1. SCF1 = A + D34；Cuddington(1986)、Kant(1996)、杨胜刚、刘宗华(2000)、修晶、张明(2002)
2. SCF1 = A + D34 + D2；Kant(1996)
3. SCF1 = A + D32 + D33 + C2；杨海珍、陈金贤(2000)
4. SCF1 = AT1 + D32T + C2；任惠(2001)
5. SCF1 = A + D34 + C3T + D11T1 + D3T；尹宇明、陶海波(2005)
6. SCF1 = A + D31；曲凤杰(2006)
7. SCF1 = A + D31 + C2；兰振华、陈玲(2008)
8. SCF1 = A + C1T1 + C4T1；刘亚莉(2008)
9. SCF1 = AT2 + D − D1；刘仁伍、覃道爱、刘华(2008)
10. SCF1 = A + C2T + C4T2 + D11T2，刘仁伍、覃道爱、刘华(2008)
11. SCF1 = A + D31 + C2；张明(2011)

（二）基于间接法的统计口径及调整

世界银行1985年提出的间接法计算公式对短期跨境资本流动规模的高估显而易见，因而学术界更多的是在此基础上通过扣减相关项目资本流量来估算短期跨境资本流动规模。石刚、王琛伟（2014）对国内外运用间接法估算短期跨境资本流动规模的文献做了较为全面的总结与归纳（见表3-2）。与直接法相比，间接法估算出的短期跨境资本流动规模相对更加准确，因而在研究中为较多的学者所采用。

虽然学术界通过调整和优化直接法与间接法的统计口径以提高短期跨境资本流动规模测算的准确性，但由于各种计算公式均保留有估计的成分，与实际的短期跨境资本流动规模之间均存在一定偏差，因而有学者提出以区间估计代替原先的数值估计，将直接法估算出的结果作为短期跨境资本流动规模的下限，而将基于间接法估算出的结果作为短期跨境资本流动规模的上限（杨海珍、陈金贤，2000）。无疑，区间估计法囊括了短期跨境资本流动规模的所有可能性，但过宽的区间范围削弱了数据的适用性和以数据为基础的决策针对性和有效性。

（三）混合法统计口径

除了上述使用较多的直接法与间接法外，国内亦有学者从不同视角进行了积极探索，提出了融合直接法与间接法部分要素的混合法，如李扬（1998）提出的"SCF=国际储备资产+库存现金-国际资本往来（净）-误差与遗漏（正）"；王信和林艳红提出的"SCF=资本与金融项目盈余-直接投资净流入+进出口伪报（出口高报与进口低报）+经常转移中资本流动+FDI中的短期资本流动"。

表3-2 间接法测算指标、计算公式与文献比较

所用指标	文献
外汇储备增量（B）	World Bank（1985）
B项调整（BT1）：用外汇占款增量代替调整	刘亚莉（2008）、林松立（2010）、严启发（2010）、张明（2011）、李慧勇（2011）
B项调整（BT2）：用货币当局外汇资产增加额代替调整	张斌（2010）
B项调整（BT3）：剔除汇率变动造成的储备价值变动进行调整	徐高（2007）、张明（2008）
B项调整（BT4）：剔除汇率变动造成的储备价值变动与储备投资收益，加上央行对中投的转账等进行调整	张明和徐以升（2008）
经常项目差额（C）	World Bank（1985），Morgan Guaranty Trust Company（1986），Cline（1987），宋文兵（1999），杨海珍和陈金贤（2000），李晓峰（2000），杨胜刚和刘宗华（2000），修晶和张明（2002），Schneider（2003），陈学彬、余辰俊和孙婧芳（2007），余姗萍和张文熙（2008），刘仁伍、覃道爱和刘华（2008），严启发（2010），Yasemin和Talha（2012）
贸易顺差（C1）	谢国忠（2005），国家统计局国际统计信息中心（2006），王世华和何帆（2007），Michaelson（2010），徐高（2007），刘亚莉（2008），张斌（2010），国家外汇管理局（2011）
C1项调整（C1T2）：用货物贸易与服务贸易顺差替代调整	冯彩（2008），张明（2011）
C1项调整（C1T3）：用出口额乘以一个比率进行调整	林松立（2010）
C1项调整（C1T4）：减去贸易顺差中隐藏的资本流动	张明（2008），张明和徐以升（2008）
C1项调整（C1T5）：用前四年各月贸易顺差的移动平均值替代	张谊浩和沈晓华（2008）
C1项调整（C1T6）：减去贸易账户中外国企业投机性资本流入	李慧勇（2011）

续表

所用指标	文献
旅游差额(C11)	Cline(1987),刘仁伍、覃道爱和刘华(2008)
进出口伪报额(C2)	宋文兵(1999),杨海珍和陈金贤(2000),李晓峰(2000),严启发(2010),张明(2011)
投资收益差额(C31)	Cline(1987),刘仁伍、覃道爱和刘华(2008)
职工报酬差额(C32)	张明(2011)
海外投资收益(C33)	国家外汇管理局(2011),李慧勇(2011)
经常转移差额(C4)	李慧勇(2011)
政府部门经常转移(C41)	张明(2011)
直接投资差额(D1)	World Bank(1985),Morgan Guaranty Trust Company(1986),Cline(1987),宋文兵(1999),杨海珍和陈金贤(2000),李晓峰(2000),杨胜刚和刘宗华(2000),修晶和张明(2002),Schneider(2003),国家统计局国际统计信息中心(2006),王世华和何帆(2007),Michaelson(2010),陈学彬、余辰俊和孙婧芳(2007),余姗萍和张文熙(2008),徐高(2007),张谊浩和沈晓华(2008),冯彩(2008),刘仁伍、覃道爱和刘华(2008),刘亚莉(2008),林松立(2010),张斌(2010),严启发(2010),张明(2011),国家外汇管理局(2011),Yasemin和Talha(2012)
D1项调整(D1T1):实际值减去FDI中隐藏的资本流动	张明(2008),张明和徐以升(2008)
D1项调整(D1T2):用FDI中的货币部分减去投机部分再减去中国对外的FDI替代调整	李慧勇(2011)
外国直接投资差额(D11)	张明(2011)
海外直接投资差额(D12)	宋文兵(1999),李晓峰(2000)
外国对话股市证券投资(股本证券负值)(D21)	宋文兵(1999),杨海珍和陈金贤(2000),李晓峰(2000)
海外证券投资增量(D22)	宋文兵(1999),李晓峰(2000),张明(2011),国家外汇管理局(2011),李慧勇(2011)
债权资本流入(D23)	杨海珍和陈金贤(2000)
外国股权与长期债券投资(D24)	张明(2011)
金融项目下短期投资(含货币市场工具、短期贸易信贷、短期贷款、货币与存款、其他短期资产)(D31)	刘仁伍、覃道爱和刘华(2008)
贸易信贷项目(D32)	宋文兵(1999),杨海珍和陈金贤(2000)
商业银行海外净资产增量(D35)	Morgan Guaranty Trust Company(1986),Cline(1987),宋文兵(1999),杨海珍和陈金贤(2000),严启发(2010)
对外贷款增量(D36)	宋文兵(1999)
外国其他投资净流入(D37)	李晓峰(2000)

续表

所用指标	文献
对外其他投资净流出(D38)	李晓峰(2000),张明(2011)
外国其他长期投资(D39)	张明(2011)
外债增量(存量)(D4)	World Bank(1985),Morgan Guaranty Trust Company(1986),Cline(1987),宋文兵(1999),杨海珍和陈金贤(2000),李晓峰(2000),徐高(2007),刘仁伍、覃道爱和刘华(2008)
D4项调整(D4T):用外债增量的流量进行调整	杨胜刚和刘宗华(2000),修晶和张明(2002),Schneider(2003),严启发(2010),Yasemin和Talha(2012)
短期债务增量(D41) D41项调整(D41T):实际值减去短期债务增量中投机部分	李慧勇(2011)
正常的非银行部门资本外流(资本账户差额)(D5)	严启发(2010)
间接法计算公式	

1. $SCF = B - C - D1 - D4$,WorldBank(1985);
2. $SCF = B - C - D1 - D4 + D35$,Morgan Guaranty Trust Company(1986);
3. $SCF = B - C - D1 - D4 + D35 + C31 + C11$,Cline(1987);
4. $SCF = B - C - D1 - D4 - D23 - D21 + D35 + D32 - C2$,杨海珍和陈金贤(2000);
5. $SCF = B - C - D1 - D4 - D21 - D37 + D12 + D22 + D38 - C2$,李晓峰(2000);
6. $SCF = B - C - D1 - D4T$,杨胜刚和刘宗华(2000),修晶和张明(2002),Schneider(203),Yasemin和Talha(2012);
7. $SCF = B - C1$,谢国忠(2005);
8. $SCF = B - C1 - D1$,国家统计局国际统计信息中心(2006),王世华和何帆(2007),Michaelson(2010);
9. $SCF = B - D1 - C$,陈学彬、余辰俊和孙婧芳(2007),余珊萍和张文熙(2008);
10. $SCF = BT3 - D1 - C1 - D4$,徐高(2007);
11. $SCF = B - D1 - C1T5$,张谊浩和沈晓华(2008);
12. $SCF = B - D1 - C1T2$,冯彩(2008);
13. $SCF = B - D1 - C - D4 + D31$,刘仁伍、覃道爱和刘华(2008);
14. $SCF = B - C - D1 - D4 + C11 + C31$,刘仁伍、覃道爱和刘华(2008);
15. $SCF = BT1 - D1 - C1$,刘亚莉(2008);
16. $SCF = BT3 - D1T1 - C1T4$,张明(2008);
17. $SCF = BT4 - D1T1 - C1T4$,张明和徐以升(2008);
18. $SCF = BT1 - D1 - C1T3$,林松立(2010);
19. $SCF = BT2 - D1 - C1$,张斌(2010);
20. $SCF = BT1 - C - D1 - D4T + D35 + D5 - C2$,严启发(2010);
21. $SCF = BT1 - C1T2 - C32 - C41 - D1 - D24 - D39 + D1 + D2 + D38 + C2$,张明(2011);
22. $SCF = B - D1 - C1 - C3 - D2$,国家外汇管理局(2011);
23. $SCF = BT - C1T6 - D1T2 - D4T - C3 - C4 - D22$,李慧勇(2011)

资料来源:石刚、王琛伟(2014)。

三、对我国短期跨境资本流动规模数据的测算

从数据可得性来看，中国人民银行在2001年之前仅公布年度国际收支平衡表，2001年开始公布半年度国际收支平衡表，2010年开始公布季度国际收支平衡表，从数据契合度上来说，年度数据更加具有前后一致性，能够满足研究需要。

统计口径上，本文采用国家外汇管理局《2011年中国跨境资金流动监测报告》提出的计算公式：

短期跨境资本流动(SCF) = 外汇储备增量 - 直接投资差额 - 贸易顺差 - 海外投资收益 - 海外证券投资增量

其中，外汇储备增量数据来源于国家外汇管理局，直接投资差额、海外投资收益和海外证券投资增量数据来源于国家外汇管理局中国国际收支平衡表时间序列数据，贸易顺差数据来源于Wind数据库。由于我国国际收支平衡表年度数据最早开始于1982年，因而直接投资差额、贸易顺差、海外投资收益和海外证券投资增量的年度数据始于1982年，为保持数据时间一致，外汇储备增量数据也设定1982年为起始年份，所有数据截至2013年底，具体计算结果见图3-1。

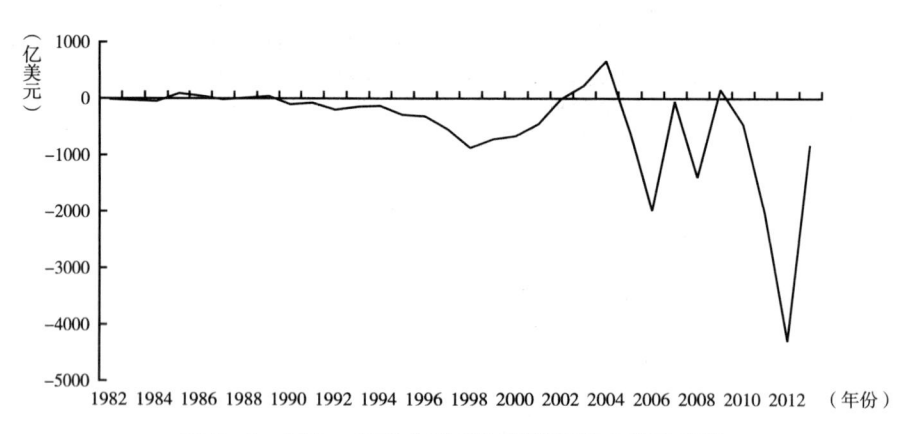

图3-1　1982—2013年我国短期跨境资本流动规模

可以看出，1982—1992年，我国短期跨境资本流动较为稳定且流动规模相对较小，1992年以来波动幅度有所加大，其间，20世纪90年

代末期东南亚金融危机前后及 2008 年新一轮全球金融危机爆发以来，我国经历了较为显著的短期跨境资本净流出，且 2008 年全球金融危机以来短期跨境资本流出的规模与波动程度远大于东南亚金融危机期间，原因在于：其一，我国虽然自 1978 年开始实施改革开放，开始由计划经济向市场经济转型，但囿于体制机制、人们思维方式等的障碍，市场化改革进展较为缓慢，1992 年以前对短期跨境资本流动规模的控制比较严格，仍以计划经济下行政式资本管制方式为主，因此在这一时期我国短期跨境资本流动规模较小，波动也较为平缓；其二，1992 年十四届三中全会后，我国加快了经济市场化步伐，对外开放也不断扩大，为吸引外部资本流入，我国逐步放松了对跨境资本流动的数量管制，实现了经常项目下的人民币可自由兑换以及逐步推动资本项目走向可自由兑换，使更多资金能够跨境流动；其三，随着经济持续快速增长，我国经济规模不断增大，相应地带动了短期跨境资本流动规模的持续扩大。

第二节　我国短期跨境资本流动管理历程

从前述短期跨境资本流动计算公式可知，短期跨境资本流动同时涉及国际收支平衡表（BOP）中的经常账户、资本与金融账户以及净误差与遗漏项，但主要集中在非储备性质的金融账户项下。改革开放之初，通过吸引外资弥补我国资金不足、促进实体经济增长是我国经济政策的一个重点，与此相应，跨境资本流动主要集中在期限较长的外国直接投资领域，主要由短期跨境资本组成的证券投资项目下虽然也有跨境资本流动，但规模相对较小。随着我国经济规模的不断增大，市场经济体系的不断完善，与世界经济和金融联系的愈加密切，短期跨境资本流动规模也越来越大。对短期跨境资本流动的管理也从单一的行政式资本管制向数量管制与市场调节并举转变（集中体现为我国人民币资本项目可兑换水平的不断提升）。2008 年全球金融危机爆发后，我国提出"建立健全宏观审慎管理框架下的外债和资本流动管理体系"，相应地，对短期跨境资本流动的管理也逐步向宏观审慎管理转变。

一、改革开放后我国短期跨境资本流动管理的总体特征

纵观改革开放以来的发展历程可以发现，我国对短期跨境资本流动的管理随着我国渐进式市场化改革的深入而逐步转变，主要呈现以下一些特征。一是以数量式行政管理为主，市场调节逐步增加。我国市场经济体制改革脱胎于计划经济体制，改革开放后的很长一段时期内，计划经济体制下行政式的数量计划调节仍广泛存在，至今，我国对短期跨境资本流动的行政式管理仍然存在，但由市场进行调节的力度和空间在不断加大，某种程度上，我国对短期跨境资本流动的管理方式仍处于由行政管理为主向以市场调节为主的转变过程中。二是以实现宏观经济和金融体系的稳定为跨境资本流动管理的基本出发点。保持国民经济和社会的稳定是贯穿我国改革开放以来经济社会发展的主线之一，也是我国管理跨境资本流动的基本考量。三是监管的非对称性，即对跨境资本流出的管理力度总体上强于资本流入的管理力度，"宽进严出"。

二、短期跨境资本流动管理的起步阶段（1979—1989年）[①]

改革开放伊始，我国缺乏经济发展所需要的资本，因而大力吸引外资成为我国主要经济政策之一。在这一政策作用下，与实体经济关系密切的直接投资领域的跨境资本流入净额稳步增加，证券投资领域跨境资本流动规模相对较小且存在较大波动，其他投资领域也出现较大程度波动。金融衍生工具作为经济和金融发展达到一定程度的产物，需要以多层次资本市场体系、多种类金融机构、大量专业性金融人才以及与之相适应的法律法规体系为基础，而改革开放初期我国上述条件尚不具备，因而金融衍生品领域没有出现实际的资本跨境流动（见表3-3）。同时，我国当时是资本缺乏较为严重的国家，所以按照国际货币基金组织协定第14条的规定，实施了严格的资本管制。

[①] 严格地讲，从改革开放初1978年，我国即有资本的跨境流动。由于国家外汇管理局国际收支平衡表的历年数据最早为1982年，故本文的分析也从1982年开始。

表 3-3　1982—1989 年我国跨境资本流动情况

单位：亿美元

类型	1982年	1983年	1984年	1985年	1986年	1987年	1988年	1989年
直接投资	4	8	13	13	18	17	23	26
证券投资	0	-6	-16	30	16	11	9	-2
金融衍生工具	0	0	0	0	0	0	0	0
其他投资	-21	-16	-34	41	32	0	20	40

资料来源：国家外汇管理局相关年份国际收支平衡表。

直接投资方面，1978 年改革开放初年，我国正式推出吸引外国直接投资的政策，股权投资构成这一时期资产端和负债端跨境资本流动的主要来源，外国对我国的直接投资规模大于我国对外直接投资，且我国直接投资项下跨境资本流动净额随着时间推移逐步增加（见图 3-2），而资产端和负债端的关联企业债务则均为 0。

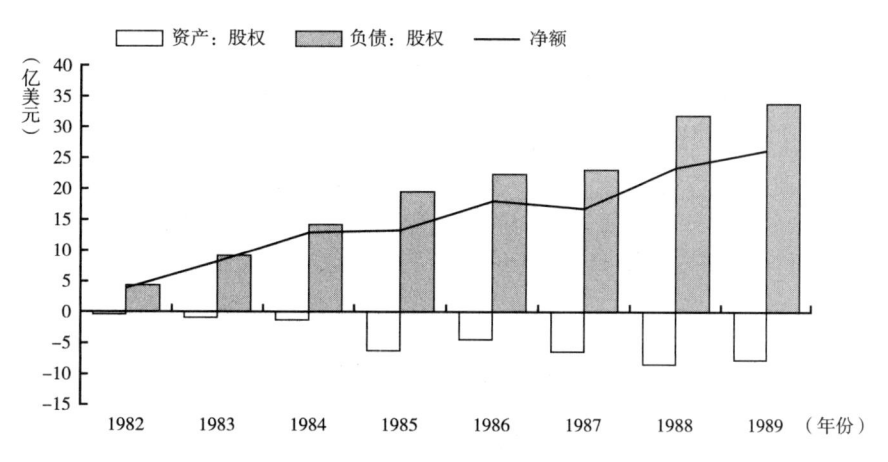

图 3-2　1982—1989 年我国直接投资情况

资料来源：国家外汇管理局相关年份国际收支平衡表。

证券投资方面，1982 年开始，我国允许国内企业在中国境外发行外币债券，债券构成这一时期资产端和负债端跨境资本流动的主要载体。与直接投资随时间推移而逐步增长不同的是，证券投资净额表现出明显的波动态势，特别是资产端债券投资项下的跨境资本流动波动程度较大，在

1984年经历了大规模流出后于1985年转变为大规模流入,随后于1986—1989年又出现了小幅净流出(见图3-3)。

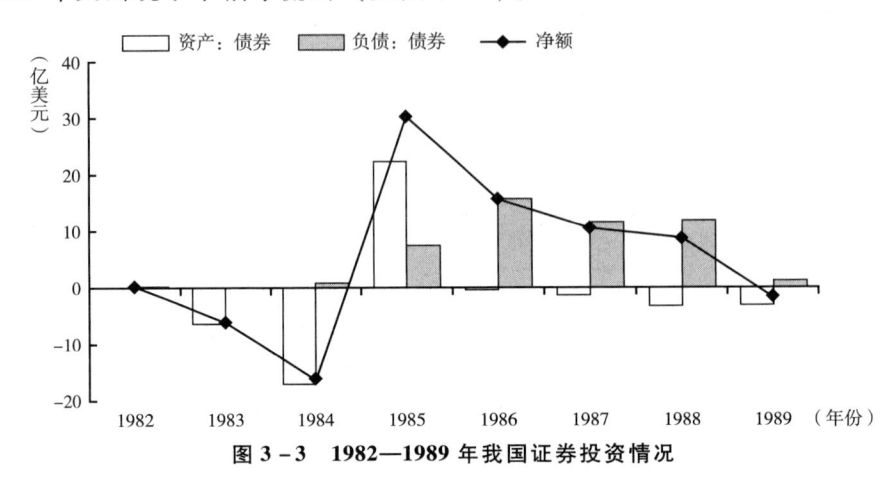

图3-3 1982—1989年我国证券投资情况

资料来源:国家外汇管理局相关年份国际收支平衡表。

其他投资方面,这一时期我国其他投资净额也出现了较大程度的波动,经历了由1982—1984年的净流出向1985—1989年净流入的转变(见图3-4)。进一步的数据显示,资产端跨境资本流动主要集中在"其他"项下,负债端跨境资本流动主要集中在"贷款"项下(见表3-4)。

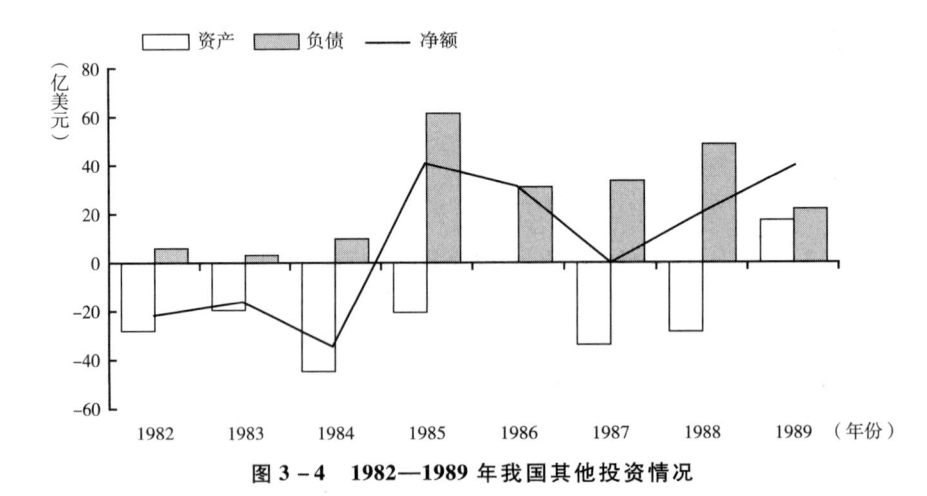

图3-4 1982—1989年我国其他投资情况

资料来源:国家外汇管理局相关年份国际收支平衡表。

表 3－4 1982—1989 年我国金融账户其他投资情况

单位：亿美元

年份	1982	1983	1984	1985	1986	1987	1988	1989
其他投资净额	－21	－16	－34	41	32	0	20	40
其他投资:资产	－28	－20	－44	－20	1	－34	－29	18
资产:其他股权	0	0	0	0	0	0	0	0
资产:货币和存款	0	0	0	0	0	0	0	0
资产:贷款	－4	－3	－3	－2	－1	－2	－2	－1
资产:保险养老金	0	0	0	0	0	0	0	0
资产:贸易信贷	－3	－3	－3	－10	－5	－1	－1	－1
资产:其他	－21	－14	－38	－8	7	－31	－26	20
其他投资:负债	7	4	10	61	31	34	49	22
负债:其他股权	0	0	0	0	0	0	0	0
负债:货币和存款	0	0	0	0	0	0	0	0
负债:贷款	0	4	10	60	28	29	52	21
负债:保险养老金	0	0	0	0	0	0	0	0
负债:贸易信贷	7	0	－2	－1	－2	－1	0	－2
负债:其他	0	0	2	2	5	6	－3	3
负债:特别提款权	0	0	0	0	0	0	0	0

资料来源：国家外汇管理局相关年份国际收支平衡表。

总体而言，这一时期由于短期跨境资本流动规模相对较小，对经济稳定的影响也较为有限，因而我国虽然对其以行政审批的方式进行管制，但并没有从政策层面对不同流向的短期跨境资本流动进行有区别性和倾向性的调节。

三、短期跨境资本流动管理的发展阶段（1989—2013 年）

随着我国经济对外开放程度的提高，包括短期资本在内的跨境资本流动规模日渐增大，对宏观经济的影响也日益显现。对短期跨境资本流动进行管理、减轻其对我国经济发展的冲击、促进国民经济稳定健康发展越发必要。整体上，这一时期，我国对短期跨境资本流动的管理，以行政式管制为基础，逐步提高市场在调节短期跨境资本流动中的作用。

(一) 实现经常账户下人民币可兑换阶段 (1989—1996年)

改革开放后,我国经常账户货物项下的跨境资本流动规模得到快速提升(见图3-5)。虽然1982—1996年货物项下资本流动净额变化幅度不大,但单向的货物进口和出口规模稳步攀升,特别是1992年后,货物进出口规模增长速度加快。

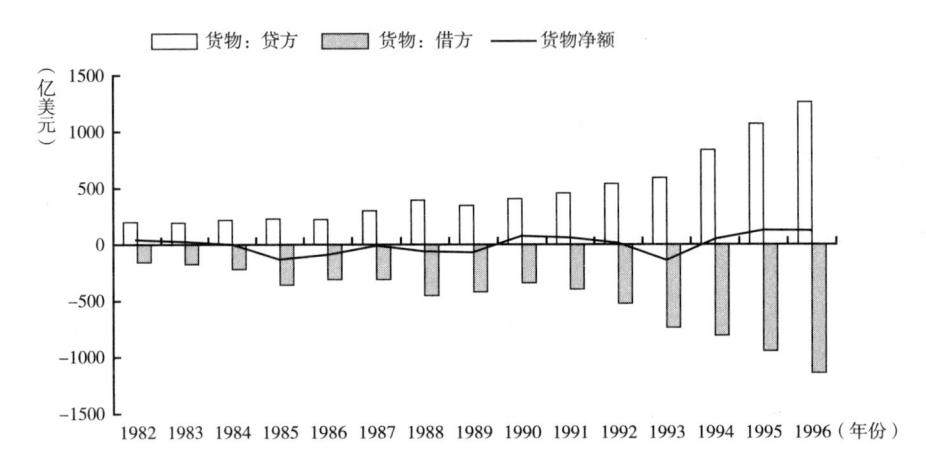

图3-5 1982—1996年我国货物贸易经常账户情况

资料来源:国家外汇管理局相关年份国际收支平衡表。

货物进出口规模的提升使原先的外汇管理和资本管制方式难以适应发展需要。1992年我国社会主义市场经济改革方向的正式确立为放松经常项目下的跨境资本流动管制提供了历史机遇。1993年11月14日,十四届三中全会通过《中共中央关于建立社会主义市场经济体制若干问题的决定》,明确提出"改革外汇管理体制,建立以市场供求为基础的、有管理的浮动汇率制度和统一规范的外汇市场,逐步使人民币成为可兑换货币"。1994年,我国对外汇管理体制进行了重大改革,实现了人民币官方汇率与外汇调剂市场汇率并轨,并着力推动人民币在经常项目下有条件的可兑换。经过两年多的努力,人民币经常项目可自由兑换各项条件具备,1996年12月1日,我国接受国际货币基金组织第8条第2、3、4款的义务,正式实现经常项目下的人民币可自由兑换,这也标志着我国解除了经常项目下资本跨境流动的数量管制。至此,在一系列影响短期跨境资本流动的因素中,贸易顺差项下的资本流动开始完全由市场供求进行调节,也标志着我国短期跨境资本流动的管理进入新阶段。

经常项目下资本跨境流动的数量管制放松先于资本项目的原因在于,首先,在我国出口导向发展战略下,出口是拉动我国经济增长的重要力量。随着我国出口规模不断增大,对经常项目项下人民币可自由兑换的需求也日益迫切,放松和解除经常项目下资本跨境流动的数量管控有助于进一步扩大我国对外贸易规模。其次,相对较为稳定的内外部经济形势为我国解除经常项目下资本跨境流动的数量管控创造了良好的环境。改革措施的出台需要合适的"窗口期",其中,内外部经济形势的稳定是基础条件之一。从事后来看,1993—1996年,亚洲金融危机尚未爆发,我国经济处于稳步增长阶段,GDP增速分别达到13.6%、13.1%、9.6%和10.1%,各主要发达经济体也呈现稳定发展态势,如美国在这一时期的GDP增速分别为2.75%、4.04%、2.72%和3.80%。稳定的内外部经济环境为我国解除经常项目下资本跨境流动的数量管控创造了良好契机。最后,放松和解除资本项目下跨境资本流动的数量管控对金融体系的要求较高,例如需要相对完善的金融基础设施,需要有较高透明度的金融市场以及较强的风险应对能力等,而我国当时并不具备上述条件。

除推动实现经常项目人民币可兑换以外,这一时期我国加强了对跨境直接投资所涉及的境外直接投资项目的资本流动管理。1989年3月6日,国家外汇管理局发布经国务院正式批准的《境外投资外汇管理办法》(以下简称《办法》),这是我国首个针对资本与金融账户项下跨境资本流动的管理办法。《办法》对在我国境内登记注册的公司、企业或其他经济组织在境外设立企业、购股、参股、从事生产经营活动等所涉及的跨境资本流动做出明确规定,如第3条规定境内企业境外投资需提交外汇资金来源证明,并由外汇管理部门对资金来源和存在的风险进行审查;第6条明确规定,境内投资者来源于境外投资的利润或者其他外汇收益,必须在当地会计年度终了6个月内调回境内,并按国家规定办理结汇或者留存现汇,不得擅自挪作他用或者存放境外。

此后,国家外汇管理局相继于1990年6月26日、1991年6月21日、1995年9月14日发布了《境外投资外汇管理办法细则》《关于对境外投资外汇风险审查和外汇资金来源审查书面结论统一规范的通知》《关于

〈境外投资管理办法〉的补充通知》，进一步完善了对境内企业在境外投资的跨境资本流动的管理。

除跨境直接投资领域外，这一时期我国亦开始对跨境证券投资和跨境债权债务进行管理，如1995年3月29日，国家外汇管理局发布《关于禁止金融机构随意开展境外衍生工具交易业务的通知》；1996年4月22日，国家计委发布《关于国外贷款实行全口径计划管理的通知》（以下简称《通知》）。《通知》对借用中长期国外贷款实行总量控制下的全口径计划管理的有关问题进行了明确规定，将期限在1年以上的贷款均纳入国家借用中长期国外贷款计划，并根据不同的借用方式和偿还责任分别实行指令性计划管理和指导性计划管理。《通知》还对实行指令性和指导性计划管理的范围进行了明确界定。

（二）推动实现资本与金融账户可兑换进程中的短期跨境资本流动管理（1997—2013年）

1996年，我国实现经常账户完全可兑换后，资本与金融账户的完全可兑换成为我国国际收支账户改革的重点，至今历时20余年，支付结算体系等金融基础设施的建设、金融市场规模的扩大、多层次资本市场体系的建立与完善等均取得较大进展，资本项目开放亦稳步推进，取得显著进展（见表3-5），在全部40项项目中，完全可兑换的有10项，部分可兑换的达27项，完全不可兑换的仅剩3项，集中在风险程度较高的非居民在境内出售或发行证券、货币市场工具和金融衍生工具。

资本项目开放程度不断提高拓宽了跨境资本流动渠道，便利了资本双向流动。我国短期跨境资本流动规模增大的同时，波动性也增大，对其的管理也根据短期跨境资本流动态势相应调整。

1. 加强短期跨境资本流出管理阶段（1997—2001年）

1997年伊始，我国曾提高居民个人因私用汇购汇标准，开展远期银行结售汇试点，在少量中资企业试点保留一定限额经常项目外汇收入等，但1997年7月亚洲金融危机的爆发打断了这一进程。泰国、菲律宾、印尼、马来西亚、中国香港、韩国的金融市场受到国际金融投机者的冲击，引发了东南亚金融危机，1997年下半年日本诸多银行和证券公司的破产使东南亚金融危机进一步演变为亚洲金融危机。出于避险需要，上述国家这一时期出现大规模资本流出，受此影响，我国也出现了资本的大规模流出。

表 3–5 我国资本项目开放情况

序号	管制类型	交易对象	交易种类	交易方式	是否可兑换
1	对资本和货币市场工具的管制	资本市场证券	买卖股票或有参股性质的其他证券	非居民在境内购买	部分可兑换
2				非居民在境内出售或发行	不可兑换
3				居民在境外购买	部分可兑换
4				居民在境外出售或发行	部分可兑换
5			债券和其他债务性证券	非居民在境内购买	部分可兑换
6				非居民在境内出售和发行	部分可兑换
7				居民在境外购买	部分可兑换
8				居民在境外出售和发行	部分可兑换
9		货币市场工具	—	非居民在境内购买	部分可兑换
10				非居民在境内出售和发行	不可兑换
11				居民在境外购买	部分可兑换
12				居民在境外出售或发行	部分可兑换
13		集体投资类证券	—	非居民在境内购买	部分可兑换
14				非居民在境内出售和发行	部分可兑换
15				居民在境外购买	部分可兑换
16				居民在境外出售和发行	部分可兑换
17	对衍生工具和其他工具的管制	—	—	非居民在境内购买	部分可兑换
18				非居民在境内出售和发行	不可兑换
19				居民在境外购买	部分可兑换
20				居民在境外出售和发行	部分可兑换
21	对信贷业务的管制	商业信贷	—	居民向非居民提供	可兑换
22				非居民向居民提供	可兑换
23		金融信贷		居民向非居民提供	可兑换
24				非居民向居民提供	部分可兑换
25		担保、保证和备用融资便利		居民向非居民提供	部分可兑换
26				非居民向居民提供	部分可兑换
27	对直接投资的管制	对外直接投资	—	—	可兑换
28		对内直接投资	—	—	可兑换
29	对直接投资清盘的管制	—	—	—	可兑换
30	对不动产交易的管制	—	—	居民在境外购买	部分可兑换
31				非居民在境内购买	部分可兑换
32				非居民在境内出售	可兑换

续表

序号	管制类型	交易对象	交易种类	交易方式	是否可兑换
33	对个人资本流动的管制	贷款	—	居民向非居民提供	部分可兑换
34			—	非居民向居民提供	部分可兑换
35		礼品、捐赠、遗赠和遗产		居民向非居民提供	部分可兑换
36				非居民向居民提供	可兑换
37		外国移民在境外的债务结算	—	—	可兑换
38		资产的转移		移民向国外的转移	部分可兑换
39				移民向国内的转移	可兑换
40		博彩和中奖收入的转移	—	—	部分可兑换

资料来源：根据公开资料整理。

1996年，我国国际收支平衡表中"其他投资"项下的资产端资本流出为13亿美元，而1997年流出则高达396亿美元，1998—2000年又相继流出350亿美元、244亿美元和439亿美元。与此同时，1997—1999年我国短期跨境资本流出分别达558.62亿美元、886.68亿美元和735.25亿美元。为避免亚洲金融危机对我国金融系统影响的扩大和跨境资本进一步流出，我国放缓了资本项目开放的步伐，并加强了对短期跨境资本流动的管制。

党中央、国务院层面，1997年12月6日，第一次全国金融工作会议发布了《中共中央国务院关于深化金融改革，整顿金融秩序，防范金融风险的通知》，明确提出，要"高度警惕和重视防范涉外金融风险，严格区分经常项目与资本项目交易，依法审批和管理资本项目下的外汇流入和流出"；1998年3月5日，政府工作报告中也要求"要努力增加外汇收入，合理有效地使用外汇，依法管理资本项目下的国际收支和汇兑"。

国家外汇管理局这一时期也通过出台一系列政策加强对资本项目的管理，如1998年9月15日发布《关于加强资本项目外汇管理若干问题的通知》，1999年1月7日发布《关于完善资本项目外汇管理有关问题的通知》。针对跨境债权债务，国家外汇管理局于1998年8月20日和8月31日连续发布《关于禁止购汇提前还贷有关问题的通知》《关于严禁购汇提前还贷的紧急通知》以减轻资本流出压力。

在限制资本大规模流出的同时,我国也不失时机推进资本账户下部分项目的开放。1999年,亚洲金融危机形势有所好转后,我国适度放松了资本项目下跨境直接投资和跨境证券投资的管制。1999年4月20日发布了《关于简化境外带料加工装配业务外汇管理的通知》,2001年7月11日,出台了《国有企业境外期货套期保值业务管理办法》,一定程度上便利了资本账户项下的跨境资本流动。

2. 放松短期跨境资本流动管理阶段(2002—2012年)

随着我国于2001年底正式加入世界贸易组织(WTO),我国对外开放进入新阶段,加快了融入世界经济的步伐。我国在国家层面也通过大力推进资本账户开放、完善资本账户下相关项目的管理等措施便利跨境资本双向流动(见表3-6)。受此影响,我国短期跨境资本双向流动规模逐步加大,特别是2008年国际金融危机爆发后,受国际金融市场波动性等因素的影响,短期跨境资本流出从2010年的457.38亿美元跃升至2012年的4306.04亿美元。

表3-6 2002—2012年我国有关资本账户开放的重要资料汇编

时间	文件名称	具体表述
党代会报告		
2003年10月14日	十六届三中全会《中共中央关于完善社会主义市场经济体制若干问题的决定》	"七、完善财税体制,深化金融改革"部分:在有效防范风险前提下,有选择、分步骤放宽对跨境资本交易活动的限制,逐步实现资本项目可兑换
2007年10月15日	中国共产党十七大报告	"五、促进国民经济又好又快发展"部分:完善人民币汇率形成机制,逐步实现资本项目可兑换
2012年11月8日	中国共产党十八大报告	"四、加快完善社会主义市场经济体制和加快转变经济发展方式"部分:加快发展多层次资本市场,稳步推进利率和汇率市场化改革,逐步实现人民币资本项目可兑换
政府工作报告		
2008年3月5日		"2008年的主要任务"部分:完善结售汇制度,加强跨境资本流动监管,稳步推进资本项目可兑换
2011年3月5日		"三、2011年的工作"部分:推进利率市场化改革,扩大人民币在跨境贸易和投资中的使用。推进人民币资本项目下可兑换工作
2012年3月5日		"三、2012年主要任务"部分:深化利率市场化改革,稳步推进人民币资本项目可兑换,扩大人民币在跨境贸易和投资中的使用

续表

时间	文件名称	具体表述
五年规划纲要		
2006年3月16日	《中华人民共和国国民经济和社会发展第十一个五年规划纲要》	第33章"加快金融体制改革"部分:完善有管理的浮动汇率制度,逐步实现人民币资本项目可兑换
2011年3月16日	《中华人民共和国国民经济和社会发展第十二个五年规划纲要》	第48章"深化金融体制改革"部分:推进外汇管理体制改革,扩大人民币跨境使用,逐步实现人民币资本项目可兑换
全国金融工作会议		
2007年1月19—20日	第三次全国金融工作会议	加强对短期跨境资本流动特别是投机资本的有效监控
2012年1月6—7日	第四次全国金融工作会议	稳妥有序推进人民币资本项目可兑换,在规范的基础上扩大人民币在跨境贸易投资中的使用。推进贸易投资便利化,逐步拓宽资本流出渠道,放宽境内居民境外投资限制

资料来源:根据公开资料整理。

(1) 跨境直接投资方面,这一时期整体上放松了直接投资领域跨境资本流动的管制,提高了市场供求在调节短期跨境资本流动中的作用。

政策层面的着力点主要在两个方面:一是便利外国直接投资(FDI)的流入,如2003年,国家外汇管理局发布了《关于完善外商直接投资外汇管理工作有关问题的通知》《关于简化境外投资外汇资金来源审查有关问题的通知》《外国投资者并购境内企业暂行规定》等三份文件,促进直接投资项下的资本流入;二是促进境内主体扩大对外直接投资,如2005年发布的《关于境外上市外汇管理有关问题的通知》《关于边境地区境外投资外汇管理有关问题的通知》《关于扩大境外投资外汇管理改革试点有关问题的通知》等,2007年发布的《保险资金境外投资管理办法》《关于开展境内个人直接投资境外证券市场试点的批复》等。

截至2008年,我国对符合相关产业规定、通过真实性审核和审批的外国直接投资和对外直接投资已基本放开,此后对跨境直接投资管理的重点则落脚于进一步简化管理。2012年6月,国家外汇管理局发布《关于鼓励和引导民间投资健康发展有关外汇管理问题的通知》,简化对境外直接投资资金汇回和境外放款的外汇管理,并适当放宽个人对外担保管理。

从数据来看，这一时期，我国跨境直接投资项目下的资本流入和流出规模虽有波动，但整体在稳步增长（见图3-6），其中，境外主体的境内投资规模除2009年和2012年较前一年有所降低外，其余年份均实现了同比正增长；与此相对，我国境内主体对境外直接投资规模相对较小，但从2008年开始对外直接投资规模出现较为明显的增加。

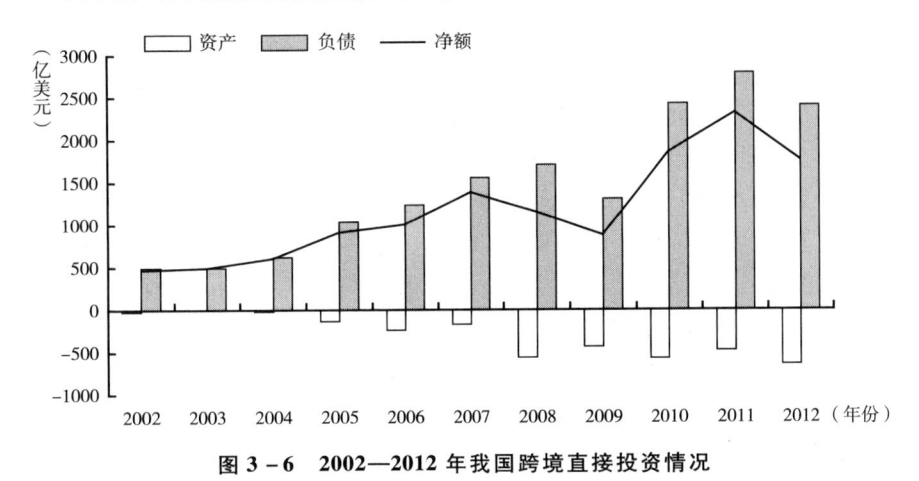

图3-6 2002—2012年我国跨境直接投资情况

资料来源：国家外汇管理局相关年份国际收支平衡表。

（2）跨境债权债务方面，这一时期我国加强了对跨境债权债务的规范化管理，主要集中在优化外债结构、控制外债风险，简化货物贸易项下外债管理、对短期外债进行年度余额指标核定管理等。

1980年开始，我国通过借用国外债务性资金引进先进技术、设备，有力地推动了基础设施建设、技术水平提升，促进了国家经济发展。我国对外债也一直实行全口径管理，严格控制外债规模，保持合理债务结构。但现实中，一些国有和国有控股大中型企业对防范外债风险缺乏足够认识，存在债务风险隐患。例如，2001年底，我国外债余额为1701亿美元，其中，短期外债506亿美元，中长期外债1195亿美元。中长期外债中，政府部门、中资金融机构、国有企业承担了约900亿美元，占中长期外债余额约75%。[①] 过高的外债集中度不利于风险的有效分散。

针对这一时期外债管理中存在的不足，我国先后发布《关于印发国

---

① 数据来源于国家外汇管理局网站。

有和国有控股企业外债风险管理及结构调整指导意见的通知》（2002年7月8日）、《外债管理暂行办法》（2003年1月8日）和《关于完善外债管理有关问题的通知》（2005年10月21日）。

这一时期短期外债在外债总额中的比重虽然相对较低，但由于其流动方向易变，能够导致经济在短期内出现大的波动，因此我国对其管理较为严格，实行了配额管理。2004年6月21日，国家外汇管理局发布《关于实施〈境内外资银行外债管理办法〉有关问题的通知》，此后，2005年4月相继发布了《关于下达2005年境内外资银行短期外债指标的通知》和《关于下达2005年度中资机构短期外债余额指标的通知》，2009年3月发布《关于2009年度金融机构短期外债指标核定情况的通知》等。

跨境证券投资方面，这一时期我国在放松跨境证券投资方面取得较大进展（见图3-7）。2002年1月19日，中国人民银行和中国证监会联合发布《合格境外机构投资者境内证券投资管理暂行办法》，标志着境外机构投资境内证券市场破冰，经过4年左右的试点，2006年8月24日，中国证监会、中国人民银行和国家外汇管理局联合发布《合格境外机构投资者境内证券投资管理办法》。2011年12月23日，国家外汇管理局发布《关于基金公司、证券公司人民币合格境外机构投资者境内证券投资试点有关问题的通知》，进一步便利了跨境证券投资的短期资本流动。

此外，这一时期，我国还通过允许商业银行开办代客境外理财、允许基

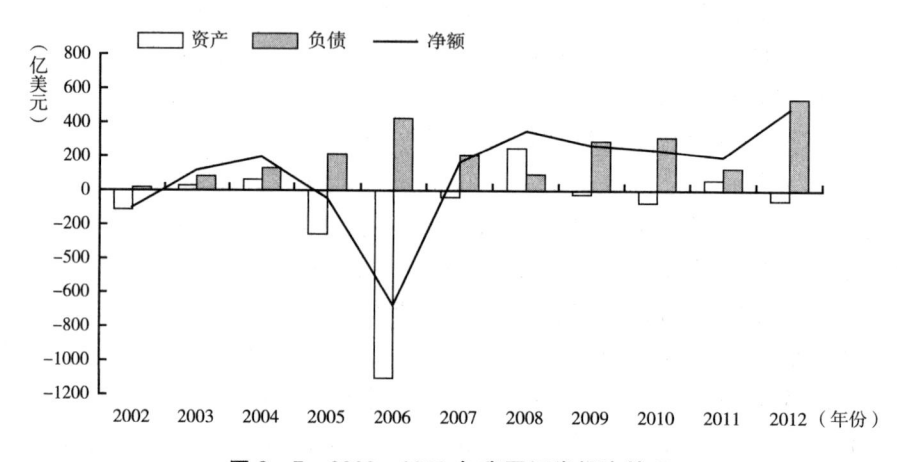

图3-7 2002—2012年我国证券投资情况

资料来源：国家外汇管理局相关年份国际收支平衡表。

金公司境外投资证券、允许信托公司受托开展境外理财业务、允许境内个人参与境外上市公司股权激励计划等方式不断拓宽我国的短期跨境资本流动。

从图3-7可以看出,负债端境外投资者对我国的证券投资各年间虽有波动,但均保持流入态势,而资产端我国对外证券投资波动明显且流动方向不稳定。通过进一步数据可以发现,资产端证券投资主要集中在债券投资领域(见图3-8),而负债端的证券投资则主要集中在股权领域(见图3-9)。

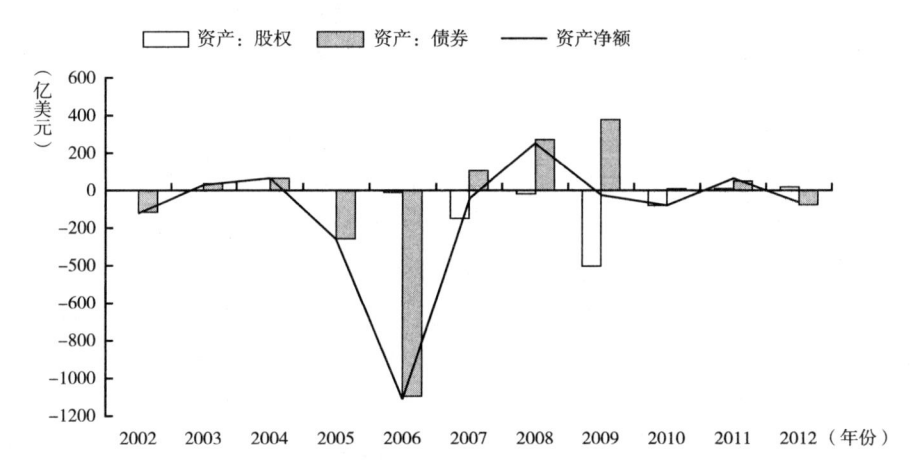

图3-8 2002—2012年我国证券投资资产端资本流动情况

资料来源:国家外汇管理局相关年份国际收支平衡表。

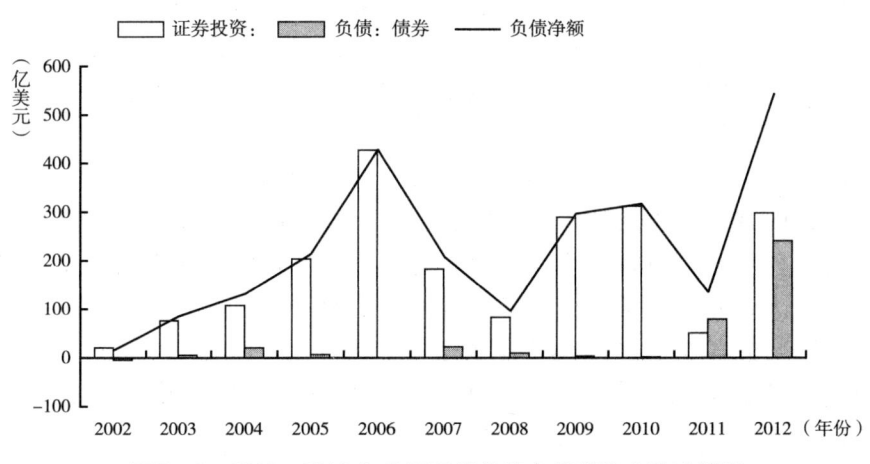

图3-9 2002—2012年我国证券投资负债端资本流动情况

资料来源:国家外汇管理局历年国际收支平衡表。

3. 加强短期跨境资本流出管理与建立宏观审慎监管体系阶段（2013年至今）

2013年以来，我国短期跨境资本流动管理进入新阶段。首先，受全球跨境资本流动格局变化和我国经济增速趋势性放缓的影响，我国资本流出速度加快。2014年下半年开始，我国经常账户和资本与金融账户由先前的"双顺差"转变为经常账户顺差、资本与金融账户逆差的"一顺一逆"状态，更为重要的是，资本与金融账户逆差大于经常账户顺差，出现跨境资本净流出，且流出压力逐步提升，对此，我国在一定程度上加强了传统行政管理的方式对跨境资本流出进行管制的力度。

其次，进一步扩大对外开放成为我国当前及今后一段时期经济发展的内在要求。当前，由于全球化进程中不同群体收入分配差距拉大、全球治理体系有待进一步完善等原因，出现了逆全球化抬头的发展趋势，但经济全球化的内在动力仍然存在，全球化仍是世界经济未来的发展方向。顺应经济全球化发展的历史潮流有助于我国充分利用国际国内两个市场的资源，进一步提升我国经济竞争力。因此，我国明确提出要进一步扩大对外开放，并将提高资本项目开放水平作为扩大对外开放的重点领域之一（见表3-7）。2014年1月24日，国家外汇管理局发布《关于进一步改进和调整资本项目外汇管理政策的通知》，简化了部分资本项目外汇管理行政审批程序，包括简化融资租赁类公司对外债权外汇管理、简化境外投资者受让境内不良资产外汇管理、进一步放宽境内机构境外直接投资前期费用管理、进一步放宽境内企业境外放款管理、简化境内机构利润汇出管理、简化个人财产转移售付汇管理、改进证券公司《证券业务外汇经营许可证》管理等七个方面。

最后，2008年全球金融危机爆发后，基于对既往金融监管体系缺陷的反思，世界各主要经济体都在探索建立宏观审慎监管体系，由于跨境资本流动具有明显的顺周期性以及能够通过系统重要性金融机构触发系统性风险，因而成为各国建立宏观审慎监管体系的一个重要组成部分。我国也将包括短期资本在内的跨境资本流动监管纳入宏观审慎监管体系，并于2013年明确提出探索建立构建宏观审慎管理框架下的外债和资本流动管理体系。

（1）跨境证券投资。国家外汇管理局国际收支平衡表（BOP）数据显示，2013—2016年，我国证券投资项目涉及的跨境资本流动净额分别

表 3–7　2013—2016 年我国有关资本账户开放的重要资料汇编

时间	文件名称	具体表述
党代会报告		
2013 年 11 月 12 日	党的十八届三中全会报告《中共中央关于全面深化改革若干重大问题的决定》	"加快完善现代市场体系"部分:建立健全宏观审慎管理框架下的外债和资本流动管理体系,加快实现人民币资本项目可兑换
政府工作报告		
2013 年 3 月 5 日		"三、对今年政府工作的建议"部分:稳步推进利率、汇率市场化改革,扩大人民币跨境使用,逐步实现人民币资本项目可兑换
2014 年 3 月 5 日		"三、2014 年工作重点"部分:保持人民币汇率在合理均衡水平上的基本稳定,扩大汇率双向浮动区间,推进人民币资本项目可兑换
2015 年 3 月 17 日		"三、把改革开放扎实推向纵深"部分:稳步实现人民币资本项目可兑换,扩大人民币国际使用,加快建设人民币跨境支付系统
五年规划纲要		
2016 年 3 月 17 日	《中华人民共和国国民经济和社会发展第十三个五年规划纲要》	有序实现人民币资本项目可兑换,提高可兑换、可自由使用程度

资料来源：根据公开资料整理。

为 529 亿美元、824 亿美元、-665 亿美元和 -622 亿美元,[①] 具体而言,资产端股权投资和债券投资连续 4 年呈现净流出状态,负债端则整体上呈现资本净流入态势（见图 3–10）。

这一时期我国对证券投资账户涉及的跨境资本流动整体上以规范管理为主,通过放松和完善跨境证券投资管理而影响短期跨境资本流动的规模和频率。2013 年 8 月 27 日,国家外汇管理局发布《合格境内机构投资者境外证券投资外汇管理规定》,对我国境内经济主体赴国外从事证券投资的投资额度等相关事宜进行了明确规定。此后,我国相继发布了《关于境外上市外汇管理有关问题的通知》《关于境外交易者和境外经纪机构从事境内特定品种期货交易外汇管理有关问题的通知》《合格境外机构投资者境内证券投资外汇管理规定》《关于境外机构投资者投资银行间债券市

---

① 负号表示资本净流出。

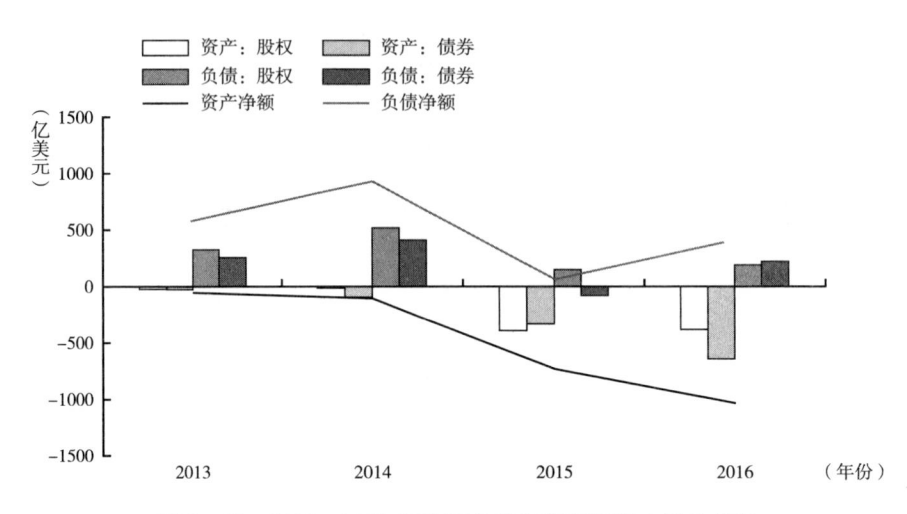

图 3-10　2013—2016 年我国证券投资项下资本流动情况

场有关外汇管理问题的通知》《关于人民币合格境外机构投资者境内证券投资管理有关问题的通知》等一系列文件，对涉及外汇及跨境资本流动等相关业务活动进行了规范。

扩大资本账户开放方面，2013 年 3 月 19 日，中国证监会、中国人民银行和国家外汇管理局联合发布《人民币合格境外投资者境内证券投资试点办法》，允许境外机构使用人民币对我国进行证券投资，在提升人民币国际化的同时进一步便利了短期跨境资本流入。

（2）跨境直接投资与跨境债权债务。2013—2015 年，我国跨境直接投资净流入逐年减少，分别为 2180 亿美元、1450 亿美元、681 亿美元，2016 年出现跨境直接投资净流出 466 亿美元。2013—2016 年，我国对外直接投资（包括股权和债券投资）规模逐年递增，分别为 730 亿美元、1231 亿美元、1744 亿美元和 2172 亿美元，与此相对，外国投资者对我国的直接投资则逐年递减，分别为 2909 亿美元、2681 亿美元、2425 亿美元和 1706 亿美元。

这一时期我国对跨境直接投资的管理逐步放松，以提高市场在资源配置中的决定性作用为方向，更好地支持国家"走出去"战略的实施。2013 年 5 月 11 日，国家外汇管理局发布经修订后的《外国投资者境内直接投资外汇管理规定》，进一步便利了外国投资者在我国境内的直接投资，此后又相继出台《关于境内居民通过特殊目的公司境外投融资及返程投资外汇管理有关问题的通知》《关于进一步简化和改进直接投资外汇管理政策的通知》《关于改革外商投资企业外汇资本金结汇管理方式的通知》等文件，进一步便利了直接投资项下的跨境资本双向流动。

这一时期，我国对跨境债权债务仍保持较为严格的管理，国家外汇管理局仍然对境内机构短期外债余额指标进行核定。

（3）探索跨境资本流动的宏观审慎管理。2013年11月12日，党的十八届三中全会《中共中央关于全面深化改革若干重大问题的决定》明确提出要"建立健全宏观审慎管理框架下的外债和资本流动管理体系，加快实现人民币资本项目可兑换"，标志着我国正式开始探索对跨境资本流动进行宏观审慎监管，短期跨境资本流动作为整个跨境资本流动的重要组成部分，其监管成效将影响整个宏观审慎监管体系的顺畅运行。

实践领域，2011年中国人民银行正式引入差别准备金动态调整机制，2014年12月，中国人民银行将境外金融机构在境内金融机构的存款纳入存款准备金交付范围，2015年上海自由贸易区探索建立了经济主体跨境融资的宏观审慎管理模式，将金融机构和企业跨境融资规模与其资本金挂钩，并设置杠杆率和宏观审慎调节参数予以调控。2016年1月25日，试点范围扩大至27家银行类金融机构以及在上海、广东、天津、福建四个自贸区内注册的企业，试点内容扩大为本外币一体化的全口径跨境融资宏观审慎管理，将市场主体借债空间与其资本实力和偿债能力挂钩，通过调节宏观审慎参数使跨境融资水平与宏观经济增速、国家整体偿债能力和国际收支状况相适应，避免杠杆率过高，降低货币错配风险。2016年5月3日起，试点进一步扩大至全国范围的金融机构和企业，且不再对外债实行事前审批，改由金融机构和企业在其资本或净资产挂钩的跨境融资上限内，自主开展本外币跨境融资，并于当年推出宏观审慎评估体系（Macro Prudential Assessment，MPA）。

第三节 我国短期跨境资本流动管理的逻辑与发展趋势

一、改革开放以来我国短期跨境资本流动管理的逻辑

我国对短期跨境资本流动的管理有其内在逻辑，即在实现经济平稳发

展和风险可控的前提下，不断发挥市场在资源配置中的决定性作用，稳步推进各项改革，逐步建立和完善与经济发展需求相适应的短期跨境资本流动管理的体制机制。

这种逻辑集中体现在改革开放以来我国短期跨境资本流动管理所呈现的方式方法的变化上。首先，对短期跨境资本流动行政审批管理的力度逐步降低。我国的改革开放脱胎于计划经济体制，虽然逐步引入市场机制调节资源配置，但计划经济下行政审批式的调节方式仍广泛存在。与经济发展中的许多其他领域相类似，对跨境资本流动的管理很长一段时期以传统的行政审批方式为主，随着我国经济发展程度和对外开放水平的不断提升，对跨境资本流动进行行政审批难以满足市场运行态势瞬息万变的态势的需要，我国通过行政审批体制机制改革，陆续减少了对跨境资本（包括短期跨境资本）流动的行政审批，逐渐提高市场在调节短期跨境资本流动中的作用。

其次，调节方式由行政式调节转变为行政、数量与价格调节并存。行政式调节是计划经济体制下调节经济运行的基本手段，改革开放至今，行政式调节在我国短期跨境资本流动的管理中仍占有一定位置。与此同时，基于市场供求的价格调节在短期跨境资本流动中的作用逐步提升，根据市场供求及其发展趋势，通过汇率、利率等价格杠杆调节短期跨境资本的流动规模与流动方向。

最后，我国短期跨境资本流动管理方式的演进与经常账户、资本与金融账户开放步骤基本保持一致，即先放松经常账户项下涉及短期跨境资本流动项目的管制，然后逐步放松金融账户项下直接投资项目涉及的短期跨境资本流动项目的管制，再逐步放松证券投资以及跨境债权债务项目涉及的短期跨境资本流动项目的管制。

二、我国短期跨境资本流动管理的未来发展趋势

未来一段时期，随着我国经济社会改革的不断深入，市场经济体制的日趋完善，对外开放水平和世界经济一体化水平的进一步提高，我国短期跨境资本流动管理方式一方面将延续改革以来的某些既有趋势，另一方面将出现新的发展趋势。

首先，行政审批将进一步减少，市场机制在调节短期跨境资本流动中

的作用将进一步增强。发挥市场在资源配置中的决定性作用是我国经济改革的主要目标之一，而扩大对外开放是实现这一目标的重要手段。未来，我国资本与金融账户的开放程度将进一步提升，市场供求将在调节短期跨境资本流动中发挥更大作用，这要求我国不断提升对短期跨境资本流动的管理水平，采取更多符合市场发展要求的管理措施，进一步减少行政审批。

其次，资本管制在一定时期内仍将存在。当前，世界经济形势发展错综复杂，逆全球化抬头导致多个国家出台"以邻为壑"的政策，美国经济向好态势确立，美联储进入加息通道，将带动国际资本流向美国。政策的大幅变化增加了国际市场的不确定性，并带来短期跨境资本大规模频繁无序流动，冲击了部分国家特别是部分新兴市场经济体和发展中国家的宏观经济稳定。2016年以来，我国出现了一定程度的资本流出，其中短期跨境资本流出压力持续存在。通过一段时期加强管理，资本流出压力有所缓解，但影响资本流出的主要因素如我国经济增速放缓、人民币贬值压力等仍然存在，从维护宏观经济稳定、完善人民币汇率市场化形成机制的角度来看，我国仍需要在未来一段时期内对跨境资本流动保持一定程度的管制。

最后，对短期跨境资本流动的宏观审慎管理将不断完善。相比长期跨境资本流动而言，短期跨境资本流动具有更为明显的顺周期特征，其对国内资产价格水平的影响也更为剧烈。我国已明确提出要建立健全对跨境资本（包括短期跨境资本）和外债的宏观审慎管理体系，并已在部分地区和对部分业务领域进行了试点，但总体上仍处于发展初期，特别是如何对短期跨境资本流动进行更具针对性的宏观审慎管理仍然有待做更进一步的探索。随着实践进展，我国短期跨境资本流动的宏观审慎管理有望得到不断完善。

第四章 短期跨境资本流动宏观审慎管理理论分析

2008年全球金融危机给全球金融监管带来的一个主要变化是宏观审慎管理得到广泛认可并在世界各主要经济体进行推广。国际层面,国际清算银行于雷曼兄弟破产两周年之际在瑞士巴塞尔推出了《巴塞尔协议Ⅲ》的草案,并在广泛吸纳各方意见的基础上于2013年1月6日正式发布《巴塞尔协议Ⅲ》的最新规定,这成为全球银行业监管的新标杆和各国协调宏观审慎管理政策立场的重要依据。中国等多个国家相继按照《巴塞尔协议Ⅲ》的要求调整各自的资本充足率、拨备率、杠杆率以及流动性指标等具有典型共性特征的监管标准;国家层面,各国根据自身国情探索建立了宏观审慎管理框架并出台了相应的宏观审慎管理政策,学术界也对跨境资本流动的宏观审慎管理进行了积极的理论探索。

第一节 短期跨境资本流动的系统性风险衍生机制分析

一、系统性风险概念

"系统性风险"这一表述的出现主要缘于最近二三十年来人们越来越多地对一国甚至是跨国金融风险的担忧。对于系统性风险,学术界尚未有统一认识,DeBandt 和 P. Hartmann(2000)在 *Systemic Risk:A Survey* 一文中较早对系统性风险进行了较为全面的研究,他们从系统性事件(Systemic Events)的界定入手,沿着系统性危机(Systemic Crisis)、系统性风险(Systemic Risk)的逻辑思路进行了演绎式观点阐释与理论论证。

在该文中,作者分别从狭义与广义的角度对"系统性事件"进行了定义。狭义的"系统性事件"是指:一家金融机构不利的消息的传出,或者该金融机构的倒闭,或者一个金融市场的崩溃会给一个或多个金融机构和金融市场带来重大负面影响,比如引起其他金融机构的倒闭或其他金融市场的崩溃。广义的"系统性事件"则还包括其他领域大的冲击给多家金融机构和金融市场带来显著的负面影响。在此基础上作者进一步定义:当系统性事件的冲击导致出现金融机构倒闭或者金融市场崩溃时,该系统性事件为"强"(Strong)系统性事件,反之,当系统性事件没有导致金融机构倒闭或金融市场崩溃时,该系统性事件为"弱"(Weak)系统性事件。

该文把"系统性危机"定义为:一件系统性事件在"强"的意义上对很多金融机构或金融市场产生影响,从而严重影响金融系统应有的正常功能的发挥。据此,作者将"系统性风险"定义为:在"强"的意义上出现的系统性事件的风险。根据影响范围的不同,系统性风险可以分为一国国内局部地区的风险、一国范围的风险以及国际范围的风险这三类。

构成系统性风险的关键要素有两个:冲击与传导机制。对金融系统而言,冲击可以是仅仅影响单家金融机构或者单一金融市场的局部性冲击,也可以是影响所有金融机构和所有金融市场的全局性冲击。从来源看,冲击可以来自金融机构或金融市场内部,如金融机构风险控制机制不健全带来的风险,因操作不当而产生的操作风险等;外部冲击则由来自金融机构和金融市场外部的因素引发,如单家金融机构出现的"挤兑"风险向多家金融机构扩散,非金融企业部门的风险向金融企业扩散等。

传导机制是指推动冲击由某一金融机构或市场传递至另一金融机构或市场的过程。传导机制在系统性风险中居于核心地位,正是由于传导机制存在,金融风险才能实现由点到面的扩散,由一个局部的扰动发展成影响全局的系统性风险,同时,冲击的传导过程也是金融系统风险暴露和释放的过程,是整个市场体系实现自我调节与修正、走向新的平衡状态的必经阶段。

二、金融体系内系统性风险产生的领域

金融体系中的系统性风险主要产生在三个领域：银行体系、金融市场以及支付与清算系统。

(一) 银行体系中系统性风险的产生

学术界关于银行体系中系统性风险的研究起步于对单家银行机构面临的风险的研究。Diamond 和 Dybvig（1983）较早通过将银行视为储蓄者抵御流动性风险冲击的保护者对单家银行出现挤兑危机的机制进行了研究，基本原理在于：当储蓄者认为银行难以帮助其抵御外部流动性风险的冲击时，储蓄者倾向于从银行提取存款以降低自身面临的风险敞口，而当银行的所有储户均要求提取存款时，银行将出现挤兑危机。Waldo（1985）则认为，对储蓄者来说，银行是他们以期望的收益水平间接进入初级证券市场的一项制度设计，当银行不能提供满足储蓄者期望的收益水平时，储蓄者通常会将存款取出转而投向证券、保险、基金等其他金融机构或其他领域以获取更高收益。当所有的储蓄者都将存款转移出银行机构时，银行将出现挤兑危机。Diamond 和 Dybvig（1983）与 Waldo（1985）观点的共同之处在于均认为银行挤兑具有自我加强的特征，即当某一银行开始出现挤兑时，"羊群效应"会导致原本没有提取存款意愿的储蓄者为保护自己的存款而加入挤兑行列，从而加剧挤兑危机。

此外，还有学者从信息因素（Gorton，1985；Jacklin 和 Bhattacharya，1988；Chari 和 Jaghanathan，1988）、银行管理者道德风险（Calomiris 和 Kahn，1991）等角度对单家银行面临的挤兑风险进行了研究。

在单家银行挤兑模型的基础上，有学者将单银行挤兑模型拓展为多银行挤兑模型。Garber 和 Grilli（1989）在 Waldo（1985）模型的基础上研究了两国开放经济条件下银行挤兑危机的影响，研究结果显示，在固定汇率制或者金本位制下，一个国家发生银行挤兑将导致另一个国家的长期证券出现减价抛售和利率水平的上升。Smith（1991）在 Diamond 和 Dybvig（1983）模型的基础上引入了介于大型银行与储蓄者之间的代理银行（Correspondent Bank）因素，研究发现，一个对区域性代理银行的冲击可能导致位于金融中心的大型银行出现挤兑危机。Temzelides（1997）对 Diamond 和 Dybvig（1983）模型做了不同调整，加入了路径依赖因素，设

定代理人依据过去与银行机构打交道的经验调整自身当前的决策。通过引入多银行体系，作者研究发现当期本地区银行机构的倒闭将会影响整个银行体系下一期的均衡状态，因此，银行体系的集中度越高，对各类冲击的抵御能力越弱，冲击所产生的影响也越大。

DeBandt（1995）在 Jacklin 和 Bhattacharya（1987）模型的基础上分别考察了单个与总和的冲击如何对银行的稳健水平产生影响的机制。当一家银行的部分储户得到关于银行出现经营困难的负面消息而将存款从银行取出时，该银行其他储户也倾向于取出存款，从而增加了该银行面临的挤兑风险。Chen（1999）基于"羊群效应"假设，将扩展的银行挤兑模型嵌入一个复合银行系统，研究发现，在金融系统整体处于稳定状态的情况下，储户对一家银行的挤兑会引发示范效应，导致其他银行也出现挤兑，进而危及整个金融系统的稳定。

风险在银行间市场传递是银行业系统性风险产生的另一个重要因素。Rochet 和 Tirole（1996）通过引入银行间市场中银行债权人和银行所有者之间不存在道德风险这一假设，研究发现，即使在不存在道德风险的情况下，一个小的外部冲击仍然会导致风险在银行间市场的扩散，从而对整个银行体系稳定产生影响。Allen 和 Gale（2000）及 Freixas、Parigi 和 Rochet（2000）也基于不同数据从相同角度进行了研究，得出了相似结论。

（二）金融市场途径系统性风险的产生

金融市场的快速发展以及融资等功能的发挥使其在现代经济中地位愈加重要，即使在金融体系以银行机构为主体的欧洲大陆也是如此，而探讨金融市场在系统性风险形成中的作用的研究尚不多见。虽然人们普遍意识到金融市场的过度波动，如资本市场的大幅波动会给经济带来很大负面影响，但在很长一段时期内都没有从系统重要性的角度研究金融市场在系统性事件的产生与发展中所起的作用，这与银行间市场上关于系统性风险的理论模型和支付清算系统中丰富的导致系统性风险的实践操作形成了对比。当前，关于证券市场上风险如何传导的理论模型相对较少，研究焦点主要集中于探讨信息不对称环境下的风险传导机制，风险传导方式主要表现为不同金融市场上金融产品价格水平的相互影响。

King 和 Wadhwani（1990）通过建立信息不完全假设对金融市场上的风险传导机制进行了研究。信息不完全意味着本国金融市场参与者不能完全观察到外部冲击或者无法完全获得来自外部的信息，只能通过外部市场价格波动情况加以推测,需要对市场信息进行甄别和提取,并作出相应决策,调整本国金融市场上的价格水平,因此,发生于某个国家金融市场的局部性冲击会对另一个国家与之相关联的金融市场的价格水平产生影响。特别地,在当今全球金融市场一体化程度不断提高的情况下,一国金融市场上金融产品价格大幅下跌的影响将会很快传递至其他国家金融市场,并引起相关金融产品价格的下跌甚至金融动荡,从而引发系统性危机。

Kodres 和 Pritsker(1999)基于 Grossman 和 Stiglitz(1980)的非理性预期价格跨市场传导模型,将研究对象扩展到多种资产的情形。研究结果显示,在宏观经济环境相同的情况下,信息不对称程度较高的市场更加容易受其他市场价格波动影响,局部性经济冲击可以通过投资者跨市场资产再平衡选择行为传导至整个金融市场。

(三) 支付与清算系统途径产生的系统性风险

支付与清算系统主要通过银行间支付系统(Interbank Payment Systems)途径导致系统性风险。银行间支付系统主要包括集中清算系统(Net Settlement Systems)、总和清算系统(Gross Settlements Systems)和代理银行(Correspondent Banking)三种类型。

正常情况下,集中清算系统在交易时间快结束时才进行实际清算,且清算资金的笔数相对较少,清算系统运行成本较低且清算效率较高,很少出现流动性不足,因此出现系统性风险的可能性也较低,但如果没有留有一定程度的流动性准备,集中清算系统仍会因存在没有及时清算的头寸而产生系统性风险。

总和清算系统也被称为实时总量清算系统(Real-time Gross Settlement System, RTGS),在这一清算模式下,由于每一笔交易都会尽可能得到及时清算,因而由未清算头寸衍生而来的系统性风险相对有限,但这并不意味着实时总量清算系统不会产生系统性风险。实际上,在实时总量清算系统下,相对频繁的配对可能会导致短时期内出现大范围的资金不匹配和流动性短缺,从而使整个金融系统遭受流动性不足的冲击而引发系统性风险。

由于小型银行和外资银行通常缺乏低成本的支付清算渠道,因而往往选择由代理银行提供清算服务。在市场竞争中,某些代理银行因清算效率高、规模大、成本低而具有较明显的竞争优势,成为众多中小金融机构的代理清算银行和业务交汇机构。如果一家具有重要市场地位和影响力的代理清算银行倒闭，将会影响一大批中小型金融机构日常业务的正常开展，更为重要的是，国际金融市场上一些大的金融机构通常也会借助特定代理银行开展跨境资金往来业务，如跨境资金收付、转账等，因此，从事跨境资金往来业务的代理清算银行的倒闭会将金融风险传播至境外金融市场。

从理论层面对经由银行间支付系统途径的系统性风险衍生机制进行研究的文献还不多见。Angelini（1998）通过建立基于RTGS的以追求利润最大化为目标的银行行为模型，对银行间支付系统中系统性风险的产生原理进行了研究。结果显示，在RTGS下，银行机构因资金暂时不足而向中央银行拆入资金的成本必须低于银行客户延迟支付产生的成本，否则银行机构将面临负收益风险的冲击。基于此，作者建议银行在交易时段应尽早支付结算款项，降低因存在未清算头寸而引起系统性风险的可能性。Schoenmaker（1995）借助实际的交易和银行违约的历史数据，从理论和实证层面比较了多边集中清算系统和有担保的实时总量清算系统下各自面临的风险水平。研究结果显示，集中清算模式下，结算失败的成本高于实时总量清算模式下产生的成本，因而集中清算模式面临更高的风险敞口。

Yamazaki（1996）将研究视角集中于双边集中清算系统下系统性风险的衍生机制方面，研究发现，当金融机构出现链式连锁性失败时，多边集中清算系统下由于代理银行机构与多家金融机构存在业务关系，各家机构之间呈现网络状连接形态，风险传递的速度和范围相对双边集中清算系统更快、更广，出现系统性风险的可能性也显著高于双边集中清算系统。与上述研究结论不同的是，Kobayakawa（1997）基于Angelini的理论框架，借鉴Schoenmaker的比较方法，从更广的视角分析了多边集中清算系统和RTGS，认为在这两种情况下均不会发生所谓的系统性风险事件。Freixas和Parigi（1998）将区域消费偏好引入Diamond和Dybvig模型，研究发现，总量实时清算系统与系统性风险的传导无关，但存在较高的机会成本，而集中清算系统则显示了较高的系统性风险传导的可能性和潜在的福利损失。

（四）金融机构顺周期性引发的系统性风险

2000年以来，特别是2008年全球金融危机爆发以来，越来越多的学者将研究视角聚焦于正反馈机制（即顺周期性）所导致的系统性风险形成方面。例如，Brunnermeier 和 Sannikov（2010）等认为，外部冲击发生后，一些重要的经济金融变量，如信贷投放规模、跨境资本流动方向等，在时间维度上会呈现相互强化、自我实现的螺旋式上升或下降的变化趋势，集中表现为实体经济和金融体系之间内在的相互联结的两个正反馈循环过程。国内方面，周小川（2010）、陈平（2013）、廖岷等（2014）等也指出了系统性风险的正反馈特征。伍戈、严仕锋（2015）认为，系统性风险表现为重要经济金融变量的自我强化型发展并远离均衡状态，最终导致自我强化型崩塌，其实质是经济金融体系内集体性趋同行为引发的、失控的正反馈效应（或顺周期性）与风险跨部门传染效应的叠加，从而引发系统性的大幅震荡。

三、短期跨境资本流动引发系统性风险的机制

结合上文的分析，可以看出短期跨境资本流动导致金融体系出现系统性风险的具体机制有两个：一是经由银行等金融机构内在的顺周期性，通过短时期内放大经济周期性波动幅度，特别是扩大一国资本市场和资产价格随经济周期波动的幅度而出现系统性风险；二是经由系统重要性金融机构途径，通过系统重要性金融机构巨大的溢出效应和网络传导效应将短期跨境资本流动所产生的风险冲击快速扩散至整个金融系统，从而出现系统性风险。

（一）短期跨境资本流动的顺周期性与系统性风险衍生

开放经济条件下，一国短期跨境资本流动具有较为明显的顺周期性。当该国处于经济扩张阶段且增长速度相对于其他国家而言较快时，通常该国会出现国内利率水平上升和货币升值，经济效益水平的提高会吸引外部各类资金（包括短期资本）流入国内。由于短期资本对利率、汇率等相关经济指标的变化更为敏感，短期资本能够在较短时期内大规模流入该国，在其他条件不变的情况下扩大该国货币供给规模并快速推高资产价格，特别是股票、房地产等资产的价格水平，以至形成资产价格泡沫。进一步地，资产价格的快速上涨又将吸引更多短期资本流入该国，刺激资产价格泡沫进一步扩大。反之，当一国经济处于调整阶段且经济增速相对于其他国家而言较慢时，利率水平的下降、本国货币的贬值将促使短期资本

流出，而短期资本的流出将强化金融市场上的本币贬值预期，进一步加大本币贬值压力，促使短期资本加速流出。

需要指出的是，短期跨境资本流动的顺周期性并不必然导致出现系统性风险。例如，当经济处于扩张阶段初期时，短期跨境资本快速流入所导致的风险积累仍处于量变阶段，对整个社会而言仍处于可控范围内，只有当整个经济和金融体系中的风险积累到一定程度时，例如接近"明斯基时刻"① 时，短期资本大规模流入才会加速"明斯基时刻"到来以及加快风险由量变向质变的转换，而短期跨境资本大规模流出则将加快这一转换的速度。例如，当一国股市脱离实体经济基本面快速上涨时，短期资本大规模流入和流出可能加速股市拐点提前到来，诱发股市转头向下，引发资本市场剧烈动荡并传导和扩散至银行、保险、信托等机构，从而引发系统性风险。

（二）短期跨境资本流动经系统重要性金融机构途径的系统性风险衍生

金融机构，特别是银行机构的一项重要职能是进行资金的期限转换，通过跨期调配资金满足市场主体资金需求。现实中，这一职能集中表现为银行机构在资金期限配置上的"借短贷长"，即银行机构吸纳的绝大部分资金属于期限较短、灵活性较高的储户存款，而贷出的资金则往往期限较长、使用领域相对固定、灵活性较低，不能随时撤回。资金借贷期限结构的差异使银行机构面临较高的时间错配风险敞口，一个小的风险性事件即可能导致对银行机构的大规模挤兑。系统重要性金融机构由于规模大、关联度高、可替代性低，具有强大的外部溢出效应和网络扩散机制，可以在短时期内将风险冲击从系统重要性金融机构扩散至其他金融机构，甚至是整个金融体系，进而产生系统性金融风险。

系统重要性金融机构维度的系统性风险衍生并不必然受到经济周期的约束，即系统重要性金融机构并不必然在经济调整阶段受到内外部风险的冲击而出现系统性风险，经济扩张阶段也会因系统重要性金融机构的风险性事件而爆发系统性风险，如因操作不当而产生的操作风险也可能导致系统性风险的产生。

---

① "明斯基时刻"是描述风险积累达到临界点后资产价值崩溃的时刻，表明了市场繁荣与衰退之间的转折点。

第二节　宏观审慎管理政策的演进历程

一、"宏观审慎"概念的起源及演进

"宏观审慎"概念并非 2008 年全球金融危机爆发后才开始出现，有其历史发展脉络。自 1929 年"大萧条"以来，全球金融监管历经"加强监管—放松监管—再次加强监管"的发展过程，[①] 在这一过程中，最初出现的是"审慎措施"（Prudential Measures）一词，主要是指从微观层面上促进单家银行等金融机构的稳健经营和对存款人进行保护的措施等，"审慎"体现了金融监管中的"前瞻性"特征，"审慎措施"的提出开启了金融领域微观审慎监管的时代。

"宏观审慎"的概念由库克委员会（Cooke Committee）于 1979 年 6 月在一份未发表的会议纪要中首次提出，针对 20 世纪 70 年代发达国家银行对发展中国家贷款快速增长的情况，其表示这可能给发达经济体的宏观经济和金融稳定带来负面影响，认为应该在对金融机构进行微观审慎监管的同时，从一个更加宏观的视角理解审慎监管。[②] 1979 年 10 月，英格兰银行在一份背景文件里再次提到"宏观审慎"这一概念，并将其作为限制银行贷款快速增长的措施之一，这份文件写道："宏观审慎的措施考虑的是整个市场层面而非单一银行机构的微观层面的问题，宏观审慎的问题从微观审慎的角度来看，也许并不明显。"

[①] 某种程度上，"大萧条"以来的金融监管发展历程与同时期世界范围内政府对经济干预力度的演变是一致的。"大萧条"后，"凯恩斯主义"出现，各国政府通过扩大政府投资等刺激政策拉动经济增长，对经济干预力度空前。20 世纪 70 年代中期，随着世界主要国家出现"滞胀"，自由主义政策占据主导地位，主张减少政府对经济的干预，由市场自主调节，相应地，政府对经济的干预在减少。2008 年全球金融危机爆发以来，各国在不同程度上加强了对经济的干预。

[②] 1979 年，英格兰银行曾在报告中列举从宏观视角理解审慎监管的原因，其中包括信贷总量增长的持续性与单个机构成长的不一致性、对主权债务风险以及流动性风险重视不足等（见张健华、贾彦东，2012）。

第四章 短期跨境资本流动宏观审慎管理理论分析

"宏观审慎"概念于1986年首次公开出现在欧洲货币常设委员会（Euro-currency Standing Committee，ECS）的《近期国际银行业的创新》的报告中，该报告将"宏观审慎政策"定义为：一项旨在促进金融系统与支付机制安全与稳健的政策。此后很长一段时期，"宏观审慎"的概念仅以较低频率出现，并没有得到各界的广泛关注，且学术界也没有对"宏观审慎"概念做出明确界定。1997年亚洲金融危机爆发后，学术界对"宏观审慎"概念的关注逐步增加。2000年10月，巴塞尔银行委员会主席安德鲁·克洛科特（Andrew Crockett）在一篇讲话中尝试对宏观审慎政策和微观审慎政策做出更加准确的定义，在对两者进行对比的基础上指出宏观审慎方法的两个维度及其政策含义：一是纵向维度金融系统风险随时间演变的情况；二是横向维度某一时点金融系统风险在金融机构间的分布及扩散。此后，"宏观审慎"概念也更多地出现在国际清算银行（BIS）的相关研究报告和出版物中，重点大多落脚于尝试优化对"宏观审慎"概念的理论认知并更加深入地挖掘其背后的政策含义。

2007年美国次贷危机爆发并于2008年演变为全球性金融危机后，严峻的现实再次强化了人们对"微观层面金融机构的稳健并不意味着宏观层面金融系统的稳健"的认识，各界对"宏观审慎"的关注度空前提高，相关研究文献也快速增多。宏观审慎研究的焦点又相继扩展至金融创新与资本市场、金融系统顺周期性、系统重要性金融机构的影响、"大而不倒"问题、系统性风险的识别与应对、金融与宏观经济的相互关系等多个方面。与此同时，随着对宏观审慎认识的不断深化，有关宏观审慎问题的表述也经历了由最初的"宏观审慎监管"到"宏观审慎管理"再到目前的"宏观审慎政策"的转变。

2010年11月，G20领导人在首尔峰会上达成共识，要求金融稳定理事会（Financial Stability Board，FSB）、国际货币基金组织（IMF）和国际清算银行（BIS）深入研究宏观审慎政策框架，包括对能够缓解跨境资本过度流动的不利影响的政策工具加以研究。2011年2月举行的G20财长与央行行长峰会上，上述三家机构在提交给大会的报告中明确提出，"宏观审慎政策是指以防范系统性金融风险为目标，以运用审慎工具为手段，且以必要的治理架构为支撑的相关政策"（FSB、IMF、BIS，2011a）。2011年10月，FSB、IMF和BIS向G20领导人峰会提交了更为全面的《宏观审慎政策工具和框架：G20进展报告》（FSB、IMF、BIS，2011b）。

该报告提出，宏观审慎政策以设法解决两类系统性风险为目标：一类是"时间维度"（Time Dimension）的随时间演化的系统性风险，即金融机构的顺周期性；另一类是"横截面维度"（Cross-sectional Dimension）的在给定时点上因金融机构之间业务往来而形成的具有网络传导效应的系统性风险，重点关注系统重要性金融机构的风险暴露与破产而导致的金融系统风险。

二、宏观审慎政策框架

宏观审慎政策的有效实施需要各项政策相互协调，因此需要建立基于本国实际的宏观审慎政策框架，统领宏观审慎政策的制定、实施与调整。宏观审慎政策框架的核心内容包括政策目标、政策工具以及与之相适应的政府治理等方面。此外，制度安排、系统性风险的识别与监测、化解系统性风险的成本分摊与政策协调等亦属于宏观审慎政策框架的重要组成部分。

（一）宏观审慎政策的目标

一项政策的出台旨在解决特定问题并实现特定目标。在 FSB、IMF 和 BIS 明确提出"以防范系统性金融风险为目标"之前，学术界从不同角度对宏观审慎政策目标进行了研究。Borio（2003，2009）、Drehmann（2009）认为，宏观审慎政策直接目标是防范系统性金融风险，最终目标是避免金融风险及其可能给实体经济带来的巨大冲击，这一观点也被 FSB、IMF 和 BIS 提交的报告所采用。英格兰银行（Bank of England，2009）提出，宏观审慎政策的目标应着眼于稳定地提供金融中介服务，避免出现信贷和资本流动的顺周期性波动。Shim（2007）、Caruana（2011）则提出宏观审慎政策的目标是缓解、纠正金融失衡与平抑金融周期波动。周小川（2011）提出，宏观审慎政策旨在弥补传统货币政策工具和微观监管在防范系统风险方面存在的不足，根本目标是防范和管理跨行业和跨经济周期中的金融体系的风险。总的来看，绝大多数学者认可 FSB、IMF 和 BIS 对宏观审慎政策目标的界定，但同时也赞同由于国情不同，宏观审慎政策的目标也存在差异。

（二）宏观审慎政策工具

实现特定政策目标需要借助一定的政策工具。宏观审慎政策工具是宏观审慎政策研究领域的另一个重要方面。由于各界对宏观审慎政策目标的看法存在分歧,对宏观审慎政策工具的构想也尚未达成统一意见。

2008年全球金融危机爆发后不久,国际清算银行即对已有宏观审慎政策工具进行较为详细的梳理和归类(见表4-1),可以看出,BIS从基本原理角度兼顾宏观审慎政策的逆周期性和系统重要性特征,如银行机构风险计量方法、会计准则中动态拨备等政策工具重点在于缓解金融机构存在的顺周期性,"资本监管"项下"第一支柱"中的系统资本附加、"保险机制"项下"预先设立的系统性风险保险计划"等重在防范系统重要性金融机构的风险,此外,BIS还列出了其他一些有助于准确判断金融机构风险情况的政策,如提高信息披露透明度等。

表4-1 宏观审慎政策工具明细

方法	例子
1. 风险计量方法	
按银行	根据经济周期或低谷调整的风险测量
按监管者	周期性监管评级;开发系统脆弱性(如敞口和风险的一致性、企业关联程度)测度方法作为调整审慎工具的基础;与相关方就系统脆弱性的官方评估和宏观压力测试结果进行沟通
2. 财务报告	
会计准则	使用顺周期性较低的会计准则;动态拨备
审慎过滤器	根据会计数据调整审慎工具;计提审慎准备金;通过移动平均相关测量进行平滑;设立随时间变化的拨备目标或最大拨备率
披露	披露各类风险(如信贷风险、流动性风险)以及财务报告或相关信息披露中关于风险估计和估值的不确定性
3. 监管资本	
第一支柱	系统资本附加;降低监管资本要求对当前时点的敏感度,并考虑到风险的运动过程;在基于时点的资本数据中引入周期性乘数;就特殊种类敞口增加监管资本要求
第二支柱	将监管审查与周期相关联
4. 资金流动性标准	基于周期的资金流动性需求;集中度限制;外汇贷款限制;外汇储备要求;货币错配限制;外汇头寸限额

续表

方法	例子
5. 抵押品安排	随时间变化的贷款与价值（LTV）比率；采用相对保守的最大LTV和抵押品估值方法；限制基于资产价值增加的信贷幅度；跨周期保证金
6. 风险集中度限制	对各种敞口增长的数量限制；（随时间变化的）对特定种类贷款的利率附加
7. 薪酬制度	将绩效工资与长期风险挂钩的指导原则；滞后支付；使用监管检查程序保证执行
8. 利润分配限制	限制高利润时期的红利支付，为经营状况不佳时建立资本缓冲
9. 保险机制	资本注入；预先设立的系统性风险保险计划，资金来自银行资产增速超过特定额度后征收的税费；预先设立的存款保险计划，风险溢价不仅考虑微观个体，还应考虑宏观（系统性风险）参数
10. 对经营失败的管理和处置	基于系统性能力推出的管理政策；在繁荣时期执行较系统性危机时期更加严格的监管干预触发点

资料来源：转引自张健华、贾彦东（2012）。

FSB、IMF和BIS在提交给G20财长与央行行长峰会的报告中，从国际层面和国内层面两个维度对宏观审慎政策工具进行了分类。国际层面，《巴塞尔协议Ⅲ》（Basel Ⅲ）作为最新的跨国金融机构监管准则，通过协调各国监管立场以提升跨国金融监管有效性，但同时鉴于各国国情的差异，报告在国内层面给各国留下了自主政策空间，以"其他政策工具"的方式鼓励各国探索与国情相适应的宏观审慎政策工具（见表4-2）。

表4-2 国际和国内层面宏观审慎政策工具分类概况

类型	国际层面	国内层面
时间维度宏观审慎政策工具	1. Basel Ⅲ 2. 证券的保证金和折扣作为抵押品 3. 预期损失拨备（expected loss provisioning）	1. 解决信贷和资产价格过度膨胀 2. 其他政策工具
横截面维度宏观审慎政策工具	1. Basel Ⅲ 2. 系统重要性金融机构框架（SIFI framework） 3. 场外衍生品基础设施	其他政策工具

表4-3列出了2013年以来部分新兴市场经济体和发展中国家针对跨境资本流动实施的宏观审慎政策，总体包括数量管制与价格调节工具两大

类,有的国家主要采用以数量管制为主的方式调控跨境资本流动,如中国;有的国家主要以价格工具进行调节,如巴西;还有的国家同时采取了数量管制与价格调控的方式管理跨境资本流动。

表4-3　2013年以来部分新兴市场经济体和发展中国家针对跨境资本流动实施的宏观审慎政策

国家	宏观审慎政策
中国	对银行外币贷款超过其外币存款75%的银行进行更加严格的控制
巴西	将固定收益债务工具的外国购买IOF税率降低到零
印度	对黄金贷款的限制更加严格,实施黄金进口限制、更高的黄金进口税,降低对投资者和印度居民的资本流入上限;银行非居民外币存款对冲和银行资本补贴计划,放松外国人和印度侨民投资限制
俄罗斯	客户贷款的风险权重提高,对无抵押零售贷款引入更高的准备金要求,以限制无担保零售贷款的增长
墨西哥	金融部门改革,致力于促进竞争、增加信贷、降低银行费用和贷款利率
印度尼西亚	降低二级和三级抵押贷款的较低贷款价值比率,降低与存贷比关联的准备金要求
土耳其	引入信用卡限制,改变无抵押客户贷款、进口贷款和中小企业贷款的准备金要求

资料来源:IMF。

专栏　美国的宏观审慎政策

自全球金融危机以来,美联储采取了一系列政策行动来增强美国银行体系的弹性。这一战略的重点之一是2010年底推出的全面资本分析和审查项目。这一项目建立在危机中启动的监管资本评估项目的基础上。它要求最大的银行集团必须进行年度压力测试,使其资本金超过监管最低要求。美联储还宣布,大型银行控股公司的杠杆率需求高于巴塞尔最低要求,还应该设立金融稳定政策与研究办公室,以加强内部宏观审慎分析和政策制定。

全球金融危机爆发之时,美联储或其他监管机构都不具备对美国高度复杂的金融体系的全面认识,或能够触及金融体系所有方面的工具。主要的立法反应是通过2010年《多德-弗兰克法案》建立的、由财政部部长担任主席的金融稳定监管委员会(FSOC)。FSOC将所有联邦监管者联系在一起,包括美联储和美国证券交易委员会,以共同审查和减轻金融稳定威胁。其工作由一个独立的金融研究办公室

(OFR)（评估和报告金融稳定威胁），副处级的小组委员会由来自成员机构工作人员组成的几个常设委员会提供支持。

FSOC有着将单个银行、非银行机构和市场基础设置指定为系统重要性的较大权力。这一指定使这些实体受到美联储对其是否符合强化的审慎标准的监管。FSOC同样有权力建立一个或多个监管机构采取行动，也可要求每个接受者"遵守或解释"——采取建议行动或解释为什么不这么做。尽管这些安排是近期才建立的，当与基金组织标准相比较时，便可看出它们的一些潜在优势和劣势。

多德－弗兰克框架的主要优势在于，OFR作为一个法定机构能够对金融稳定风险进行独立评估。OFR也被赋予足够的资源（年度预算860亿美元），并迅速积累了相当的专业知识，以履行其职责。与政府问责办公室的建议一致，OFR开发了一个金融稳定监测框架原型，发布在其2013年年度报告中。这一监测框架旨在以一种结构化和全面的方式来识别主要系统脆弱性、评估风险因素的演变。

这一安排的一个潜在脆弱性是，监管结构依然分散。这些机构之间观点的分歧使其难以就主要优先事项达成一致，影响了决策速度。它也可能阻碍协议的执行，尤其是当协议是由少数服从多数的投票而非一致通过达成时。在这种情况下，鉴于实施这些监管行动的最终权力取决于相关机构，FSOC的建议可能无法产生足够的牵引力，从而造成实施的拖延。这种紧张状况的另一个例子是关于货币市场共同基金的持久的辩论。相关机构只遵守FSOC的部分建议，且相当延迟。这些困难表明，如果出现重要且对时间敏感的系统性威胁，向成员机构提供建议的过程可能会过于烦琐。

一种能够部分克服结构化实施问题的方法是，FSOC更广泛地指定系统性重要非银行金融机构，从而将这些机构的主要监管责任移向美联储。2013年，在将3家非金融企业指定为系统性重要机构时，FSOC使用了这一权力。

然而，其指定权力仅限于单个实体。因此，当某类机构提供的产品（如房地产投资信托基金）或各类非银行机构的活动（如杠杆贷款的发放）产生系统性风险时，它可能并无适当的政策工具。涉及这些情况的实体很少是单个系统重要的，但它们的行动会共同构成系统性风险。

> 因此，总体来说，尽管美国的宏观审慎政策框架具有明显的优势，仍有许多问题值得考究。例如，作为一种进一步增强FSOC建议的牵引力的方法，可以考虑赋予FSOC将可能共同造成系统性风险的、特定类别的非银行中介指定为系统重要的"后备"的权力。此外，可以考虑加强成员机构的现有权力，以对批发和零售金融市场提供的产品进行监管。

资料来源：转引自国际货币基金组织（2014）。

（三）实施宏观审慎政策的制度安排与政策协调

除政策目标和工具外，宏观审慎政策的顺利实施还需要相应制度安排与政策协调机制。FSB、IMF和BIS在提交给G20财长与央行行长峰会的报告中提出一国建立宏观审慎政策制度框架的一些共同的要素，包括：授权（Mandate）、权力（Power）、责任与透明机制（Accountability and Transparency Mechanisms）、决策主体构成（Composition of the Decision-making body）、国内政策协调（Arrangements for Domestic Policy Coordination）（见表4-4）。

表4-4 一国宏观审慎政策制度框架要素

要素	主要内容
授权（Mandate）	向宏观审慎政策涉及的主体提出清晰的目标、责任并赋予相应的权力
权力（Power）	当其他渠道不畅通时，宏观审慎管理当局有权向企业直接获取所需信息；交流风险预警的信息，推荐或者直接修正监管工具的权力；宏观审慎管理机构直接设立或者修正政策工具的权力
责任与透明机制（Accountability and Transparency Mechanisms）	核心是政策制定过程中对公众提高透明度并进行清晰的沟通
决策主体构成（Composition of the Decision-making body）	当多个部门具有金融稳定调控权时，需要组建跨部门委员会制定宏观审慎管理政策。通常，中央银行被包括在该委员会中并发挥核心作用，其他还包括财政部、金融监管部门等相关部门
国内政策协调（Arrangements for Domestic Policy Coordination）	在协调机制中需要明确实现金融稳定是各部门共同的责任，政策协调目的在于消除宏观审慎政策制定中存在的摩擦

资料来源：FSB、IMF、BIS（2011b）。

(四) 宏观审慎政策的国际协调

随着全球金融市场一体化程度不断提高，跨境资本流动的溢出效应愈发明显，随跨境资本流动而来的风险可以在短时间内快速传导至其他国家和地区，加之因各国监管体系与监管制度完善程度差异而产生的监管套利的存在，需要加强各国在宏观审慎政策上的国际协调。国家间宏观审慎政策的协调需要具备三方面条件，一是拥有一套有效的制度设计，以便在影响全球金融稳定的风险因素的认识和充分的政策执行上形成共识；二是能够确保不同国家宏观审慎政策框架的协调性与一致性，最大限度避免出现监管套利；三是具有一系列切实可行的政策工具，在宏观审慎政策框架下调节跨境资本流动，如以托宾税为主要形式的金融交易税等。

第五章 我国短期跨境资本流动宏观审慎管理体系构建

国际金融危机爆发后,我国在全球范围内较早开始探索金融体系的宏观审慎管理,包括对跨境资本流动的宏观审慎管理进行了一系列试点,并取得了一定成效。

第一节 我国现有跨境资本流动宏观审慎管理文献综述

受国际金融危机爆发后全球资本大规模频繁跨境流动的影响,我国也出现了大规模跨境资本流动。如何对跨境资本流动进行宏观审慎管理,我国学者进行了积极有益的探索。

跨境资本流动宏观审慎管理的方式上,部分学者认为,我国以市场化方式对跨境资本流动进行宏观审慎管理有助于减少市场价格信号扭曲,发挥市场在资源配置中的决定性作用,提升跨境资本流动管理成效(郑杨,2010;陈西果,2011;巩志强,2012;盛雯雯,2015)。由于我国金融体系以银行类金融机构为主体,且目前银行也在我国跨境资本流动中居于主体地位,因而有学者提出我国应加强对经银行机构的跨境资本流动进行宏观审慎管理。晏丘(2012)、巩志强(2012)认为,通过完善银行外汇头寸管理和银行短期外债管理,建立全口径短期外汇头寸管理制度和外债指标管理制度,可以在一定程度上降低短期资本的流入,减少银行业货币错配和期限错配风险。赵文兴、孙蕾(2015)认为,我国以银行机构作为调控对象,更能体现宏观总量和逆周期审慎调控的特征。

对于跨境资本流动宏观审慎管理的政策工具，赵文兴、孙蕾（2015）从宏观审慎框架下跨境资本流动调控的基本思路出发，基于我国经常项目和资本项目可兑换进程，提出我国可以探索运用全口径短期外债管理以及在结售汇综合头寸管理中引入无息准备金等工具，形成跨境资本流动调控的"组合拳"，畅通调控传导渠道，提高调控效果。国家外汇管理局江苏省分局课题组（2017）研究认为，加快构建我国跨境资本流动宏观审慎监管体系，并综合运用类托宾税等政策工具对跨境资本流动进行逆周期调节，具有重要意义。课题组通过对不同渠道跨境资本流动的价格敏感性进行分析，提出我国在调节跨境资本流动中应加强价格型工具的使用。

针对跨境资本流动宏观审慎管理与资本项目可兑换之间可能出现的矛盾，盛雯雯（2015）在对OECD国家跨境资本流动监管经验进行研究的基础上认为，二者之间并不矛盾，尽管资本项目的可兑换必将伴随着传统资本管制的大幅取消，但跨境资本流动监管仍为一国提供了多样化的政策工具用以防范跨境资本流动的风险。因此，实现资本项目可兑换，并不意味着丧失了对跨境资本流动监管的能力。中国的当务之急是尽快建立和完善可兑换后的跨境资本审慎管理框架，使资本项目改革的成本收益最大化。

跨境资本流动宏观审慎管理中如何妥善处理其与货币政策、财政政策的关系，刘毅、高宏建（2016）认为，我国对跨境资本流动进行宏观审慎管理需要与货币政策和财政政策相配合，才能最大限度发挥宏观审慎管理政策的效果，并指出解决跨境资本流动导致的系统性风险的根本办法在于经济结构和经济制度的完善。何淑兰、王聪（2017）认为，我国经济新常态阶段，跨境资本流动的宏观审慎管理政策和货币政策相结合时，货币政策工具设计中应加入更多的负反馈因素，同时需要提高汇率政策的灵活性。

第二节 我国短期跨境资本流动宏观审慎管理的总体框架与实践进展

全球范围内，部分国家基于国情对跨境资本流动的管理进行了有益探索，但从宏观审慎视角对跨境资本流动（包括短期跨境资本流动）进行管理的探索整体上仍处于初期阶段，各国的实践虽有差异，但总体框架均包括目标、工具、实施路径等要素。与其他国家类似，我国短期跨境资本流动宏观审慎管理的总体框架也包括目标、工具和实施路径等要素，但因经济发展阶段、金融发展水平、跨境资本流动结构等方面与其他国家不同，我国短期跨境资本流动宏观审慎管理的框架更多体现了中国的需要。

一、我国短期跨境资本流动宏观审慎管理的目标

作为世界第二大经济体，同时也是世界上最大的发展中国家，我国改革与发展任务仍十分艰巨，一项改革目标的实现需要各方面积极协调配合，同样，一项改革任务的提出往往要求兼顾不同目标，从这个角度来看，改革任务的多样性与各项改革任务间的相关性决定了某些领域改革政策目标的非唯一性。相应地，我国短期跨境资本流动宏观审慎管理的目标也具有非唯一性，由包括最终目标和直接目标构成的目标体系组成，其中，最终目标是确保不发生系统性金融风险、更好地服务于实体经济发展，直接目标则包括促进汇率稳定、优化跨境资本流动结构、促进人民币资本项目完全可兑换和资本账户的进一步开放等。

（一）确保不发生系统性金融风险、更好服务于实体经济发展是短期跨境资本流动宏观审慎管理的最终目标

首先，对金融系统进行宏观审慎管理的直接动因旨在防范因金融机构的顺周期性和系统重要性引发的系统性金融风险，短期跨境资本流动涉及银行、证券等多种金融机构，因而防范金融系统的局部性风险演变为系统性风险是其首要出发点，也是其最终目标。其次，我国经济进入"新常态"后，资源禀赋与改革开放初期相比已经有了很大改变，但我国仍属于发展中国家，发展实体经济仍是实现国民经济平稳运行的基础，为此，需要通过进一步改革开放充分利用"两个市场"和"两种资源"。对短期跨境资本流动进行宏观审慎管理有助于减少利率、汇率等市场价格信号扭曲，减轻金融系统动荡的风险，更好地利用国内外资源服务于实体经济发展。

（二）促进汇率稳定、优化跨境资本流动结构、促进人民币资本项目完全可兑换和资本账户进一步开放是短期跨境资本流动宏观审慎管理的直接目标

从形成机制来看，系统性风险的出现基于经济中某一领域或某些领域的特定风险，经由这些风险的相互作用和扩散演变成系统性风险，因此，

短期跨境资本流动宏观审慎管理含有预防和消除其所直接作用领域风险的目标。

2014年下半年以来，我国跨境资本流动整体态势出现较大变化，跨境资本由净流入转变为净流出，人民币贬值压力加大。2015年"8·11"汇改后，人民币汇率走势由单边升值转变为双向波动，市场供求对人民币汇率波动的影响日益显著，但我国人民币汇率市场化改革进程尚未完成，在此过程中，汇率波动幅度过大不利于改革的进一步推进。对短期跨境资本流动进行宏观审慎管理，可以提高短期跨境资本流动门槛，降低流动规模，减轻汇率波动。

不同跨境资本流动结构面临不同风险敞口。一般而言，一国跨境资本流动结构中，短期跨境资本所占比重越高，面临的风险敞口越大，越容易受投机资本的冲击；相反，长期跨境资本所占比重越高，跨境资本流动结构越稳定。随着我国资本账户开放程度不断提高，短期性的证券、债券投资等跨境资本流动规模不断增大，相应地，我国跨境资本流动的风险敞口也逐步提高。短期跨境资本流动的宏观审慎管理有助于提高长期资本所占比重，优化我国跨境资本流动结构。

我国人民币资本项目可兑换以及资本账户开放遵循"稳中求进"原则，在风险可控的前提下稳步推进。当出现较好的"窗口期"时，适度加快改革步伐，反之则适度放缓乃至中止改革进程。对短期跨境资本流动进行宏观审慎管理，将为人民币资本项目完全可兑换和资本账户进一步开放营造良好、稳定的市场环境，创造或延长改革"窗口期"，加快人民币资本项目可兑换和资本账户开放进程。

二、我国短期跨境资本流动宏观审慎管理的工具

世界范围内对跨境资本流动进行调控的工具主要分为三类，分别为数量型工具、价格型工具以及行政型工具。各国在实践中均采用上述一种或多种工具对跨境资本流动进行调节以满足经济发展需要。

2008年全球金融危机爆发以来，各国加强了对跨境资本流动宏观审慎管理工具的探索与运用，数量型工具主要包括逆周期资本要求、逆周期拨备要求、贷款市值比上限（LTV）、贷款收入比上限（LTI）、杠杆率限制、保证金和折扣比率、流动性覆盖比率（LCR）、稳定资金净额比率

(NSFR)、资金集中度限制、合同期限错配限制、币种错配净头寸限制(NOP)、外汇头寸限额、外汇储备要求、资本流动规模限制等，价格型工具主要包括资本交易税，如托宾税等，行政型工具主要有最低停留期限等。

上述三种类型工具在调节跨境资本流动方面各有优势。就操作难易程度而言，行政型工具操作简便且易于达成调控目标，但不足之处在于这一调控方式忽视了市场相关变量之间的联系，往往在实现政府行政调控目标的同时导致利率、汇率等相关价格变量出现扭曲。数量型工具通过对相关控制指标变量设置约束条件实现逆周期调节跨境资本流动，降低跨境资本流动引发系统性风险的概率。与行政型工具相比，数量型工具考虑了约束指标、跨境资本流动规模及相关变量之间的相互影响，同时也具有较高的可操作性，因而成为绝大多数国家调节跨境资本流动的优先选择。由于数量型工具对市场主体而言属于外生影响因素，市场主体出于个体利益最大化的需要往往会规避上述指标约束限制，因此这一调控方式对政府的监管核查能力提出了较高要求。价格型工具优势在于将外在的价格波动内生化，使市场主体将政府设立的价格约束指标主动融入商业决策中，从而减少跨境资本流动中人为的汇率、利率扭曲，其难点在于引入价格工具后，由市场变化引起的跨境资本流动规模的变化与政府部门调控目标之间可能存在差异，即价格型工具的调控效果与政府部门调控目标可能出现不一致。从各国实践来看，数量型工具得到较多使用，价格型工具主要是托宾税的使用，行政型工具使用较少且通常与数量型工具结合使用。

实践中，我国主要使用数量型工具和行政型工具对跨境资本流动进行调节（见表5-1）。可以看出，我国跨境资本流动中行政型工具的使用集中在资本与金融账户下，对中资企业短期外债和银行短期外债更是运用数量型和行政型指标进行双重约束。对于价格型工具的运用，我国仍处于探索之中。国家外汇管理局江苏省分局课题组对我国跨境资本流动所涉及项目的价格敏感性进行了研究，发现我国其他投资项下的货币和存款以及贷款两项对汇率、利率等价格变量的变化非常敏感，证券投资和贸易信贷也具有一定价格敏感性，可以运用价格型工具对跨境资本流动进行调节，而直接投资对价格变化不敏感，不适合运用价格型工具进行调节（见表5-2）。

表 5-1　当前我国主要的外汇调节工具

项目	工具	主要管理内容	管理效力	工具类型	指标类型
经常账户	货物贸易	总量指标限制	任一总量核查指标与本地区指标阈值偏离程度不超过50%或连续四个核查期不超过本地区指标阈值	超指标后进行真实性审核	事后监测类、数量型指标
		贸易信贷比例限制	各项贸易信贷余额比例不大于25%；一年以上各项贸易信贷发生额比例不大于10%	超指标后进行真实性审核	事后监测类、数量型指标
		来料加工收汇比例管理	来料加工缴费率不大于30%	超指标后进行真实性审核	事后监测类、数量型指标
		转口贸易收汇比例限制	转口贸易收支差额占支出比例不大于20%	超指标后进行真实性审核	事后监测类、数量型指标
	服务	收付汇额度限制	单笔等值5万美元（含）以下服务贸易外汇收支业务，原则上可不审单	超指标后进行真实性审核	事后监测类、数量型指标
资本与金融账户	直接投资	前期费用规模限制	外国直接投资前期费用登记金额不得超过30万美元；境外直接投资前期费用累计汇出额原则上不超过300万美元，且不超过中方投资总额的15%	超出限制按个案处理	数量型指标
		账户期限制	外国直接投资前期费用外汇账户有效期6个月；境内机构自汇出前期费用之日起6个月内仍未设立境外投资项目或购买境外房产的，应向国家外汇管理局报告前期费用使用情况并将剩余资金退回	超出限制可申请延长，最长不超过12个月	事后监测类、行政型指标
	境外放款	放款比例限制	境内企业累计境外放款额度不得超过所有者权益的30%（跨国公司试点不得超过50%）	超出限制按个案审议	数量型指标
		主体资格限制	境内企业只能向境外具有股权关联关系的企业放款	不允许对其他主体放款	行政型指标

续表

项目	工具	主要管理内容	管理效力	工具类型	指标类型
资本与金融账户	跨境担保	或有债务规模限制	外保内贷担保履约后形成的对外负债，境内债务人未偿还本金金额不得超过其上年度末经审计的净资产数额	不允许超指标	数量型指标
	企业外债	外资企业外债投注差限制	外资企业实际可对外借款额度按"投注差"上限乘以外方股东出资到位比例进行计算	不允许超指标	数量型指标
		中资企业短期外债	中资企业短期外债不超过国家外汇管理局核定的指标	不允许超指标	数量型、行政型指标
	银行短期外债	短期外债指标	法人银行短期外债余额不应超过国家外汇管理局核定的指标	不允许超指标	数量型、行政型指标
	证券投资	主体资格限制	合格境内机构投资者和合格境外机构投资者资质要求	不允许其他主体投资	行政型指标
		额度限制	QDII、QFII、RQFII投资额度、资金汇出入限额要求	不允许超额度	数量型指标
	个人	个人结售汇额度限制	个人年度结汇、购汇、对外付汇总额不超过等值5万美元	超指标后进行真实性审核	数量型指标
		主体资格限制	境内个人境外购买自用房地产、境外直接投资、境外衍生金融工具投资、境外贷款尚未放开	不允许办理	行政型指标
	其他	结售汇头寸管理	法人银行权责发生制结售汇综合头寸不应超过国家外汇管理局核定的上下限	不允许超指标	数量型指标

资料来源：转引自赵文兴、孙蕾（2015），第51—52页。

表5－2　各渠道跨境资本流动的价格调节工具

项目	价格敏感程度	价格影响因素	影响机制	价格型宏观审慎监管工具
直接投资	不敏感	无	无	不适用价格型调控手段
证券投资	一般敏感	汇率	人民币升值，流入增加	适用价格型调控手段，重点对人民币汇率损益进行调节
其他投资	非常敏感	汇率、利率	汇率、利率收益增加，流入增加	适用价格型调控手段，重点对人民币汇率损益进行调节

续表

项目	价格敏感程度	价格影响因素	影响机制	价格型宏观审慎监管工具
其中：货币和存款	非常敏感	中美利差	中美利差扩大，流入增加	适用价格型调控手段，重点对银行间跨境融资、同业拆借利率进行调节
贷款	非常敏感	境内外美元贷款利差	境内外美元贷款利差扩大，流入增加	适用价格型调控手段，重点对境内外美元贷款利差进行调节
贸易信贷	比较敏感	人民币汇率变动	人民币升值，流入增加	适用价格型调控手段，重点对人民币汇率损益进行调节

资料来源：转引自国家外汇管理局江苏省分局课题组（2017），第32页。

三、我国短期跨境资本流动宏观审慎管理的实施路径分析

我国在跨境资本流动宏观审慎管理的实践中尚未明确区分长期资本和短期资本，但短期跨境资本流动宏观审慎管理仍需按照稳中求进的思路逐步推进，原因在于，虽然我国现代化市场体系的建设取得了巨大成就，市场在配置社会资源中发挥了巨大作用，但短期跨境资本流动所涉及的资本与金融账户领域仍未完全开放，加之人民币汇率形成机制市场化改革尚未全部完成，金融衍生品等风险对冲手段仍然缺乏等，这些配套领域改革本身有一个逐步完善的过程。如果短时期内进行较大力度改革，容易引起市场环境的较大震动和短期跨境资本（包括投机资本）大规模进出我国，进而引发剧烈的市场震荡。我国短期跨境资本流动宏观审慎管理的具体实施路径上，一方面，逐渐减少行政型工具的使用，完善数量型工具指标约束值，提升数量型工具调节成效，同时探索增加价格型工具的使用；另一方面，继续试点先行，通过在部分地区进行试点，探索短期跨境资本流动宏观审慎管理的可推广、可复制经验，在条件成熟时推广至全国。

专栏　上海自贸区跨境资本流动宏观审慎管理的实践[①]

中国人民银行提出跨境资本流动宏观审慎管理试点工作后，针对自贸区开放和可兑换条件下跨境资本流动的特点，中国人民银行上海总部（简称上海总部）在上海自由贸易试验区进行了积极探索，在创新账户体系和宏观审慎管理方面进行了多维度安排。

一、建立分账核算管理下的自由贸易账户体系

2014年5月，中国人民银行批准上海总部发布试验区分账核算业务两个文件，建立分账核算管理自由贸易账户体系。这一账户体系以人民币为本位币、账户规则统一、兼顾本外币风险差别，使经济主体仅需管理一个账户即可实现跨境和境内跨区资金支付。上海市金融机构依据两项实施细则建立试验区分账核算单元，为区内及境外经济主体提供自由贸易账户金融服务。账户主体自行选择本外币进行跨境结算，境内结算统一使用人民币。同时，开展分账核算业务的金融机构及时准确向上海总部报送信息，并接受上海总部监管。

这一账户体系的作用体现在：一是在便利实体经济的同时为试验区进一步深化金融改革开放创新创造了条件，为更好地服务于实体经济创造了较好的先行先试环境，也打破了金融改革试点的特定区域限制；二是为试验区金融开放创新与改革深化中可能诱发的风险设置了屏蔽机制，较好地解决了风险溢出控制问题；三是为创新跨境金融服务监管体制和构建跨境资金流动领域中的金融宏观审慎政策框架奠定了基础，有助于加快实现人民币资本项目全面可兑换。

二、创设境外融资宏观审慎管理实施框架

2015年2月，上海总部发布《中国（上海）自由贸易试验区分账核算业务境外融资与跨境资金流动宏观审慎管理实施细则》，并启动分账核算境外融资业务试点，允许试验区内的金融机构和企业，通过其自由贸易账户按照资本规模自主从境外借入本外币资金。

境外融资宏观审慎管理制度设计了一整套由宏观指标触发微观调控的参数指标体系，包括境外融资杠杆率、境外融资风险转换因子、

[①] 专栏主要参考人行上海总部课题组发表于《上海金融》2016年第6期的研究成果，特此致谢。

宏观审慎调节参数等，形成的境外融资总规模计算公式为：

境外融资总规模 = ∑境外融资余额 × 期限风险转换因子 ×
币种风险转换因子 × 类别风险转换因子

从实践效果来看，这一政策：一是拓宽了金融机构和企业的融资渠道，降低了融资成本；二是统一了中外资企业和金融机构的境外融资管理模式，实现了本外币一体化的事中事后监管；三是建立了风险防控范围清晰的境外融资管理规则；四是建立了以资本约束机制和宏观审慎管理调节机制为核心的境外融资管理模式。

三、探索资产证券化跨境业务宏观审慎管理

上海总部在上海自贸区内对资产证券化跨境业务的宏观审慎管理进行了有益探索。监管思路设计上，简政放权，取消事前行政审批；依托自由贸易账户监测预警信息管理系统强化事中事后监管；设立企业资产证券化双向净发行总量规模控制，通过"双向净发行总闸门 + 宏观审慎调节参数"的方式，防止跨境流动的系统性风险。具体操作上，从结算币种、账户管理、一二级市场管理、备案管理、信息包送及监测预警指标等多个方面综合监管。

四、探索建立宏观审慎管理框架下跨境资金流动全口径日常监测体系

跨境资本流动数据监测是进行宏观审慎监管的基础。上海总部通过建立跨境资金流动全口径日常监测体系，选择并设置相关指标，由系统根据数据自动处理后进行初步分析判断，提示监测人员和相关部门进一步分析研判和决策，具体指标包括资金流动规模及方向，外债规模及结构，利率、汇率等预警指标，币种等监测管理指标。

五、建立宏观审慎管理框架下跨境资金流动分级预警和应急处理政策工具箱

上海总部从两个层面创设了预警指标，分别为日流量预警指标和专项预警指标，其中专项预警指标具体包括金融及要素市场指标、跨境融资指标、跨境资金流动先行指标和跨境资金流动汇率敏感度指标四个方面。分级预警体系方面，上海总部设计了个体和总量两个方面的预警，个体预警主要是对偏离宏观审慎规则的分级预警，总量预警则是通过在宏观审慎规则中设置资金流动总闸门的方式加以管理。应

急处理政策工具箱方面，上海总部设置了延长账户资金存放期限、征收零息存款准备金、特别存款准备金、账户临时管制等，确保不发生系统性风险。

六、实践效果

上海总部在自由贸易试验区的探索取得了积极成果。一方面，自由贸易账户金融服务快速发展，业务运行平稳可控。资金流向总体表现为"一般账户—自由贸易账户—境外"的净流出，有效地控制了无因性跨境资本的大规模流动。资金价格方面，自由贸易账户内的资金利率、汇率价格均与境外参考价格靠拢，消除了境外热钱的套利空间。另一方面，分账核算境外融资业务稳妥开展，有效满足了实体经济融资需求。具体表现在，一是各类参与积极性高，在融资主体类型上实现了全覆盖；二是显著降低了融资成本，拓宽了融资渠道，切实服务于实体经济；三是宏观审慎政策工具发挥了较好的引导作用；四是牢牢守住了不发生系统性金融风险的底线；五是促进了金融监管模式的转变，实现了本外币一体化的事中事后监管。

第三节　促进完善我国短期跨境资本流动宏观审慎管理的建议

当前，我国对跨境资本流动宏观审慎管理的探索取得了一定进展，但短期跨境资本流动的宏观审慎管理仍处于发展初期，各项政策措施有待进一步完善。

一、加强对短期跨境资本流动的监测和分析

准确监测短期跨境资本流动是提升短期跨境资本流动宏观审慎管理成效的基础。积极利用大数据技术尽快建立全口径短期跨境资本流动实时统计监测系统，及时掌握短期跨境资本双向流动的规模、频率以及流入领域等信息，在此基础上全面分析其可能带来的影响，为提高宏观审慎管理的有效性奠定基础。

二、完善体制机制配套改革

短期跨境资本流动宏观审慎管理的价格型工具的有效实施需要一个良好的市场价格环境，特别是需要市场化的汇率形成机制和顺畅的跨境资本流动，而我国汇率形成机制市场化改革仍未全部完成，人民币资本项目可兑换以及资本账户开放也未完全实现，未来需要加强上述领域的改革，为短期跨境资本流动宏观审慎管理营造良好的体制和市场环境。

三、加强部际协调

短期跨境资本流动的风险涉及面广，影响力大，包括银行、证券、保险等在内的多个行业。在目前的分业监管模式下，各部门各司其职，缺乏协调，监管"孤岛"现象突出，监管成效不明显。未来，应建立"国务院金融稳定发展委员会"领导下的，包括"一行两会"和国家外汇管理局在内的管理协调机制，统领短期跨境资本流动的宏观审慎管理工作，切实提高监管的针对性和有效性。

四、加强短期跨境资本流动宏观审慎管理的国际监管合作

短期跨境资本流动涉及两个乃至多个国家，当各国监管步伐不一致或者只从本国立场出发对短期跨境资本流动进行监管时，通常会导致市场主体利用各国监管制度之间的差异进行套利，即所谓的监管制度套利，对此，需要加强短期跨境资本流动宏观审慎管理的国际协调。应积极主动参与短期跨境资本流动宏观审慎管理的总体框架设定、具体指标设置、实施工具出台等的国际合作，防范和降低短期跨境资本流动风险的传递，通过协同合作调节短期跨境资本流动成本（如相关国家对短期跨境资本流动设定同一水平的税率），压缩短期跨境资本流动的制度套利空间等。

第六章　短期跨境资本流动与宏观审慎政策：土耳其的经验与启示

过去30年来，随着新兴经济体日益融入世界经济体系以及全球金融市场一体化程度不断提高，短期资本在发达国家和新兴经济体之间跨境流动日益频繁，规模也日益增大。2008年国际金融危机爆发后，世界主要经济体宏观经济形势、货币政策态势等的分化加大了短期跨境资本流动的波动性，给新兴市场经济体带来了压力与挑战。

作为新兴市场经济体之一，土耳其同样面临短期跨境资本大规模流动带来的压力与挑战。传统上，土耳其中央银行使用汇率干预（FX Interventions）的方式来管理汇率波动，但学术界和实业界对汇率干预的效果存在非常大的争议，并且汇率干预通常不仅需要具有一定量的外汇储备作为支撑，而且还会给市场投机资本传递明确的投机信号，因此汇率干预方式的成本较高。2008年全球金融危机爆发后，一方面，土耳其国际收支平衡表（BOP）中经常账户赤字的平衡方式由先前的以长期资金为主转变为危机后爆发后的以短期资金为主。2008年全球金融危机前后，土耳其经历了持续性经常账户赤字状态。危机前，经常账户赤字主要通过具有长期特征的外国直接投资（Foreign Direct Investment）进行平衡；而危机爆发后，短期资本成为平衡土耳其经常账户赤字的主体（见图6-1）。另一方面，土耳其经济过热苗头初现。通常，当一国出现信贷高速增长、本国货币升值以及短期资本强劲流入这三者并存时意味着经济过热将开始出现。在短期资本大量流入的同时，土耳其里拉升值明显，国内信贷月度增速也同比持续攀升，2011年1月达到44.15%。

为应对短期跨境资本流动带来的经济压力，土耳其中央银行（CBRT）实施了新的政策框架，创造性使用了具有宏观审慎特征的灵活利率走廊（Interest Rate Corridor）和准备金选择机制（Reserve Option

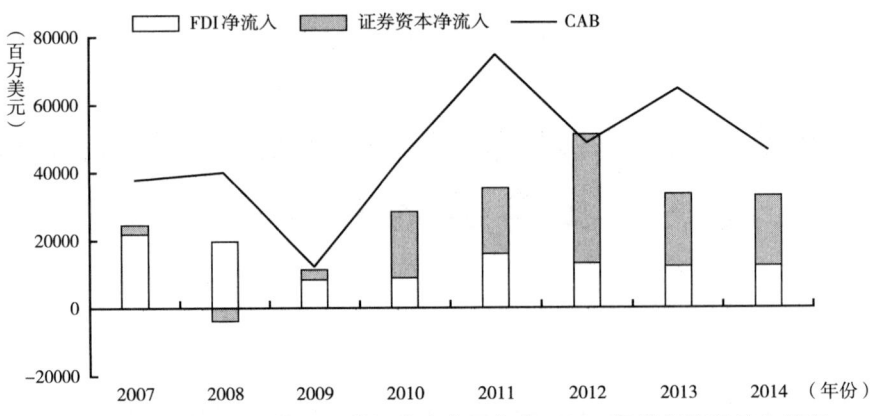

图 6-1 2007—2014 年土耳其经常账户平衡和 FDI、证券投资净流入情况

注：2007—2014 年土耳其经常账户呈现持续赤字状态，为便于分析 FDI 和短期资本净流入为经常账户赤字融资的变化情况，此处将经常账户赤字转换为正数。

资料来源：土耳其中央银行网站。

Mechanism）这一政策组合，有效降低了汇率波动，较好地缓解了短期跨境资本流动的冲击。2012 年初之后的很长一段时期内，CBRT 虽然没有进行过直接的汇率干预，土耳其里拉的波动却显著低于同类国家。

新的政策框架下，汇率政策的目标在关注价格水平波动的基础上更加强调宏观金融风险，将金融稳定（Financial Stability）置于更加突出的重要位置，可以视为扩展版的通胀目标制（Inflation Targeting），调控方法上也更加注重发挥市场机制的作用（见表 6-1）。许多采取通胀目标制的国家，通过买卖外汇资产对外汇市场进行干预的方式来应对跨境资本流动带来的汇率波动，但这一方式的实际成效如何尚未被实证研究所证明。

表 6-1 土耳其新旧货币政策框架情况对比

项目	旧政策框架下 （Former Approach）	新政策框架下 （New Approach）
目标（Objectives）	价格稳定 （Price Stability）	价格稳定（Price Stability）； 金融稳定（Financial Stability）
政策工具 （Instruments）	政策利率 （Policy Rate）	结构性工具（Structual Instruments）； 周期性工具：政策利率、流动性管理、利率走廊（Cyclical Instruments：Policy Rate, Liquidity Management, Interest Rate Corridor）

资料来源：转引自 Koray Alper 等（2013）。

从表 6-1 中可以看出，土耳其中央银行新旧货币政策框架在目标和政策工具方面存在较为显著的差异。政策目标方面，除考虑价格稳定外，还将金融稳定纳入政策框架。政策工具方面，周期性工具除保留了旧政策框架下的政策利率外，增加了流动性管理、利率走廊两种新的政策工具，此外还增加了结构性工具。

土耳其中央银行新的政策框架下两个关键变量是信贷和汇率，将信贷和汇率渠道（Exchange Rate Channels）作为货币政策操作目标。理论上，汇率与信贷之间相互影响的方式之一是：当资本流入导致一国汇率升值时，将改善本国企业的资产负债表，特别是增加本国涉外企业的资产，从而提高信贷增长速度，信贷增速加快将带来非贸易商品价格上升，而这将导致汇率进一步上升，并形成汇率与信贷之间的螺旋式上升。反之，如果出现资本流动逆转，即跨境资本由流入转变为流出，将出现汇率与信贷交替下降，超出一定限度的信贷收缩与汇率贬值将影响宏观经济和金融体系稳定。从这个角度出发，汇率变化应该与宏观经济的变化相适应，信贷也应以合理速度增长，难点在于如何确定汇率是否出现失调以及信贷增长的合理速度。对此，土耳其中央银行在对传统干预方法的效果进行研究的基础上将判断标准分别设定为：①当经过物价调整后的实际汇率水平（Real Exchange Rate）年升值幅度达到 1.5%—2% 时，可以认为出现了汇率失调（Exchange Rate Misalignments）；②当名义国内生产总值增速为 10% 时，年度信贷增速在 15% 左右较为合适。当汇率波动与信贷增速超过上述区间时，将触发土耳其中央银行调整利率走廊的区间和准备金选择机制的参数以抑制汇率和信贷过度波动。

第一节　土耳其灵活利率走廊和准备金选择机制：实践与成效

一、灵活利率走廊调节机制

（一）利率走廊调节机制简介

"利率走廊"是指中央银行借助向商业银行等金融机构提供存、贷款时设定的利率操作区间来稳定市场拆借利率的调控方法。利率走廊机制下，商业银行通常不会以高于中央银行设定的贷款利率拆入资金，因而中央银行的隔夜贷款利率（Overnight Lending Rate）通常为商业银行拆入资金利率的上限，与此类似，商业银行通常也不会以低于中央银行的隔夜借款利率（Overnight Borrowing Rate）拆出资金，故中央银行的隔夜借款利率可视为商业银行拆出资金利率的下限。借助这一机制，货币市场拆借利率得以稳定在中央银行设定的隔夜存贷款利率区间内，从而实现中央银行的利率调控目标。由于利率走廊主要依靠货币当局改变自己的存贷款利率而非变动基础货币供给，因而又称其为无货币供给量变动的利率调控模式（胡海鸥、贾德奎，2004）。利率走廊机制下，中央银行实际上作为市场参与者与商业银行按照市场规则进行存贷款交易，且其设定的隔夜存贷款利率不具有强制性（贾德奎、胡海鸥，2004）。

实践中，利率走廊机制并非土耳其首创。早在1985年德国联邦银行即通过设定利率区间的方式控制货币市场利率波动范围。20世纪90年代，加拿大、新西兰和澳大利亚先后通过利率走廊机制调节货币市场隔夜拆借利率。21世纪以来，美国、瑞典、瑞士、芬兰等多个国家相继采用过利率走廊调控模式。

（二）土耳其中央银行的做法

土耳其中央银行（Central Bank of the Republic of Turkey，CBRT）于2010年末开始实施灵活的利率走廊政策，根据短期跨境资本流动方向和流动规模单方面或同时调整隔夜借款利率和隔夜贷款利率，缓解短期跨境资本流动对经济的冲击。

当短期跨境资本大量流入时，土耳其中央银行单方面降低隔夜借款利率水平，这一调整将产生两方面影响：其一，引导货币市场上金融机构资金拆出利率走低，从而降低短期资本整体回报水平；其二，利率走廊区间扩大增加了市场利率水平波动范围，提高了外国投资者回报的不确定性。短期跨境资本回报率的整体降低与投资回报不确定性的提高降低了外国投资者的投资意愿，从而在一定程度上减少短期跨境资本流入量，缓解土耳其里拉升值压力。当短期资本大量流出时，土耳其中央银行则通过提高隔夜贷款利率引导市场利率上行，提高外国投资者回报率水平，从而减少短期跨境资本外流，减轻土耳其里拉贬值压力。

2010年11月至2015年2月，土耳其中央银行根据短期跨境资本

第六章　短期跨境资本流动与宏观审慎政策：土耳其的经验与启示

流动情况实施的灵活利率走廊政策经历了四个阶段，具体走势见图6-2。

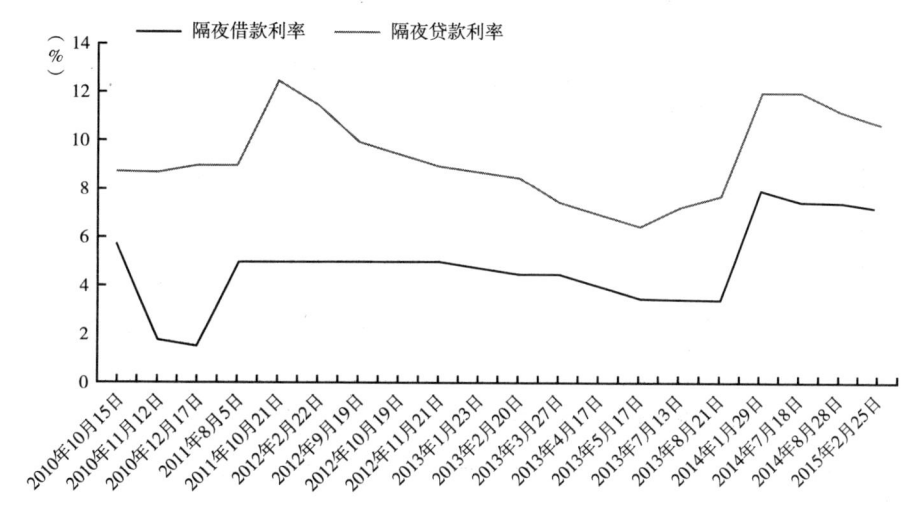

图6-2　土耳其利率走廊变化情况

资料来源：CBRT。

第一阶段（2010年11月至2011年8月）。美联储于2010年11月3日宣布实施总额为6000亿美元的第二轮量化宽松政策，推动了短期跨境资本大量流向新兴市场经济体。土耳其中央银行在保持隔夜贷款利率稳定的同时显著降低隔夜借款利率。2010年11月12日，土耳其中央银行将隔夜借款利率由5.75%显著下调至1.75%，同时维持隔夜贷款利率于8.75%的水平不变，利率走廊区间由原先的3个百分点扩大至7个百分点。同年12月17日，土耳其中央银行将货币市场隔夜贷款利率调高至9%，隔夜借款利率则进一步下调至1.5%，利率走廊区间进一步扩大到7.5个百分点。2011年8月5日，土耳其中央银行将隔夜借款利率调高至5%的水平，利率走廊区间回缩至4个百分点。

土耳其中央银行隔夜存贷款利率调整的效果在短期内得到显现，土耳其里拉于2010年底开始贬值，并在2011年对美元整体呈贬值态势（见图6-3），同时，信贷增速和经常账户融资中短期资本所占比重也在2011年出现下降趋势（见图6-4和图6-1）。

第二阶段（2011年10月至2012年12月）。受欧洲部分国家主权债

·93·

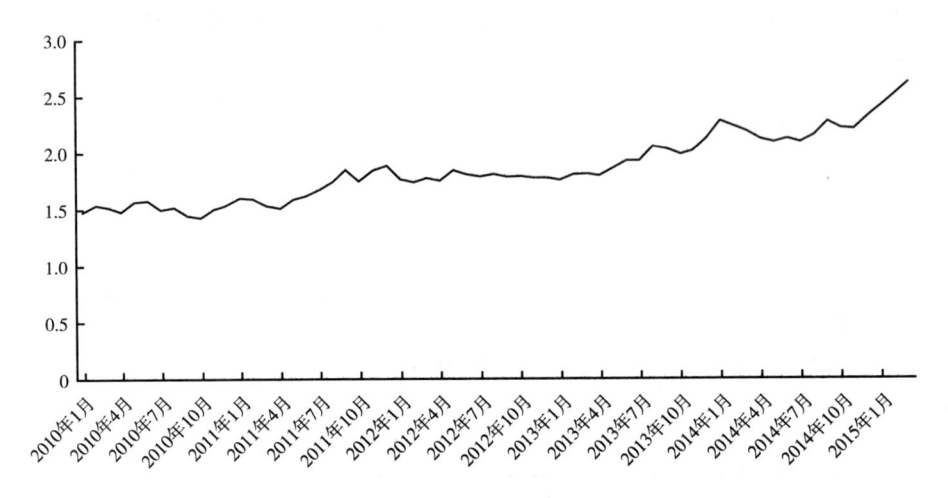

图 6-3 2010 年 1 月至 2015 年 3 月土耳其里拉兑美元汇率走势

资料来源：IFS, National Currency per US dollar, monthly, end of period。

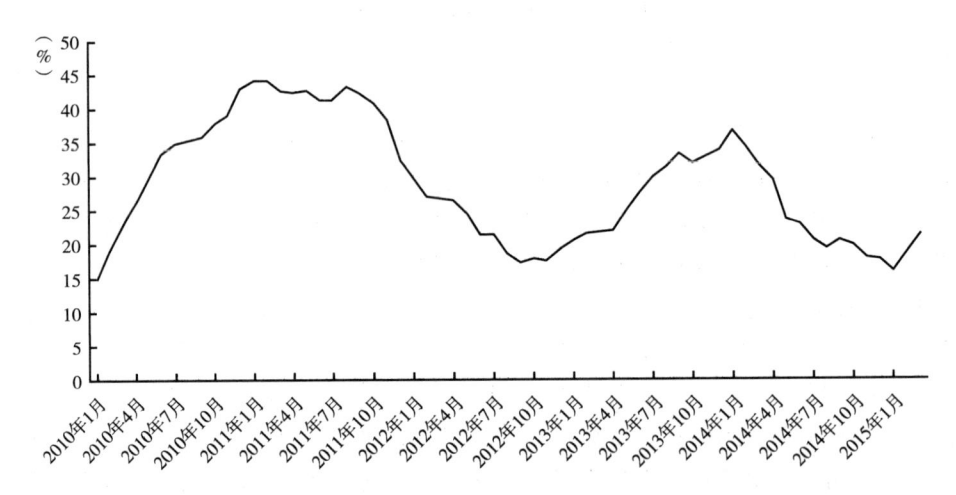

图 6-4 2010 年 1 月至 2015 年 3 月土耳其银行部门信贷增速情况

注：根据 CBRT 月度数据计算，为月度同比增速。

务危机加剧的影响，短期跨境资本加速流出土耳其，相应地，土耳其里拉在这一阶段前期出现贬值趋势。为避免土耳其里拉进一步贬值，土耳其中央银行在维持隔夜借款利率 5% 水平不变的同时显著提高了隔夜贷款利率水平。2011年10月21日，土耳其中央银行将隔夜贷款利率提高至12.5%。随着美联储于2012年9月13日宣布第三轮量化宽松政策，短期资本再次大量流入新兴市场经济体，使新兴市场经济体再次面临通货膨胀和资产价格上涨的压力，对此，土耳其中央银行于2012年11月21日将隔夜贷款利率调低至9%的水平。①

经过上述调整，第二阶段土耳其货币市场隔夜拆借利率和市场利率水平整体高于第一阶段（见图6-5），同时，土耳其中央银行隔夜贷款利率上升将提高国内商业银行资金拆入成本，使其面临较高的资金利率风险。

从实际效果来看，这一阶段土耳其里拉兑美元汇率保持了相对稳定，2012年流入土耳其的短期资本相对于2011年有所增加，其占经常账户赤字比例也有所提高，但国内信贷增速下降较为明显。

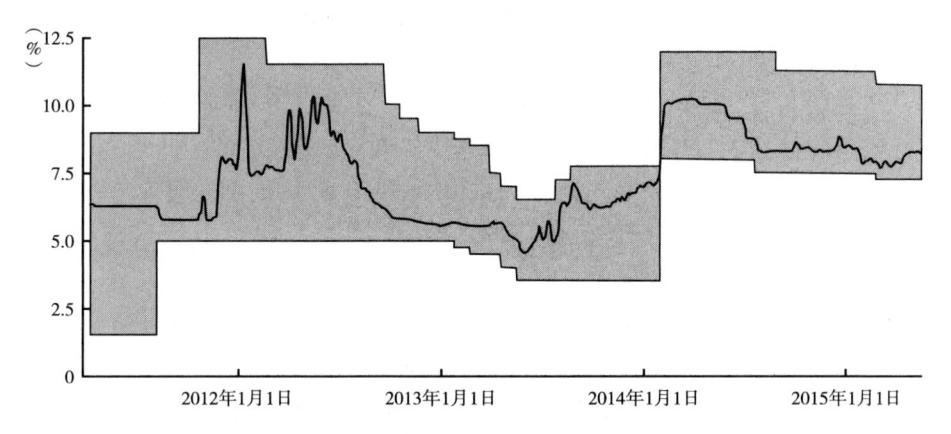

图6-5　土耳其货币市场平均利率水平走势情况（5天移动平均值）

注：此图摘自土耳其中央银行（CBRT）网站，因网站中只给出最近60个月的平均利率水平数据，故此处没有2010年1月至2011年4月的数据。图中阴影部分为对应期间土耳其利率走廊变化情况。

资料来源：CBRT，数据截至2015年4月。

---

① 这一阶段，面对短期资本再次大量流入，土耳其中央银行没有像第一阶段一样大幅调低隔夜借款利率，其中一个原因是土耳其中央银行于2011年9月开始实施了准备金选择机制（详见本文后面的分析），这一机制部分缓解了短期资本大量流入给土耳其中央银行带来的政策压力，使土耳其中央银行无须显著降低隔夜借款利率水平，毕竟由下调隔夜借款利率水平带来的市场利率水平的下降会刺激国内投资和信贷水平提高，存在导致经济过热的隐患。

第三阶段（2013年1月至2014年1月）。针对美联储推出的QE3，2013年1月23日，土耳其中央银行将隔夜贷款利率调低至8.75%，同时将隔夜借款利率调低至4.75%，此后又陆续不同程度下调了两者水平。2013年5月17日，土耳其中央银行将隔夜存贷款利率分别调低至3.5%和6.5%，为这一阶段最低值。

2013年4月后，全球短期跨境资本流动方向出现大的变化，由先前大规模流入新兴市场经济体转变为大规模流出新兴市场经济体。土耳其中央银行在将隔夜借款利率维持在3.5%的同时，逐步调高隔夜贷款利率水平，于同年8月21日提高至7.75%。

从实际效果来看，这一阶段由于欧元区主权债务问题有所缓解，土耳其利率走廊区间有所缩小，不对称性也有所降低，加之利率走廊位置较低，市场利率水平也相对较低，国内信贷增速有所提高。这一阶段土耳其里拉兑美元汇率呈现贬值态势，短期跨境资本净流入规模相比2012年有较大幅度减少。

第四阶段（2014年1月至2015年2月）。2014年1月29日，土耳其中央银行将隔夜存贷款利率分别上调至8%和12%的水平，此后逐步调低两者水平，并适度缩小利率走廊区间。2015年2月25日，土耳其货币市场隔夜存贷款利率分别调整为7.25%和10.75%，利率走廊区间缩小为3.5个百分点。

利率走廊位置的整体提高带来了市场利率水平的提升，国内信贷增速在2014年持续下降。汇率方面，这一阶段土耳其里拉兑美元汇率呈现先升值后贬值的走势，特别是2015年以来贬值趋势明显，2014年短期跨境资本净流入量相比2013年总体呈现稳定状态。

二、准备金选择机制

作为土耳其中央银行的一项创新性货币政策工具，准备金选择机制于2011年9月被引入实践领域，旨在缓解短期跨境资本流动易变性造成的土耳其里拉汇率过度波动及由此产生的宏观经济不稳定。实践效果显示，准备金选择机制较好地发挥了"自动稳定器"（Automatic Stabilizer）的作用（Oduncu A.等，2013；Aslander O.等，2014；Aysan A.F.等，2014）。

（一）准备金选择机制基本原理

在准备金选择机制下，土耳其商业银行获准以一定的转换标准自主选择在存款准备金中持有一定比例的外汇。[①] 其中，准备金选择比率（Reserve Option Ratio，ROR）表示商业银行存款准备金中外汇资金所占比例，准备金选择系数（Reserve Option Coefficient，ROC）表示商业银行在其存款准备金中将 1 单位土耳其里拉转换为特定单位外汇的转换比率。例如，当 ROC=1 时，对于原先 1 土耳其里拉的存款准备金，商业银行需要持有与 1 土耳其里拉等值的外汇作为存款准备金。

以美元作为转换货币为例：假设土耳其国内某一商业银行需持有 1000 土耳其里拉（TL）存款准备金，准备金选择比率 ROR=50%，准备金选择系数 ROC=1，美元兑土耳其里拉汇率为 USD/TL=2，则其所需要的美元数额为（500×1÷2=250）美元。如果准备金选择系数 ROC=2，美元兑土耳其里拉汇率保持不变，则该银行需要持有以美元形式表示的存款准备金数额为（500×2÷2=500）美元。实践中，土耳其中央银行规定了准备金选择比率和对应的准备金选择系数的具体数值（见表 6-2）。

表 6-2 准备金选择机制下 ROR 和 ROC 情况

时间＼ROR	10%	20%	30%	35%	40%	45%	50%	55%	56%	57%	58%	59%	60%
2011 年 9 月	1.0	—											
2011 年 10 月		1.0	—										
2011 年 11 月			1.0	—									
2012 年 6 月			1.0		1.4	—							
2012 年 7 月			1.0		1.4		1.7	—					
2012 年 8 月			1.0		1.4		1.7	1.9	—				
2012 年 8 月			1.1		1.4		1.7	1.9		2.0			
2012 年 10 月			1.3		1.6		1.9	2.1		2.2			
2012 年 11 月			1.4		1.7		2	2.2		2.3			
2012 年 12 月			1.4		1.8		2.1	2.3		2.4			

---

① 严格来讲，准备金选择机制下，商业银行可以以外汇和（或）黄金的形式持有一部分存款准备金，为了便于分析，这里不考虑以黄金形式持有的准备金的影响。

续表

时间 ROR	10%	20%	30%	35%	40%	45%	50%	55%	56%	57%	58%	59%	60%
2013年4月		1.4			1.5	1.9	2.2	2.4			2.5		
2013年5月		1.4				1.7	2.1	2.4	2.6		2.7		
2013年6月		1.4		1.5	1.8	2.2	2.5	2.7			2.8		
2014年1月		1.4		1.5	1.8	2.6	2.9	3.1			3.2		
2015年2月		1.2		1.5	1.9	2.3	2.7	3.1	3.3	3.5	3.7	3.9	4.1

资料来源：根据CBRT数据整理。

从表6-2中数据可以看出，土耳其中央银行设定的准备金选择比率最高为60%，准备金选择系数也随着时间推移越来越细化。准备金选择比率（ROR）和准备金选择系数（ROC）之间呈正向变化关系，即随着准备金选择比率不断提高，准备金选择系数也相应增加，这意味着当商业银行选择在其存款准备金中持有更大比重外汇时，其需要持有的外汇数额也更多。

借助表6-2，以2015年2月土耳其中央银行公布的ROR和ROC数据为例，如果某一商业银行需持有存款准备金总额为1000土耳其里拉，并决定以美元形式持有60%的存款准备金，美元兑土耳其里拉汇率USD/TL=2，则其所需要的美元总额为：

$$1000 \times [0.3 \times 1.2 + 0.05 \times (1.5 + 1.9 + 2.3 + 2.7 + 3.1) + 0.01 \\ \times (3.3 + 3.5 + 3.7 + 3.9 + 4.1)] \div 2 = 560(美元)$$

准备金选择机制作为一项亲市场的货币政策，赋予商业银行自主选择存款准备金中外汇资金所占比例的权利。对某一商业银行来说，持有外汇的最优比例取决于其持有外汇和持有土耳其里拉相对成本的高低。当商业银行持有外汇的成本低于持有土耳其里拉的成本时，即使ROC大于1，该银行也将不断增加外汇资金在其存款准备金中所占比例，直至持有外汇资金的成本等于持有土耳其里拉的成本。以公式表示如下：

$$ROC^{tr} = \frac{r_t^{TL}}{r_t^{FX} * \frac{E(e_{t+1})}{e_t}}$$

其中，ROC^{tr}表示处于均衡状态时准备金选择系数（ROC）的值，即在这一状态下，银行在持有外汇或土耳其里拉作为准备金之间没有差别。

r_t^{TL} 表示持有土耳其里拉作为准备金的成本，r_t^{FX} 表示持有外汇作为准备金的成本，e_t 表示初始时刻汇率水平，$E(e_{t+1})$ 表示所考察时期末的预期汇率水平。

（二）准备金选择机制缓和短期跨境资本流动的作用机理

当短期跨境资本大量流入时，土耳其里拉将产生升值压力，同时商业银行获得外汇资金的成本相应降低，商业银行会选择提高外汇资金占其存款准备金的比例。由于土耳其中央银行设定的 ROC 大于 1，这意味着当商业银行决定提高外汇在其存款准备金中所占比例时，会有更多外汇资金以商业银行存款准备金的形式进入土耳其中央银行，换言之，借助于准备金选择机制，部分流入土耳其的短期外汇资金以商业银行存款准备金的形式退出了在土耳其国内市场的流通，从而在一定程度上缓解了土耳其里拉的升值压力。在这一过程中，会有一定数额土耳其里拉被注入经济系统，但因准备金选择系数大于 1，通过准备金选择机制注入经济系统的土耳其里拉相比由土耳其中央银行通过直接购买外汇的对冲方式注入经济系统的土耳其里拉要少。

反之，当短期资本大量流出时，商业银行会减少其存款准备金中外汇所占的比例，通过增加市场上的外汇供给以缓解土耳其里拉的贬值压力。

表 6-3 准备金选择机制下跨境资本流动对银行系统资产负债表的影响

a. 基准情形		b. 对冲式干预	
资产	负债	资产	负债
贷款 +100	对外资银行 +100	贷款 +50	对外资银行 +100 对中央银行 -50

c. ROC = 1		d. ROC = 2	
资产	负债	资产	负债
贷款 +50 土耳其里拉（ROM） +50 对中央银行 -50	对外资银行 +100 对中央银行 -50	贷款 +0 土耳其里拉（ROM） +100 对中央银行 -50	对外资银行 +100 对中央银行 -50

注：ROM 是准备金选择机制英文表达（Reserve Opition Mechanism）的缩写。
资料来源：转引自 Koray Alper 等（2013），第 347 页。

从表 6-3 的数据可以看出，如果参数设定适当，准备金选择机制在应对跨境资本流动方面较传统外汇干预方式在应对汇率和信贷过度调整上具有更好的效果，同时由于这一过程是银行基于自身约束条件的最优选择，因而更容易为市场所接受，引起市场投机的可能性较小。

（三）实施准备金选择机制的实践效果

土耳其中央银行实施准备金选择机制后，有部分学者从不同角度对实施效果进行了实证分析。Oduncu A.，Akcelik Y. 和 Ermisoglu E. (2013) 基于 2010 年 10 月 15 日至 2012 年 10 月 15 日土耳其汇率波动的日度数据，借助 GARCH 模型对引入准备金选择机制后土耳其里拉汇率波动情况进行了实证研究，结果显示，在降低土耳其里拉汇率波动方面，准备金选择机制是一项非常有用的工具。Degerli A. 和 Fendoglu S. (2013) 基于 11 个新兴市场经济体[①]的数据，运用风险中性概率分布函数（Risk – neutral Probability Distribution Function，RN – PDF）对准备金选择机制实施效果进行国别研究，结果显示，在控制一系列国内和共同的外部因素后，与其他新兴市场经济体相比，USD/TL 的汇率预期显示了低水平波动特征，且准备金选择机制使用越多，对汇率波动预期影响越大。

综合对比灵活利率走廊调节机制和准备金选择机制，可以看出两者在缓解短期跨境资本流动影响上存在的显著不同。灵活利率走廊机制作为价格型调节手段，通过影响外国投资者投资意愿来调节短期跨境资本的流入和流出，发挥的是"过滤器"的作用；准备金选择机制作为数量型调节手段，通过改变国内金融机构存款准备金中外汇资金比例来缓解土耳其里拉汇率过度波动，发挥的是"蓄水池"的作用，一定程度上两者可以作为互补性工具加以使用。

需要指出的是，准备金选择机制（ROM）并不能完全取代外汇市场干预政策，特别是在极端情况下，准备金选择机制作为一种流动性管理手段的效力相对于外汇市场直接干预要弱，反应速度也不够快。

---

① 这 11 个新兴市场经济体分别为：巴西、智利、哥伦比亚、匈牙利、印度尼西亚、墨西哥、波兰、罗马尼亚、南非、捷克共和国和土耳其。

第二节　对土耳其灵活利率走廊和准备金选择机制的评价

一、灵活利率走廊和准备金选择机制丰富了宏观审慎政策的"工具箱"

2008年全球金融危机爆发后，逆经济周期的宏观审慎政策成为各国谋求实现经济在宏观层面和微观层面双重稳定的重要着力点，多国基于自身实际进行了大量探索，立足国情搭建宏观审慎框架并实施了多项宏观审慎政策。就短期跨境资本流动而言，其对经济波动敏感性较强，当各国经济周期不一致程度较高时，短期跨境资本的大规模进出会给资本流入国和流出国带来较大的经济稳定压力和政策压力。对此，具有较高灵活性的相机抉择政策具有较好的政策效果。灵活利率走廊机制和准备金选择机制在这方面表现出明显的宏观审慎特征：当短期跨境资本流入（流出）土耳其并带来土耳其里拉的升值（贬值）压力时，灵活利率走廊机制和准备金选择机制会对短期跨境资本流动方向和土耳其里拉汇率走势进行反向调节。灵活利率走廊和准备金选择机制分别作为土耳其中央银行现有政策工具基础上的拓展性和开创性政策工具，为其他国家对短期跨境资本流动进行宏观审慎调控提供了有益借鉴，扩大了政策选择空间。

二、土耳其灵活利率走廊实践拓展了对传统利率走廊调节机制及其作用领域的认识

一方面，利率走廊调节机制自出现以来，利率区间通常以货币当局的目标利率水平为中心呈现对称性特征，且理论上也是更多对这一对称性特征加以关注。2008年全球金融危机后，有学者提出要注重对利率走廊不对称性的研究（Goodhart，2009），土耳其中央银行实施的灵活利率走廊机制可以视为不对称利率走廊机制在实践中的应用。另一方面，传统的利率走廊重在借助这一机制调节国内利率水平和信贷水平变化，而土耳其灵

活利率走廊机制将其调节范围扩展到了短期跨境资本流动方面，通过不对称调整利率走廊上下边界对短期跨境资本流动规模加以调节。

三、灵活利率走廊机制和准备金选择机制是基于"不可能三角"的政策运用

"不可能三角"描述了一个国家在对外经济关系中的政策选择，即在一定时期内，无法同时实现对外资本市场开放、实行独立的货币政策和保持相对固定的汇率体制，三者中至多出现两者之间的组合。理论上，"不可能三角"成立有三个重要前提假定：本国经济为一小型开放经济体，国际利率水平完全是外生的；各国经济周期高度不一致，国际利率差别随时间而显著不同，并进而引起浮动汇率体制下各国货币汇率的高波动性；国际层面不存在任何显著的国际宏观经济政策协调，本国或外国只能被动接受国际利率行情的冲击性影响（张燕生、贺力平，2011）。虽然有研究结果显示"不可能三角"并不是对每个时期的每个国家都成立（Obstfeld，Shambaugh and Taylor，2004），但从土耳其中央银行的实践来看，作为一个小型开放型经济体，其选择了对外资本市场开放、缺乏独立性的货币政策和相对固定的汇率体制这样的政策组合。

灵活利率走廊机制和准备金选择机制都是上述政策组合在实践领域的体现。由于短期跨境资本流动会导致土耳其里拉的汇率出现波动，土耳其中央银行在减轻短期跨境资本流动影响的同时也稳定了土耳其里拉的汇率水平。在灵活利率走廊调节机制下，土耳其中央银行根据短期跨境资本流动态势相应调整央行隔夜存贷款利率，同样，在准备金选择机制下，土耳其中央银行也是根据短期跨境资本跨境流动态势调整准备金选择系数。

四、土耳其灵活利率走廊和准备金选择机制存在的局限

土耳其中央银行实施的灵活利率走廊和准备金选择机制虽然较好地缓解了短期跨境资本大规模流动的不利影响，但这两种调节机制仍存在局限之处。

土耳其作为一个小型开放经济体，面对外部世界经济形势变化和各种冲击，其货币政策更多是对外界的变化和冲击加以应对，是一种被动的适

应性货币政策。小国经济和被动适应性政策的滞后性决定了在大的冲击面前，仅靠灵活利率走廊和准备金选择机制这两个宏观审慎政策工具难以完全抚平短期跨境资本流动的波动性及其对国内宏观经济稳定的影响，仍需要其他政策工具加以配合。例如，当灵活利率走廊和准备金选择机制均无法阻止土耳其里拉进一步贬值时，仍需土耳其中央银行动用外汇储备进行干预以稳定汇率。

第三节　土耳其灵活利率走廊和准备金选择机制对我国的启示

随着我国利率市场化、汇率形成机制以及资本与金融账户开放等领域改革进一步推进，如何借助合适的政策工具应对短期跨境资本流动成为我国新的政策挑战。土耳其灵活利率走廊和准备金选择机制给我们提供了有益借鉴，可以丰富我国的宏观审慎管理政策工具箱，扩大政策选择空间。

我国已有学者对利率走廊调节机制进行了介绍（贾德奎、胡海鸥 2004a；贾德奎、胡海鸥 2004b）和理论述评（刘义圣、赵东喜，2012），认为利率走廊可以成为我国中央银行进行利率调控的选择，并提出了相关政策建议（戴根有，2003；贾德奎、胡海鸥 2004a；贾德奎、胡海鸥 2004b；中国人民银行营业管理部课题组，2013）。现实中，我国已具备实施利率走廊调控的基本制度框架，超额准备金率作为货币市场利率下限，再贷款（再贴现）率作为货币市场利率上限一定程度上具备了利率走廊功能（周小川，2012；谢海玉，2004），但部分市场主体（如投融资平台等）存在的财务软约束问题影响了利率走廊调节机制的实际效果。例如，当短期资本大量流入国内时，中央银行原本可以通过降低隔夜借款利率引导市场利率水平下行，借此提高外国投资者收益水平的不确定性和降低收益水平，进而缓解短期跨境资本流入压力，而此时如果由于部分市场主体财务软约束的存在，使央行降低隔夜借款利率的措施无法有效引导市场利率水平下降，则短期跨境资本仍将受高利率的吸引而持续流入国内。从这一角度看，即使我国在完成利率市场化、汇率形成机制改革和金融与资本项目开放之后实施灵活利率走廊调节机制，如果不对相关体制机制进行有效改革，也难以取得其对短期跨境资本流动调节的良好效果。

准备金选择机制作为土耳其中央银行的创新性政策工具，在实践中取得了较好效果，特别是在这一机制下，商业银行能够结合短期跨境资本流动态势和自身利润最大化目标自主选择存款准备金中外汇资金的比例，较好地融合了宏观审慎与微观审慎的监管要求，但其基于土耳其小型开放经济体的现实，决定了需要结合我国实际加以吸收和借鉴。

因此，要使灵活利率走廊调节机制和准备金选择机制在我国"落地"，并有效发挥对短期跨境资本流动的调节作用，在稳步推进利率市场化、人民币汇率形成机制改革和金融与资本项目开放的同时，还需要深化相关领域的配套改革。一是建立健全宏观审慎监管框架，发挥其他政策工具与灵活利率走廊机制和准备金选择机制的配套作用。与发达国家相比，我国金融体系发展仍不够充分，灵活利率走廊机制和准备金选择机制难以应对所有由短期跨境资本流动带来的冲击，因而需要与其他监管工具相互配合。二是打破刚性兑付，破除部分市场主体的财务软约束，使利率水平能够真实反映市场资金供求状况。三是加强和改善对短期跨境资本流动的监测，进一步提高监测数据的准确性，为准确把握政策力度奠定基础。

第七章 宏观审慎管理视角下的托宾税及其实施[①]

2008年全球金融危机后，国际资本掀起了一轮新的跨国流动高潮，跨国资本流动规模增大，频率增加，特别是短期资本在发达经济体和发展中经济体之间大规模频繁流动极大影响了相关国家的经济稳定。基于这一背景，着眼于缓解资本跨境流动波动程度的托宾税再次进入人们的视野，对其讨论也不断增多，部分国家明确提出实施托宾税。本章在梳理托宾税理论渊源和研究进展的基础上，从宏观审慎管理的视角对托宾税进行了再认识、再探讨，并提出了我国实施托宾税的一些建议。

第一节 托宾税理论与实践发展

短期资本大规模频繁跨境流动会冲击一国经济稳定，因而对短期金融交易征税被视为应对短期资本冲击的一个手段。这一思想起源于1936年凯恩斯（John Maynard Keynes）针对"Casino"纸牌游戏中投机行为的描述，他认为，"为了公众的利益，Casino应该更加昂贵，从而减少这类活动"。

1972年，美国诺贝尔经济学奖得主詹姆斯·托宾（James Tobin）教授在普林斯顿大学Janeway讲座中将这一想法运用到了外汇市场，首次提出对外汇交易征税的观点，并于1974年在《十年后的新经济学》（The

---

① 本部分内容已公开发表于《现代经济探讨》2016年第10期。

New Economics One Decade Older) 一书中对此进行了论述。托宾教授认为，国际市场上商品和劳务市场对价格信号的反应速度比金融资产缓慢，国际资本市场的投机会引起国际金融市场动荡并影响商品和劳务市场，由于商品和劳务市场对金融市场动荡难以做出及时有效调整，从而形成市场扭曲并带来福利损失，因此需要向快速运转的"国际金融市场车轮中撒沙子，使列车的速度慢下来"（Tobin，1978）。

托宾税设计框架涵盖四方面内容：首先，征税范围包括广义和狭义两种，广义是指对国内外所有金融交易征税，且不论交易对手与交易场所，狭义则仅指对国内金融资产（如股票、债券、期货等）的交易征税；其次，托宾税均具备资本流出税和流入税两种；再次，税率的确定与金融资产特性和期限有关；最后，征税方式可以灵活多变，能提高资本流动成本的措施均可视为托宾税（钟伟，2001；冯菊平，2002；王玉、陈柳钦，2011）。

1978年，托宾教授建议根据交易规模对即期外汇交易征收1%的全球统一的交易税，后将这一税率调整为0.5%（Eichengreen，Tobin and Wyplosz，1995），并建议将税收所得用于全球扶贫领域。1996年，Paul Bernd Spahn提出两级托宾税（Two-Tier Tobin Tax Structure）构想，建议在正常情况下实施较低的金融市场交易税，当出现投机情况时则实行惩罚性的高税率（Spahn，1996）。

托宾税提出之初，由于与主流的"市场有效性"观点相左，加之当时国际金融市场资本流动规模较小，因而没有得到理论界的足够重视，在实践领域也没有取得明显进展。此后，历次经济危机的爆发成为推动托宾税研究不断深入的重要力量，而发展中国家，如智利、泰国、马来西亚等则较早探索实施了不同形式的托宾税。例如，智利实施了针对特定类型资本流入的无息准备金制度（Unremunerated Reserve Requirement，URR）；马来西亚在1997年东南亚金融危机爆发后进行了一段时期的资本管制，后调整为更具市场化特征的资本流出税。

2008年全球金融危机爆发后，对托宾税的关注再一次增多。法国等部分发达经济体表达了支持托宾税的立场，例如，2011年，德、法两国提议在欧盟国家率先征收托宾税，并得到意大利等国支持（樊丽明、张晓雯，2012），但这一提议遭到英国、瑞士等国强烈反对。

第二节 研究进展

托宾税自出现之日起一直伴随着各种激烈争论,学术界围绕托宾税是否可行从多个视角进行了探讨,既有理论层面的论争,也有基于实践的分析,对托宾税的研究也主要沿着这两大方面展开,主要包括托宾税与经济运行效率之间的关系、托宾税在实践中的效果以及托宾税的具体制度设计等。

一方面,托宾税具有的抑制跨国投机活动、缓解资本跨境流动波动、维护汇率稳定的基本作用得到众多学者认可(冯菊平,2002;樊丽明、张晓雯,2012;田晓琳,2014;Jeanne,1996;Tornell,1999),除此之外,托宾税的作用还体现在其他方面,如在一定程度上减少税收的扭曲效应(冯菊平,2002),缓和政府在面对"三元悖论"时的政策难题,增强一国货币政策操作的独立性(冯菊平,2002;田晓琳,2014),增加政府财政收入(田晓琳,2014)等。还有学者认为托宾税具有国际转移支付特征,税源主要来自发达国家和地区,分配则主要流向发展中国家和地区,因而有助于改进世界范围内的纵向公平(梅新育,2002)。

对于托宾税缓解市场波动、提升市场效率的具体机制,Tornell(1999)研究表明,对资本跨境流动征税可以降低短期利率的波动性以及由此引起的不确定性,从而减少投资者短期行为,但合理的托宾税应该随时间变动而适时调整税率。Palley(1999)借助包含投资者和投机者风险中立因素的模型,研究发现投机者提高了投资者的交易成本,降低了市场效率,而托宾税则可以减少市场中的投机行为,提升市场的整体效率。郑辉(2000)基于 Obstfeld 模型研究了信息不对称条件下托宾税缓解资本跨境流动冲击的作用,认为在控制自实现型的投机攻击上,直接和间接的资本控制均能够产生效果,但间接资本控制的成本相对直接资本控制较低,从这个角度来看,托宾税可以较好地阻止信息不对称型投机资本的冲击。Ehrenstein 等(2005)研究发现,托宾税能够提高市场效率、减少外汇市场波动的原因在于其能够降低市场价格与真实价值之间的偏差,这一观点也得到了 Bianconia 等(2009)学者的赞同;Bloomfield 等(2009)则认为交易成本是降低短期资本跨境进行投机活动的重要因素之一，在显著减少投机交易的同时并不会降低市场效率水平。

另一方面，也有学者对托宾税的可行性持保留态度。Dooley（1996）认为，托宾税增加了交易成本，使投资者更倾向于锁定金融资产而较少进行交易，既降低了金融市场的效率，也影响了经济整体的效率。陈康（1998）提出，托宾税的实施面临四个障碍：一是如何建立税基，二是如何识别应税交易，三是如何确定税率，四是如何避免出现税收规避。此外，托宾税的实施至少还建立在三个假设基础之上：一是投机性交易加剧汇率波动因而破坏金融市场的稳定；二是国际社会能够达成共识，有关国家政府愿意按照统一规则实施托宾税；三是有一个超国家的国际性机构或组织专门负责此税的形成监管及收入分配工作，这一观点得到有关学者认同（黄昊、王春红，2001）。钟伟（2001）表达了类似观点，认为国际金融体系的稳定性并不会因为有了托宾税而增强，与之相反，由于托宾税在一定程度上割裂了国际金融市场的整体性，资本流动反而可能对各国金融体系造成更大冲击。

实践中，智利、泰国、马来西亚等发展中国家曾推行过不同形式的托宾税，一个共同之处是托宾税改变了资本跨境流动的期限结构，短期资本跨境流动规模明显下降，而长期资本流动规模变化不大甚至有所上升（王玉、陈柳钦，2011；田晓琳，2014），总体上提高了金融体系的稳定性，但不可否认的是，上述形式的托宾税在实施过程中均出现了一些不足之处，如智利实施无息准备金制度后出现了较多的规避管制的现象等。对于托宾税未来的发展，樊丽明和张晓雯（2012）认为，鉴于目前存在的困难，短期在全球范围内推广托宾税的可能性很小，但长远来看，托宾税的全球征收或许将成为一种趋势。冯菊平（2002）在 Spahn 提出的两级托宾税的基础上提出了一个改进的两级托宾税设计模型，尹音频、张友树（2012）则进一步提出了实施全球双层金融交易税的制度构想。

对于在我国实施托宾税，冯菊平（2002）提出可以对个别项目的管理考虑采用托宾税，以完善现行外债利息税为突破口，调控外债规模和结构。田晓琳（2014）认为当前阶段我国不宜采取全口径征收，可以先从机构类外债开始征收，再逐步扩展到私人部门外债。

透过托宾税研究文献不难发现，传统观点将托宾税视为抑制跨国投机、减缓资本波动、维护汇率稳定的工具，智利等国家的实践也体现了上述工具特性，但托宾税的实施往往缺乏持续性，智利、泰国、马来西亚均只实施了一段时间的托宾税。原因在于，首先，托宾税作为一个新税种，本身尚存在不完善之处，如税基的建立、税率的设定等存在不确定性，这需要在发展中逐步加以完善；其次，托宾税的实施需要相关配套政策，如货币政策和财政政策的配合，发展中国家还需要推进金融等领域改革，相关配套政策不到位制约了托宾税的实施效果；最后，由于托宾税被视为一项应对危机的工具，因而在经济出现异常波动或经济下行阶段为部分国家所采纳，而当经济步入正常轨道或上行通道时则淡化托宾税的作用，甚至取消托宾税。

第三节 宏观审慎管理视角下对托宾税的新认识

2008年全球金融危机爆发后，国际资本大规模频繁跨境流动使托宾税再次受到人们关注。与以往不同的是，此次金融危机使全球金融监管理念出现了较大转变，在"微观审慎"的基础上加入了"宏观审慎"的概念，并将其设定为金融监管目标之一。在这一大背景下，托宾税作为调控资本跨境流动的重要工具，需要从宏观审慎的视角进行新的认识。

一、对资本跨境流动进行宏观审慎管理的背景

传统观点认为，如果所有金融机构具有稳健性，则整个金融系统也具有稳健性，因而金融监管的重点是加强对微观层面金融机构的监管，通过相关约束指标确保金融机构的风险处于可控范围。2008年爆发的金融危机颠覆了这一观点，在金融机构微观稳健的情况下仍然会产生系统性风险，即金融机构的微观稳健并不一定意味着金融系统的宏观稳健。由此，"宏观审慎"成为国内外学术界关注热点之一，旨在研究如何在金融机构稳健的同时实现金融系统的宏观稳健。

"宏观审慎"含义的发展经历了一个不断深化的过程，由最初的"宏观审慎监管"到"宏观审慎管理"，再发展为目前的"宏观审慎政策"。对于宏观审慎政策的目标，Borio（2003，2009）、Drehmann（2009）认为，宏

观审慎政策的直接目标是防范系统性金融风险，最终目标是避免金融风险波及实体经济造成严重的宏观经济损失。[①] 周小川（2011）提出，宏观审慎政策意在弥补传统货币政策工具和微观监管在防范系统风险方面的不足，根本目标是防范和管理跨行业与跨经济周期中的金融体系的风险。

2010年11月，G20领导人在首尔峰会上达成共识，要求金融稳定理事会（Financial Stability Board，FSB）、国际货币基金组织（IMF）和国际清算银行（BIS）深入研究宏观审慎政策框架，包括对缓解资本过度流动不利影响的政策工具加以研究。2011年2月举行的G20财长与央行行长峰会上，上述三家机构在提交给大会的报告中明确提出"宏观审慎政策是指以防范系统性金融风险为目标，以运用审慎工具为手段，且以必要的治理架构为支撑的相关政策"（FSB、IMF、BIS，2011a）。具体而言，宏观审慎政策以解决两类系统性风险为目标：一是随时间演化而来的系统性风险，二是特定时点上因金融机构间业务往来而形成的具有网络传导效应的系统性风险，前者重点关注金融机构的顺周期性，即金融机构对经济周期的放大作用，后者则重点关注系统重要性金融机构的风险暴露。

在宏观审慎政策框架下，部分国家和组织对资本跨境流动管理的态度出现转变，一直持有鼓励资本自由流动立场的IMF也在金融危机的影响下重新审视资本管制的作用。2012年底，IMF出台了《资本流动自由化与管理：基金组织机构观点》的报告，对资本项目开放和资本自由流动的传统观点做了重大调整，并提出了管理资本流动的政策框架（Capital Flow Management Measures，CFMs），认为各国首先应实施结构改革和审慎管理政策，资本管制则是"最后防线"（李超，2013）。

二、托宾税作为宏观审慎框架下管理资本跨境流动工具的适用性

通常认为，对自由流动的资本进行管制会产生市场扭曲，降低资源配置效率，而从稳定的角度看，对资本跨境流动进行适当的管理有助于促进经济的整体稳定，但这并不意味着为了追求宏观经济的稳定而过多地以牺牲经济效率为代价。宏观审慎管理的一个优先考量是以尽可能小的效率损

[①] 这一观点为FSB、IMF和BIS提交的报告所采用。

失换取尽可能大的经济稳定,所采用的管理工具以价格工具为主,因而是一种间接的管理方式。类似地,对资本跨境流动进行宏观审慎管理仍然体现效率优先原则,仍然以发挥市场机制的作用为主,用价格的间接工具调节资本的跨境流动。从这个角度看,托宾税作为一种调节资本跨境流动的价格工具,与宏观审慎管理具有内在的逻辑一致性。

从另一个角度来看,宏观审慎管理的一个重要方面是加强宏观审慎政策的国际协调。通过与他国金融监管部门以及相关国际组织的沟通与协调,及时了解市场运行态势,消除各国金融监管中的信息不对称,提高监管的有效性。资本流动领域,在全球金融市场一体化程度不断提升的背景下,资本大规模频繁跨境流动的同时也伴随着风险的跨国转移,资本跨境流动产生的风险已经成为金融体系风险的重要来源,相应地,对跨境资本流动的宏观审慎监管也成为整个宏观审慎监管框架的重要组成部分。

托宾教授1978年建议根据交易规模对即期外汇交易征收1%的全球统一的交易税,这一建议本身蕴含各国需要进行税收协调与合作的含义,各国在协调与磋商的基础上达成一致意见是开征全球统一交易税的前提。由于各国在发展水平、制度设计等方面存在巨大差异,在目前阶段达成全球统一的金融交易税难度极高,从实践来看,智利等国家在实施托宾税过程中均出现了一定程度的税收规避现象。

加强基于宏观审慎管理框架的托宾税的跨国协商,一方面有助于加强各国在调控资本跨境流动方面的合作,减少跨境税收规避空间,另一方面有助于促进各国宏观审慎政策框架的协调与完善,提升跨国宏观审慎管理水平。

三、宏观审慎管理下托宾税的职能延伸

与传统监管方式不同的是,宏观审慎管理重点在关注和防范系统性风险,托宾税调节资本跨境流动的方式相应地也需要转变。

(一) 加强对资本跨境流动的逆周期调节

宏观审慎管理的重点内容之一是关注和防范时间维度的金融机构的顺周期性,其中,跨境资本的周期性流动是金融机构顺周期性的原因之一。当一国经济处于扩张阶段时通常伴随着外部资金的持续流入,经金融机构信贷投放渠道加速经济扩张,反之,当经济处于调整和收缩阶段时则通常

伴随资金的流出，在降低金融机构资金贷放能力的同时加快经济调整速度。因此，降低跨境资本流动的周期性波动有助于缓解金融机构的顺周期性。

理论上，托宾税的实施不受经济运行态势的制约，即在经济周期的各个阶段托宾税均可以发挥调节资本跨境流动的作用。学术界也提出"两级托宾税"的设想，用以分别调节经济正常状态和异常状态下的资本跨境流动。然而在相关国家的实践中，托宾税更多地在资本流动出现异常状况时加以采用，即托宾税的实施更多地具有阶段性而非持续性。

在全球金融市场一体化程度日益加深和宏观审慎管理的大背景下，需要进一步增强托宾税逆周期经济调节资本跨境流动的职能，使托宾税由以应对资本异常流动为主转变为常态化的调节资本跨境流动的工具。当经济处于扩张（调整）阶段时，通过托宾税提高资本流入（流出）成本以减少资本的跨境流动规模，而当资本出现异常流动时则可以通过较大幅度提高托宾税率加以应对。

（二）加强对经由系统重要性金融机构的跨境资本流动的调节

IMF、FSB 和 BIS 将系统重要性金融机构（Systemically Important Financial Institutions，SIFIs）定义为：在金融市场中承担了关键功能，其倒闭可能给金融体系造成损害并对实体经济产生严重负面影响的金融机构。系统重要性金融机构规模大、关联度高、可替代性低，具有强大的外部溢出效应和网络传导效应，能在短期内将风险扩散至整个金融系统，一旦出现风险可能导致国家、地区甚至全球经济的不稳定，因此系统重要性金融机构也被视为"大而不能倒"（too-big-to-fail）的机构（Bernanke，2009）。根据影响范围不同，系统重要性金融机构又可进一步划分为全球系统重要性金融机构（G - SIFIs）和国内系统重要性金融机构（D - SIFIs）。

从资本流动的角度看，一国国内系统重要性金融机构通常是连接国内外金融市场的重要节点，与国内外金融市场和金融机构具有广泛的业务往来，相应地，经由系统重要性金融机构的资本跨境流动规模也较大。因此，放缓经由系统重要性金融机构渠道的资本流动一定程度上有助于从整体上放缓资本流动速度。

理论研究提出托宾税应主要以金融交易为基础，提倡对所有基于金融交易的流动资本征税；实践领域，智利的无息准备金制度主要针对特定类型的资本流入，马来西亚实施的托宾税主要针对非居民证券投资及所获利润，泰国的托宾税虽然对与银行有关的短期和长期头寸分别加以限制，但并未特别区分系统重要性银行。

加强托宾税对经由系统重要性金融机构的跨境资本流动的调节，需要对系统重要性金融机构和非系统重要性金融机构的业务进行区分，以系统重要性金融机构独有的业务领域为切入点，对经由系统重要性金融机构的跨境资本流动进行调节，同时以金融交易为基础实施托宾税。需要指出的是，托宾税对基于金融交易的跨境资本流动的调节与对经由系统重要性金融机构的资金流动的调节并不矛盾，前者是托宾税产生的基础，后者则是基于前者的调整，对经由系统重要性金融机构的资本流动的调节最终要落到金融交易的层面。

第四节　宏观审慎管理下我国实施托宾税的政策建议

2008年全球金融危机以来，我国也经历了较大规模的资本跨境流动，给人民币汇率带来了一定压力。随着我国不断扩大人民币资本项目可兑换，资本跨境流动的影响将进一步显现，加之长期以来我国以数量管制为主的跨境资本调节方式效果逐步降低、全球范围宏观审慎监管大趋势日益确立，未来，基于宏观审慎管理背景的、建立以价格调节为主要工具的间接调控方式将成为我国调控跨境资本流动的主要方式，其中，加强托宾税的作用是实现上述间接调控方式的主要途径。

一、加强对短期跨境资本流动的全过程监测

资本监测是对资本流动进行调节的基础。加强和改善对跨境资本期限结构、流经渠道、流经机构和流入领域的监测有助于提高跨境资本流动的监管效果。宏观审慎管理框架下，运用托宾税调节跨境资本流动需要加强对资本流动的全过程监测，全面掌握跨境资金流动链条上每一个环节资金的期限、规模等情况。

一是加强对流动资本期限结构的监测。不同期限的资本对经济的影响

存在差异。短期资本由于流动性强、流动方向易变，具有较强的投机性，也更容易对经济稳定造成冲击，长期资本因停留时间较长，对经济的影响也通常在一个较长的时期内逐步显现。二是加强对资本流经渠道的监测。国际收支平衡表（BOP）包括经常账户、资本与金融账户、储备账户以及净误差与遗漏账户四类项目，资本跨境流动情况通常会在国际收支平衡表中得到反映。不同渠道的跨境资本流动表现不同。一般地，经常账户下的资本跨境流动伴随有相应的货物流动，与实体经济联系较为紧密；资本与金融账户下资本的跨境流动则更多体现为资金在虚拟经济领域的流动。三是加强对资本流经机构的监测。金融机构是资本流动的中介，不同期限、不同目标的资金会流经不同的金融机构。系统重要性金融机构由于跨境业务量相对较大、技术实力较为雄厚，因而经由系统重要性金融机构途径的跨境资本流动规模也较大。四是加强对资本流入领域的监测。资本流入不同领域会对经济产生不同影响。例如，大量资本流入房地产和股票市场会推高资产价格导致资产价格泡沫。

二、逐步实施以均衡汇率水平为基础的两级托宾税

通常，一国汇率水平会随着经济周期的变化而同向变化，即经济扩张阶段汇率水平也相应上升，经济调整阶段汇率水平相应下降。Spahn（1996）提出的两级托宾税构想以目标汇率为基础，当名义汇率在可容许的高、低汇率区间波动时征收较低税率的普通托宾税，而当名义汇率超出正常汇率区间时则征收具有惩罚性的高税率的托宾税。当前阶段，由于我国仍然存在一定程度的汇率管制，因而可采用Spahn提出的以目标汇率为基础的两级托宾税，随着我国市场化汇率形成机制逐步完善，可逐步转为实施以均衡汇率水平为基础的两级托宾税。经济扩张阶段相应提高针对资本流入的托宾税税率，经济调整阶段提高针对资本流出的托宾税税率，并在名义汇率超出均衡汇率一定范围后征收惩罚性托宾税。

三、加强托宾税对以银行为主体的系统重要性金融机构跨境资金的调节

在我国，银行是金融体系的主体，而大型商业银行又是银行体系的

主体，对金融体系而言具有系统重要性影响。托宾税调节经由大型银行途径的跨境资本流动可以根据银行规模采取差异化调控，对系统重要性银行可以根据需要同时采用价格型和数量型调控方式，如在实施无息准备金制度的同时采取严格的外汇资产、负债头寸的限额管理；对非系统重要性金融机构而言，可以采用标准相对较低的单一的数量型或价格型调节方式。

四、加强托宾税的国际合作

国际协调与合作是发挥托宾税作用的一个重要方面。虽然全球金融市场一体化程度不断提高，但要达成一个为世界各国所接受的统一的托宾税税率目前难以实现。因此，可以采取稳步推进的方式逐步扩大我国与其他国家和地区在这一议题上的磋商。在托宾税实施初期，可以从与我国经济关系密切的部分国家和地区入手，加强双边和多边协商，推动托宾税率先落地，并随着条件的逐步成熟不断扩大合作的国家范围。例如，可以借助中日韩自由贸易区建设的契机，尝试在中日韩三国间率先推出托宾税，待时机成熟后将托宾税进一步推广至中国与东盟国家之间，甚至更大的范围。

五、加强部门间协调与合作，完善配套政策措施

托宾税的实施是一项系统性工程，跨境资本流动的监测、托宾税税基的确定、税率的计算、税收的征缴、资金的管理等一系列工作除涉及金融部门（"一行三会"，包括国家外汇管理局）外，还涉及财政、税务、海关等相关部门，需要加强各相关部门间的协调与合作，消除托宾税实施中的体制机制障碍，出台相应的财政、货币政策加以配合。

第八章 美联储新一轮紧缩性货币政策下我国短期跨境资本流动及应对

2008年全球金融危机爆发后，美联储先后实施三轮量化宽松政策（Quantitative Easing，QE）以应对市场流动性的急剧下降。受此影响，欧元区、日本等发达经济体也相继实施了宽松性货币政策，特别是欧元区爆发欧债危机后，欧洲央行扩大了宽松性货币政策力度。发达经济体宽松货币政策为国际市场提供了大量流动性，加之新兴经济体和发展中国家经济增速相对较高，跨境资本大量流向新兴经济体和发展中国家。随着美国逐步走出金融危机"泥潭"，经济增长稳步向好，美联储开始逐步退出宽松货币政策，回归货币政策正常化。美联储加息、美元指数上升、美国股市走强给近期国际金融市场带来新的动荡，特别是部分新兴经济体货币汇率出现大幅波动。预计国际金融市场动荡将持续一段时间，由此产生的溢出效应将影响我国金融市场稳定。在这一背景下，我国应积极应对短期跨境资本流动，维护金融体系稳定。

第一节 美联储紧缩性货币政策及影响的历史回顾

"二战"结束后，美国进一步巩固了其世界第一经济强国的地位。伴随着经济全球化程度不断提高，美联储货币政策也日益具有广泛的溢出效应，其政策在紧缩与宽松之间的转换往往成为世界经济波动的"第一驱动力"，特别是美联储货币政策由宽松向紧缩的转换导致国际金融市场

第八章 美联储新一轮紧缩性货币政策下我国短期跨境资本流动及应对

的动荡,并对新兴经济体和发展中国家产生冲击,其中,加息是美联储实施紧缩性货币政策的常用工具。

一、防范和缓解通货膨胀压力是美联储加息的基本政策出发点

图 8-1 显示了 1954 年以来美国联邦基金利率、联邦基金目标利率以及 10 年期国债收益率的走势情况,可以看出这三者之间的波动呈现一定的一致性。1954 年以来,越来越美国联邦基金利率出现了 11 次上升,其中 20 世纪 70 年代末 80 年代初期联邦基金利率上升幅度最大,从 4.5% 左右上升至超过 21% 的水平。虽然近期美国联邦基金利率、联邦基金目标利率以及 10 年期国债收益率呈现上升势头,但从长期的历史发展脉络来看,上述三项指标仍处于相对较低水平,且美联储对联邦基金目标利率调整的节奏也较为平稳,没有快速上升。

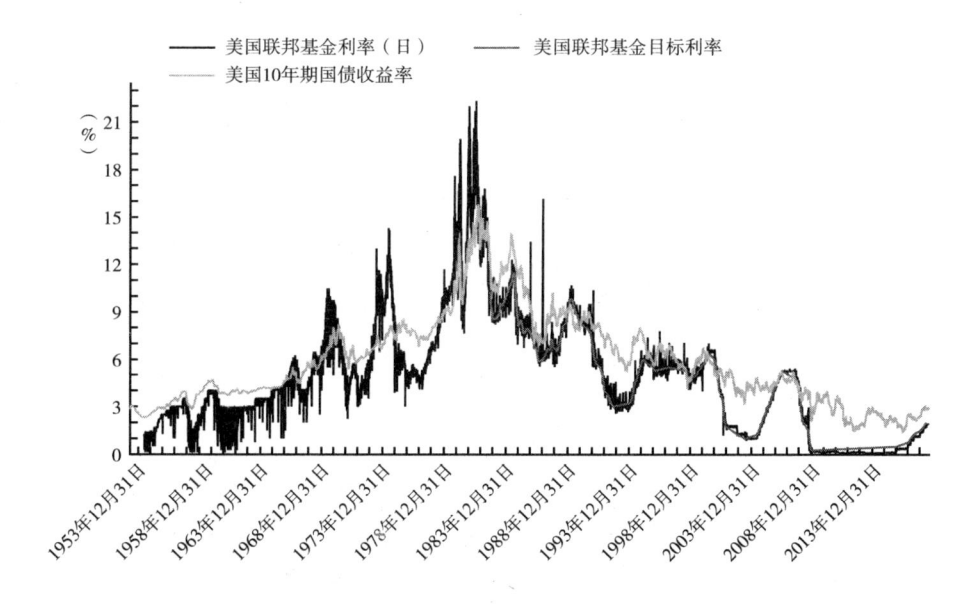

图 8-1　1954 年以来美国联邦基金利率、联邦基金目标利率及 10 年期国债收益率情况

已有研究对 1983 年至 2006 年美联储历次加息及其对全球金融市场的影响进行了总结(见表 8-1)。可以看出,在美联储历次加息期间,全球

黄金市场以及新兴经济体金融市场均出现一定程度的波动，表明美联储货币政策对新兴经济体而言存在溢出效应。

表 8-1　1983—2006 年美联储加息对全球金融市场的影响

时间	基准利率变动情况	加息背景	黄金价格表现	美国资本市场表现	新兴经济体市场表现
1983 年 3 月至 1984 年 8 月	从 8.5% 上调至 11.5%	里根政府减税助推经济复苏，1981 年通胀攀升至 13.5%	黄金价格下跌 15%	美国 10 年期国债收益率上涨 25%，股市上涨 10%	—
1988 年 3 月至 1989 年 5 月	从 6.5% 上调至 9.75%	1987 年股灾导致美联储紧急降息救市，1988 年起通胀上扬，第一季度核心通胀率上升至 4.7%，美联储开始加息应对	黄金价格下跌 16%	美国 10 年期国债收益率上涨 5%，股市上涨 20%	—
1994 年 2 月至 1995 年 2 月	从 3.25% 上调至 6%	20 世纪 90 年代初期经济衰退后，美联储削减利率至 3%，到 1994 年经济重新复苏，为控制通胀，美联储开始加息	黄金价格下跌 3%	美国 10 年期国债收益率上涨 28%，股市涨幅微弱	巴西和中国股市下跌逾 33%
1999 年 6 月至 2000 年 5 月	从 4.75% 上调至 6.5%	美联储降息应对亚洲金融危机后，互联网热潮不断出现泡沫，经济出现过热倾向，美联储再次收紧货币	黄金价格上涨 5%	美国 10 年期国债收益率上涨 11%，股市上涨 2%	新兴市场国家股市全面上涨，巴西圣保罗 Ibovespa 指数上涨 29%，中国上证综指上涨 12%，俄罗斯股市上涨 51%，印度股市上涨 14%
2004 年 6 月至 2006 年 7 月	从 1% 上调至 5.25%	经济强劲复苏拉动通胀，同时房市泡沫催生，美联储加息收紧货币政策	黄金价格上涨 7%	美国 10 年期国债收益率下跌 10%，股市上涨 7%。这段时间债市未有下跌，主要原因是以中国、日本为代表的各国货币当局购买了大量美元债券，降低了美国长期债券利率	新兴市场国家股市多数上涨。巴西圣保罗 Ibovespa 指数上涨 18%，中国上证综指下跌 23%，俄罗斯股市上涨 2%，印度股市上涨 53%

注：转引自 http://www.sohu.com/a/112755299_460449，与原表格有差异。

美联储以加息方式实施紧缩性货币政策的一个基本原因是防范和缓解通货膨胀较高的压力（奚祥英，2000；何帆，2004；于海莲、谭雅玲，2005）。20世纪80年代初期美国高达两位数的通货膨胀成为经济平稳运行的巨大隐患，时任美联储主席沃尔克为降低通胀而采取的强力紧缩性政策导致经济增速下降并带来高失业率。此后，通胀水平变化成为美联储关注的重点领域之一，通胀率也成为美联储货币政策的一个核心指标。在表8-1所考察的5个历史时期，美国消费者价格水平（CPI）和核心CPI同比增速均出现不同程度上升（见表8-2）。

表 8-2 1978—2017 年美国物价变化情况

单位：%

年份	CPI	核心CPI	年份	CPI	核心CPI
1978	7.6	7.4	1998	1.6	2.3
1979	11.3	9.8	1999	2.2	2.1
1980	13.5	12.4	2000	3.4	2.4
1981	10.3	10.4	2001	2.8	2.6
1982	6.2	7.4	2002	1.6	2.4
1983	3.2	4.0	2003	2.3	1.4
1984	4.3	5.0	2004	2.7	1.8
1985	3.6	4.3	2005	3.4	2.2
1986	1.9	4.0	2006	3.2	2.5
1987	3.6	4.1	2007	2.8	2.3
1988	4.1	4.4	2008	3.8	2.3
1989	4.8	4.5	2009	-0.4	1.7
1990	5.4	5.0	2010	1.6	1.0
1991	4.2	4.9	2011	3.2	1.7
1992	3.0	3.7	2012	2.1	2.1
1993	3.0	3.3	2013	1.5	1.8
1994	2.6	2.8	2014	1.6	1.7
1995	2.8	3.0	2015	0.1	1.8
1996	3.0	2.7	2016	1.3	2.2
1997	2.3	2.4	2017	2.1	1.8

资料来源：Wind 数据库，均为同比增速。

二、美联储加息一定程度上成为全球跨境资本大规模流动的"导火索"

全球范围的跨境资本流动受到多种因素影响。大多数学者倾向于认为,在世界金融一体化日益加深的背景下,美联储加息往往会引起全球跨境资本的大规模流动。

贺力平(1999)认为美联储加息对全球跨境资本流动的影响较为复杂,资金流向不仅会受到当前各国利率差异的影响,也会受到预期利差的影响。如果美联储加息不影响美国经济增长态势,将有助于吸引国际资本流入美国(包括国际短期性和长期性私人投资资金及其他国家的外汇储备资金),反之,即使美联储加息也难以吸引外部资金流入美国。加息改变了美国市场的利率水平,将使美国与部分国家之间出现息差,从而引起短期跨境资本流动的增加。钟伟(2005)基于美联储 2004 年开始的加息周期的影响,赞同美联储加息会导致全球资本流动增加的观点,但他认为美联储加息的真实用意在于引导国际资本向美国回流,维持美元汇率的有序调整,为国内经济结构调整留出时间。

曹永福、匡可可(2016)基于美国国民经济研究局(MBER)对 20 世纪 80 年代至 2006 年美国所经历的 3 次经济周期的研究,[①] 分析了美联储加息对全球跨境资本流动的影响,得出以下结论。

(1) 1980—1982 年美联储加息是资本流出拉美国家的原因。美联储加息一方面导致大型银行机构信贷收缩,从而影响拉美国家资本流入,另一方面加重拉美国家还本付息负担,导致拉美出现债务危机并加剧资本外逃。因此,这一时期美联储加息与拉美国家资本流出之间存在直接因果关系。与此同时,亚洲新兴经济体资本流入则相对稳定,主要以中长期外国直接投资为主,对美联储加息不敏感,没有出现大规模资本流出。

(2) 1994—1995 年美联储加息与新兴经济体跨境资本流动之间因果关系不明显。美联储加息使这一时期拉美新兴经济体出现暂时的资本流入放缓,资本流入规模从 1158 亿美元下跌至 643 亿美元,但 1996 年资本流

[①] 美国国民经济研究局认为,1980 年至 2006 年,与美国经历的 3 次经济周期相对应的是 3 轮加息,加息时段分别为 1981—1982 年、1994—1995 年和 2004—2006 年。

入规模即恢复到之前水平，同时，这一时期美联储连续加息没有改变资本持续流入亚洲新兴经济体的趋势。因而这一时期新兴经济体跨境资本流动是内外部因素共同作用的结果。

（3）2004—2006年美联储加息没有导致拉美和亚洲国家资本外逃。这一时期美联储连续17次小幅加息，但流入拉美国家和亚洲国家资本的年均增速分别达到57.0%和45.6%，原因在于新兴经济体稳健的经济增长对资本的吸引力抵消了美联储加息的影响。

从上面的分析可以看出，美联储加息能否引起新兴经济体跨境资本大规模流动受到内外部多种因素影响，但通常能够对短期跨境资本流动产生一定的推动作用，中长期跨境资本流动主要受新兴经济体自身发展的影响。

三、美联储加息可能导致世界经济出现经济动荡

美联储加息对世界经济存在着广泛的冲击，会通过改变市场对世界大宗商品价格走势的预期导致大宗商品价格波动（Wang等，2013），会对新兴经济体产生冲击，如对新兴经济体的利率和汇率产生直接和强烈的影响（Mackowiak，2007），对拉美国家存在相对较快的传导效应（Edwards，2010），对绝大多数新兴经济体主权基金收益率影响显著（Bowman等，2015）等。

通过回顾历史，学者们发现美联储几乎每次加息均伴随着经济危机的爆发，如拉美债务危机、亚洲金融危机以及2008年由次贷危机引发的全球金融危机等。周睿（2016）借助全球向量自回归模型（Global VAR，GVAR），以主要发达经济体和新兴经济体作为世界经济代表，模拟了美元短期利率增加1单位对上述国家相关经济指标的影响。研究发现，美联储加息会导致实际GDP增加、汇率贬值、债券融资成本上升、通货膨胀率降低以及大宗商品价格下降。

第二节　美联储紧缩性货币政策引起当前国际金融市场大幅动荡

超宽松政策在美国应对次贷危机的冲击中发挥了重要作用，随着美国

经济走出困境并稳步向好,美联储开启了货币政策正常化。2015年12月,美联储宣布将联邦基金目标利率区间上调25个基点到0.25%—0.5%的水平,标志着美联储正式开启新一轮加息周期,也预示美联储货币政策进入新一轮紧缩通道,这也是2006年6月后美联储第一次加息。除此之外,自2017年6月中旬宣布将于2017年底启动缩减资产负债表后,美联储按照既定计划于2017年10月正式开始缩表。加息与缩表同时进行,标志着美联储紧缩性货币政策趋势进一步确立,并引起当前国际金融市场出现大幅动荡。

一、美联储加息与缩表的进展及未来发展趋势

(一)美联储加息的进展及未来发展趋势

自2015年12月宣布加息以来,美联储至今已累计加息7次,联邦基金目标利率区间提升至目前的1.75%—2.00%(见表8-3)。未来一段时期,预计美联储加息仍将延续。市场观点认为2018年美联储将加息4次,2019年将继续加息3次。

表8-3 2015年12月以来美联储加息情况

加息时间	加息幅度	加息后区间值
2015年12月	25个基点	0.25%—0.5%
2016年12月	25个基点	0.5%—0.75%
2017年3月	25个基点	0.75%—1.00%
2017年6月	25个基点	1.00%—1.25%
2017年12月	25个基点	1.25%—1.50%
2018年3月	25个基点	1.50%—1.75%
2018年6月	25个基点	1.75%—2.00%

资料来源:根据公开资料整理。

美联储稳步加息的背后是美国经济增长动力不断增强,向好态势确立并将得到延续,且主要相关经济指标表现良好。一是美国国内生产总值增速稳步提升,2016年第一季度至2018年第二季度,美国不变价GDP同比增速稳步提高,分别为1.56%、1.30%、1.54%、1.88%、1.94%、2.11%、2.34%、2.47%、2.58%和2.89%。二是物价水平稳中有升,

2016年和2017年美国消费者物价指数（CPI）同比分别增长1.30%和2.10%，2018年1—7月，月度CPI同比增速分别为2.10%、2.20%、2.40%、2.50%、2.80%、2.90%和2.90%，也呈现稳步上升趋势。物价水平稳步上升也从一个侧面表明美国经济活力在不断增强。三是失业率稳中有降，2018年1—7月，美国经调整月度失业率分别为4.10%、4.10%、4.10%、3.90%、3.80%、4.00%和3.90%，处于历史较低水平，相对于国际金融危机爆发后2009年10月10%的最高失业率水平有显著下降。四是工业生产和产能利用率稳步提高，2016年第四季度至2018年第二季度，美国全部工业的季度生产指数分别为101.91、102.21、103.18、104.38、105.05、105.82和107.13。[①]

表8-4列出了2006年6月以来美国部分经济指标的运行数据，这些数据也从不同角度反映出美国经济运行所处的稳健状态。

表8-4　2016年6月至2018年6月美国部分经济运行指数

时间	CEO经济展望指数（季度）	中小企业乐观指数（月度）	制造业PMI（月度）	消费者信心指数（月度）	投资信息指数（月度）	ECRI同步指标（月度）	联储全国活动指数（月度）
2016年6月	73.50	94.50	53.20	93.50	17.00	171.51	0.10
2016年7月	—	94.60	52.60	90.00	14.30	172.08	0.10
2016年8月	—	94.40	49.40	89.80	17.60	172.21	-0.37
2016年9月	69.60	94.10	51.50	91.20	16.50	172.43	-0.11
2016年10月	—	94.90	51.90	87.20	17.80	173.86	-0.10
2016年11月	—	98.40	53.20	93.80	19.60	173.18	-0.18
2016年12月	74.20	105.80	54.50	98.20	35.00	173.76	0.52
2017年1月	—	105.90	56.00	98.50	36.30	173.99	-0.13
2017年2月	—	105.30	57.70	96.30	31.00	174.25	-0.09
2017年3月	93.30	104.70	57.20	96.90	33.60	174.85	0.04
2017年4月	—	104.50	54.80	97.00	26.70	175.32	0.49
2017年5月	—	104.50	54.90	97.10	20.40	175.81	-0.17
2017年6月	93.90	103.60	57.80	95.00	16.50	175.87	0.12
2017年7月	—	105.20	56.30	93.40	14.80	176.49	-0.18
2017年8月	—	105.30	58.80	96.80	14.10	176.56	-0.08

---

① 数据来自Wind数据库。

续表

时间	CEO经济展望指数（季度）	中小企业乐观指数（月度）	制造业PMI（月度）	消费者信心指数（月度）	投资信息指数（月度）	ECRI同步指标（月度）	联储全国活动指数（月度）
2017年9月	94.5	103.00	60.80	95.10	17.10	177.00	0.18
2017年10月	—	103.80	58.70	100.70	22.30	177.95	0.84
2017年11月	—	107.50	58.20	98.50	27.50	178.25	0.35
2017年12月	96.8	104.90	59.30	95.90	26.50	178.59	0.18
2018年1月	—	106.90	59.10	95.70	32.80	178.63	-0.29
2018年2月	—	107.60	60.80	99.70	33.40	178.97	0.77
2018年3月	118.60	104.70	59.30	101.40	26.60	179.48	0.26
2018年4月	—	104.80	57.30	98.80	19.80	180.38	0.57
2018年5月	—	107.80	58.70	98.00	22.10	180.64	-0.46
2018年6月	111.10	107.20	60.20	98.20	20.30	180.81	0.48

注：制造业PMI为美国供应管理协会数据，消费者信心指数为密歇根大学数据，投资信息指数为Sentix数据，联储全国活动指数为芝加哥联储数据。

资料来源：Wind数据库。

未来美联储加息的节奏和力度取决于美国经济未来的运行态势。美国国会预算办公室对未来一段时期美国部分经济指标进行了预测（见表8-5）。可以看出，在未来较长的一段时期内，美国潜在名义GDP、潜在实际GDP和潜在劳动生产率将稳步攀升，而长期自然失业率和短期自然失业率则逐渐下降，如果没有出现大的内外部冲击，美国经济持续向好的发展态势将得到延续。作为经济运行主要核心指标的通货膨胀率和联邦基金利率预测数，在2018年至2020年整体上也呈现稳中有升态势，这也表明美国经济稳健运行态势仍将延续（见表8-6）。

表8-5 2018—2028年美国部分经济指标预测数据

时间	潜在实际GDP（季度，亿美元）	潜在名义GDP（季度，亿美元）	长期自然失业率（季度，%）	短期自然失业率（季度，%）	潜在劳动生产率（年度，%）
2018年12月	17672.00	20602.70	4.61	4.61	107.97
2019年3月	17763.70	20820.30	4.61	4.61	—
2019年6月	17857.70	21036.70	4.61	4.61	—
2019年9月	17953.10	21264.00	4.61	4.61	—
2019年12月	18049.20	21497.40	4.61	4.61	109.51

第八章 美联储新一轮紧缩性货币政策下我国短期跨境资本流动及应对

续表

时间	潜在实际GDP（季度,亿美元）	潜在名义GDP（季度,亿美元）	长期自然失业率（季度,%）	短期自然失业率（季度,%）	潜在劳动生产率(年度,%)
2020年3月	18144.50	21734.60	4.61	4.61	—
2020年6月	18239.30	21963.80	4.61	4.61	—
2020年9月	18334.00	22193.50	4.60	4.60	—
2020年12月	18428.30	22424.40	4.60	4.60	111.15
2021年3月	18521.80	22668.30	4.60	4.60	—
2021年6月	18615.00	22901.30	4.60	4.60	—
2021年9月	18708.00	23134.60	4.60	4.60	—
2021年12月	18800.90	23369.30	4.60	4.60	112.84
2022年3月	18893.90	23619.40	4.59	4.59	—
2022年6月	18986.80	23857.80	4.59	4.59	—
2022年9月	19079.50	24099.20	4.59	4.59	—
2022年12月	19172.10	24343.60	4.59	4.59	114.53
2023年3月	19264.40	24601.90	4.59	4.59	—
2023年6月	19356.70	24849.70	4.59	4.59	—
2023年9月	19448.80	25099.90	4.59	4.59	—
2023年12月	19540.50	25351.20	4.58	4.58	116.19
2024年3月	19631.90	25615.10	4.58	4.58	—
2024年6月	19722.70	25867.50	4.58	4.58	—
2024年9月	19813.00	26120.50	4.58	4.58	—
2024年12月	19902.70	26373.90	4.58	4.58	117.86
2025年3月	19991.60	26640.30	4.58	4.58	—
2025年6月	20079.70	26894.70	4.57	4.57	—
2025年9月	20167.30	27150.00	4.57	4.57	—
2025年12月	20254.60	27406.40	4.57	4.57	119.52
2026年3月	20341.80	27677.30	4.57	4.57	—
2026年6月	20428.70	27936.60	4.57	4.57	—
2026年9月	20515.70	28197.40	4.57	4.57	—
2026年12月	20603.10	28460.20	4.57	4.57	121.19
2027年3月	20691.20	28739.30	4.56	4.56	—
2027年6月	20780.40	29008.60	4.56	4.56	—
2027年9月	20870.30	29280.80	4.56	4.56	—
2027年12月	20960.90	29555.90	4.56	4.56	122.87
2028年3月	21052.40	29848.00	4.56	4.56	—
2028年6月	21144.60	30129.30	4.56	4.56	—
2028年9月	21237.20	30413.30	4.55	4.55	—
2028年12月	21329.90	30699.80	4.55	4.55	124.53

资料来源：Wind数据库。

表 8-6 2018—2020 年美国物价与利率水平的预测数据

单位：%

年份	PCE 通货膨胀率	核心 PCE 通货膨胀率	联邦基金利率
2018	1.90	1.90	2.10
2019	2.00	2.10	2.90
2020	2.10	2.10	3.40

资料来源：Wind 数据库。

（二）美联储缩表的进展及未来发展趋势[①]

2007 年次贷危机爆发后，为应对国内市场出现的流动性短缺，美联储实施了非常规刺激性货币政策，主要包括降息和以大规模资产购买为主要特征的三轮量化宽松（QE），后者导致美联储资产负债表大规模扩张。随着美国经济逐步趋稳并确立向好态势，平稳退出非常规货币政策势在必行。2014 年 9 月，美国联邦公开市场委员会（FOMC）发布《货币政策常态化的原则和计划》的报告，表示将根据经济复苏情况，先后采用加息和缩减资产负债表的方式回归货币政策正常化。2015 年 12 月至 2017 年 3 月，美联储先后加息三次，联邦基金利率区间从 0—0.25% 提高至 0.75%—1%。2017 年 1 月，费城联储主席哈克尔（Harker）曾表示，当美联储加息至 1% 左右时应考虑在适当时候缩减资产负债表，2 月，美联储主席耶伦也表示希望循序渐进地缩减资产负债表，3 月，FOMC 会议纪要显示多数美联储官员支持于 2017 年晚些时候采取缩表措施，这预示美联储缩表的"靴子"将要落地。鉴于美联储货币政策存在的巨大溢出效应，我国需尽早谋划，积极应对美联储缩减资产负债表可能给我国经济发展带来的影响。

1. 美联储资产负债表扩张情况

2007—2016 年，美联储总资产规模实现了大幅扩张（见图 8-2）。2007 年底美联储总资产为 9147.76 亿美元，2016 年底达到 44533.37 亿美元，占国内生产总值（GDP）的比重由 6.32% 上升至 23.98%，同期总负债规模由 8778.76 亿美元上升至 44128.95 亿美元，总权益规模由 369 亿美元提高至 404.42 亿美元。从结构来看，美联储资产负债表中资产端的

---

① 本部分一些内容已由笔者公开发表于期刊。

扩张主要集中在国债、美国政府和联邦机构支持的企业债券（包括抵押债券）两大项，两者分别增加了 25674.22 亿美元和 10660.22 亿美元；负债端的扩张主要集中在美联储未偿还票据净值（增加 6712.48 亿美元）、回购协议下出售的证券（增加 6812.25 亿美元）、储蓄机构存款（增加 17389.08 亿美元）、美国财政部一般账户存款（增加 3830.7 亿美元）和其他存款（增加 584.13 亿美元）等五大项目。

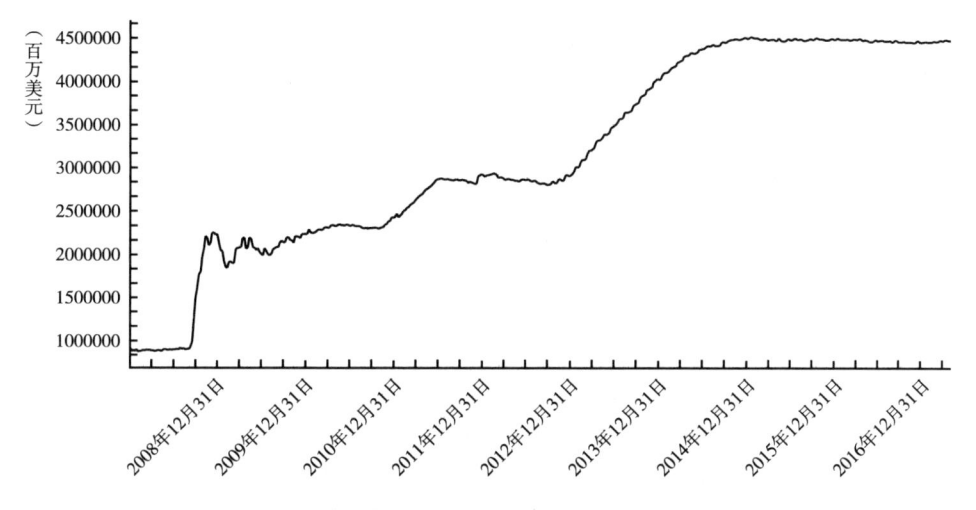

图 8-2 2007—2016 年底美联储总资产变化情况

资料来源：根据 Wind 数据库数据绘制。

美联储通过大规模扩张资产负债表的方式向市场注入大量流动性，有效地防止了经济的进一步恶化。虽然出现了雷曼兄弟破产事件，但美联储仍然较好地发挥了"最后贷款人"的作用，及时向市场提供了足够流动性，稳定了市场预期，没有出现因集中挤兑导致大范围金融机构倒闭，使美国经济没有再次滑向类似 20 世纪 20 年代末 30 年代初"大萧条"的深渊，但大量流动性的存在也给经济稳定带来了隐患。美联储货币政策的基本目标是实现物价稳定和充分就业。物价走势方面，2016 年 12 月至 2017 年 3 月，美国国内消费者价格指数（CPI）分别为 2.1%、2.5%、2.7% 和 2.4%，已达到美联储 2% 的通胀率目标；就业情况方面，2016 年初以来，美国官方月度失业率从 5% 左右的水平缓慢下降，2017 年 1—3 月，失业率分别为 4.8%、4.7% 和 4.5%，为近十年新低，已接近充分就业水平。随着美国经济发展态势继续向好,大量流动性的存在可能导致 CPI 进一步走高并偏离美联储价格调控目标区间。从这一角度来看,缩减资产负债表有助于美联储实现其基本政策目标。此外,中长期资产规模过大也增加了美联储调控短期利率的难度,导致信贷资源错配。

2. 美联储缩减资产负债表的路径选择

美联储缩减资产负债表的基本目标是回归以短期国债为主的资产结构。美国目前的经济发展态势与美联储扩张资产负债表时相比变化较大,加之存在特朗普政府政策的不确定性及世界其他国家和地区经济状况的变化等因素,美联储缩减资产负债表不会沿着"原路返回",而是会根据国内外经济形势的变化不断调整缩表的节奏与力度。

美联储缩表将采取停止到期资产再投资与主动出售中长期国债和抵押支持债券(MBS)相结合的方式。2014 年 9 月 FOMC 在关于货币政策正常化的报告中明确提出缩减资产负债表的方式,表示"未来美联储将以停止到期债券再投资的方式逐步减持债券,而不会直接抛售抵押支持债券",但这一方案的现实可行性较低,原因在于,美联储通过三轮量化宽松购买资产的时间较为集中,且所购买资产的到期日也较为集中,这意味着仅通过停止到期资产再投资方式缩减资产负债表,在未来某一时期将出现所持资产大规模集中到期,从而引发利率和汇率大幅波动。通过主动出售中长期国债和抵押支持债券,优化短期和中长期资产结构,可以有效平滑以停止到期资产再投资的方式缩减资产负债表给市场造成的冲击。预计美联储缩表初期将以停止到期资产再投资为主,通过测试这一缩表方式对市场利率和汇率等经济指标的影响程度再决定主动出售资产的节奏与规模。

美联储缩减资产负债表不会一蹴而就,整个进程预计将超过 5 年。一方面,从美联储资产负债表构成项目的期限结构来看,美联储扩表时购买的资产以中长期的国债和抵押贷款支持证券为主,短期资产比例较低。2017 年 5 月 17 日美联储发布的最新数据显示,其持有未到期国债总额为 24646.38 亿美元,其中,到期期限 1 年以内的国债规模为 2872.95 亿美元,占比仅为 11.66%,到期期限 1 年以上 5 年以内的国债规模为 11955.73 亿美元,占比 48.51%,到期期限 5 年以上的国债规模为 9817.7 亿美元,占比 39.83%,中长期资产占比较高压缩了美联储在短期内大规模缩减资产负债表的空间,增加了缩表的难度;另一方面,根据 IMF 最新预测数据，2022年美国GDP规模将达到23.76万亿美元，考虑到经济发展因素，若2022年美联储总资产规模占当年GDP比重为8%而非2007年底的6.32%，则当年底美联储总资产规模将达到约2万亿美元，这意味着未来5年美联储需要净缩减约2.5万亿美元资产，年均需净缩减约5000亿美元资产。从技术层面来讲，美联储通过停止到期资产再投资和主动出售部分资产相结合的方式可以实现这一目标，但从满足经济发展需要的角度，这一方案不具可行性，原因在于，美联储每年净缩减5000亿美元资产相当于回收等额基础货币，使其退出市场流通，这对广义货币供应量M2的影响会经货币乘数作用进一步放大。当前美国的货币乘数约为3.0，如果今后5年货币乘数保持不变，意味着今后5年美国市场上的M2总共将减少约75000亿美元，相对于2016年底13.27万亿美元规模的M2而言，货币供应量的巨幅下降将对美国经济增速、物价、利率、汇率等产生全方位重大冲击，不具有现实可行性，故美联储整个缩表时期将超过5年。

3. 美联储缩表稳步推进

在《货币政策常态化的原则和计划》报告中，美联储提出采用"上限额度"的模式进行缩表，超过上限额度的部分进行再投资。期初对国债设定的上限额度为每月60亿美元，在之后的一年内每三个月调整一次额度，直至300亿美元为止；期初对MBS和机构债设定的上限额度为每月40亿美元，同样在之后的一年内每三个月调整一次额度，直至200亿美元。

减少持有的MBS和国债规模是美联储缩减资产负债表的重要途径。从MBS来看，2017年10—12月缩减的MBS规模为32.34亿美元，2018年1—3月共缩减105.51亿美元，月平均缩减规模由10.8亿美元提高至35.2亿美元，2018年4月，MBS缩减规模进一步增加至94亿美元，较2018年3月提高近30亿美元。从国债来看，2017年10—12月，美联储共缩减持有的国债金额112亿美元，2018年1—3月共缩减293.36亿美元，月平均缩减规模从37.3亿美元提高至97.8亿美元。2018年4月和5月共减少国债规模约380亿美元，月均缩减规模进一步提高至月190亿美元。从这里可以看出，美联储缩减MBS和国债规模的力度呈现逐步增强的发展趋势。

随着持有的MBS和国债规模的逐步减少，美联储的总资产规模也在稳步降低。2017年底，美联储总资产相比2017年9月减少64.86亿美元，其中，MBS和国债共减少144.34亿美元，相差的79.48亿美元为美联储

· 129 ·

增加持有的其他资产。2018年1—4月，美联储总资产规模进一步减少752.7亿美元，至4月底，美联储总资产规模存量为4.42万亿美元，较2017年9月缩减资产负债表之前减少了817.56亿美元，而原本按照缩表计划上限，2018年4月底美联储总资产可削减至4.38万亿美元。

美联储缩减资产负债表的进程呈现两个特征：一是缩表力度逐步增大，起初MBS和国债的月度缩减规模均较小，随着时间推移月度缩减规模逐步增加。这一渐进增强的缩表方式可以让市场有一个逐步适应的过程，避免出现不必要的市场震荡，同时也为其他政策调整留下必要空间。二是缩表规模一定程度上低于计划缩减规模，这样一方面可以避免因过快减少市场上的美元而出现流动性短缺，另一方面也可以在全球经济运行潜在风险呈逐步增加的情况下，避免美联储因缩表规模过大而加剧新兴经济体金融市场动荡。

4. 美联储缩减资产负债表的影响

美联储货币政策拥有巨大的溢出效应，其缩减资产负债表将会同时对美国和欧洲、日本以及其他国家和地区的经济发展与政策实施产生影响。

美联储缩减资产负债表将直接带动美国中长期国债收益率趋势性上行。美联储缩减资产负债表的一个重要内容是减少所持有的中长期国债，这将减少市场上中长期国债存量，整体推动中长期国债收益率趋势性上行。在美国货币政策步入加息通道的大背景下，美联储回归宽松货币政策的可能性非常小，即使通过购买中长期国债进行对冲，规模也将非常有限，不会再次出现大规模资产购买，因此，美联储缩减资产负债表期间，美国中长期国债收益率在某些时刻可能会出现下行，但整体将保持趋势性上行态势。

美联储缩减资产负债表将加快部分国家和地区央行货币政策正常化步伐。除美联储外，全球主要央行在2008年全球金融危机爆发以来均实施了宽松性货币政策，导致资产负债表大规模扩张。2008年12月底至2017年3月底，欧洲央行总资产规模从2.08万亿欧元上升至4.13万亿欧元，同期日本央行总资产规模从12.28万亿日元上升至49.01万亿日元。大量流动性的存在使这些国家和地区存在不同程度的货币超发，面临内在的货币政策正常化压力。美联储缩减资产负债表将产生示范效应，加快这些国家和地区货币政策正常化步伐。以日本为例，2017年3月，日本CPI同比上升0.2%，离2%的通胀率目标还有很大差距，但日本央行行长黑田东彦 4 月 11 日在国会会议首次提及退出宽松政策,并表示提高利率和缩减资产负债表将是主要的退出方法。可见,货币政策正常化已进入日本央行视野,预计进程也将有所加快。

美联储缩表可能加剧全球资本大规模跨境流动。随着全球金融一体化程度不断提高,世界主要国家和地区货币政策大的调整往往带来跨境资本大规模流动。美联储三轮量化宽松政策的推出均曾引发跨境资本在发达国家和新兴经济体之间的大规模流动。美联储缩减资产负债表的过程同时也是货币回收过程,减少了美元供应量,将带来市场利率水平上升和美元汇率走强,吸引外部资本流入美国,进而出现新一轮大规模跨境资本流动。需要指出的是,如果金融危机爆发后初期全球跨境资本大规模流动主要以避险为目标,此次美联储缩表引发的新一轮跨境资本流动则可以视为以逐利为目标,通过缩表过程中美国与其他国家之间的利率差和汇率差进行跨国套利。

未来,预计美联储每月缩减 MBS 和国债将维持在"上限额度"的水平,超出上限额度的部分,将根据超出部分的期限结构有针对性地进行资产购买以不断优化美联储持有资产的期限结构,但新购入资产规模将低于超出限额部分规模,从而实现美联储资产负债规模的逐步下降。

二、美联储紧缩性货币政策引致当前国际金融市场出现动荡

在全球经济日渐复苏的大背景下,美联储紧缩性货币政策一定程度上引发了当前国际金融市场的动荡,特别是部分新兴经济体出现汇率和资本流动的大幅波动。

(一)世界经济整体上逐步复苏,但存在新的隐患

2008 年全球金融危机爆发至今,世界经济整体步入复苏轨道。国际货币基金组织(IMF)数据显示,2015 年至 2017 年,世界经济增速分别为 3.453%、3.234% 和 3.761%,预计 2018 年和 2019 年将进一步提高至 3.939% 和 3.943%,2020 年将小幅回落至 3.764%(见图 8-3)。2017 年全球贸易增速同比达到 4%,超过了世界经济增速,结束了此前 5 年贸易增速低于经济增速的局面。但世界经济整体在逐步复苏的态势下,仍然存在一些新的影响经济稳定发展的隐患,如近年来单边主义与保护主义政

策、国家间贸易摩擦逐步增多等，世界贸易组织（WTO）难以发挥应有的促进多边贸易发展的作用等。

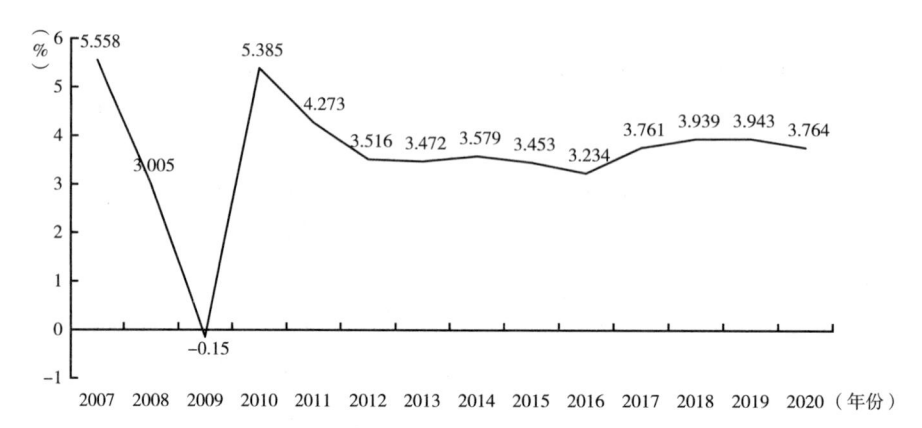

图 8-3　2007—2020 年世界经济增长情况

资料来源：国际货币基金组织（IMF）世界经济展望数据库（WEO），其中 2018—2020 年数据为预测数。

（二）国际金融市场发展出现明显分化态势

1. 美联储继续稳步加息，美元指数持续走强

2018 年以来，美联储已加息两次。美联储稳步加息的背后是美国经济进一步向好。2018 年第一季度，美国实际国内生产总值（GDP）同比增速达到 2.86%，实际 GDP 环比折年率显著高于季节性。2018 年 3 月美国工业产出指数同比增速达 3.71%，高于上年同期值 2.55 个百分点。继 2018 年 1 月后，IMF 在 2018 年 4 月更新的《世界经济展望》报告中，将美国 2018 年 GDP 增速预期上调 0.2 个百分点至 2.9%，这是 IMF 年内第二次上调美国经济增速预期，而 2018 年上半年美国 CPI 和 PPI 指数同比分别上涨 2.5% 和 3.0%，为 5 年来的新高。

美国经济不断向好的同时，美元指数也持续走强。从 2018 年初最低的约 88 上升至 2018 年 8 月的约 95 的水平（见图 8-4）。美元指数上升的原因是多方面的，主要在于以下几点。一是美国经济持续向好，核心通货膨胀率持续上升。据市场预计，未来一段时期，美国核心通货膨胀率将持续高于 2%，这有力地推动了美元指数的上升。此外，近期美国十年期国债收益率也有明显上升，从 2018 年年初的 2.4% 左右上升到 3.1% 左右。

美国长端和短端利率同时上升也是推动美元指数上升的重要因素。二是世界政治格局动荡提升了美元作为避险货币的作用，进而推动了美元指数上升。一方面，进入2018年后欧洲政治格局出现一定程度动荡，特别是意大利两党联合组阁失败，使市场担心意大利会爆发政治危机和债务危机并波及其他欧洲国家，受这一不利因素影响，2018年以来欧元兑美元汇率出现显著贬值，这反过来推动了美元指数的上升；另一方面，世界范围内地缘政治冲突加剧，美国退出伊朗核协议，市场预期中东地区爆发冲突的可能性在上升。市场风险预期增强也推动美元指数走强。

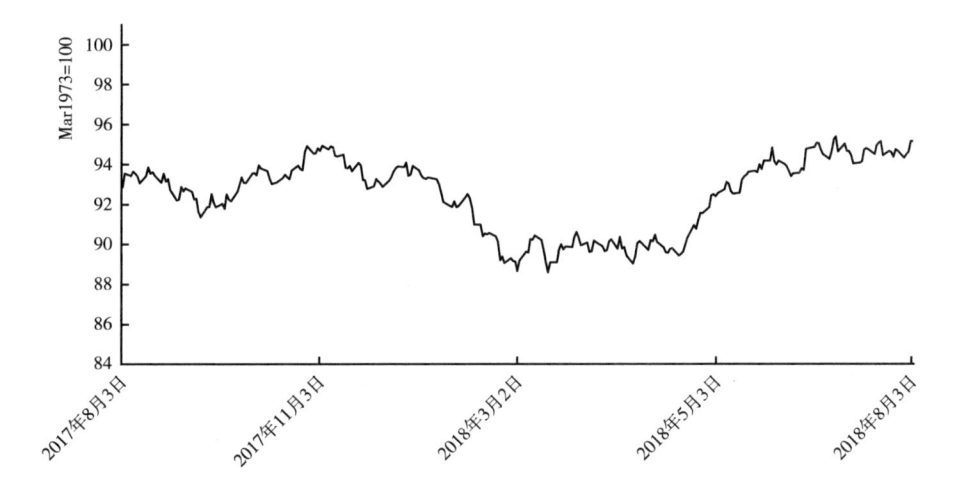

图 8-4　2017 年 8 月至 2018 年 8 月美元指数走势

资料来源：CEIC 数据库。

2. 新兴经济体市场动荡不断

2018 年以来，新兴经济体金融市场动荡不断，部分国家汇率出现大幅波动。阿根廷方面，2017 年 4 月开始，阿根廷比索汇率和本国利率水平开始出现上升态势，2018 年 4 月以来，阿根廷汇率和利率出现快速上升态势，存款利率从 4 月的 20.798% 跃升至 7 月的 32.578%，涨幅达 56.7%；阿根廷比索兑美元平均汇率从 4 月的 20.26∶1 上升至 8 月的 30.31∶1，贬值幅度接近 50%，其间，阿根廷中央银行虽然曾抛售美元以稳定阿根廷比索币值，但这并未能够抑制阿根廷比索的贬值趋势（见图 8-5）。本国货币不断贬值迫使阿根廷政府向国际货币基金组织（IMF）

求救。2018年6月8日，经过一个月磋商，阿根廷政府与IMF达成为期36个月的500亿美元融资协议。为此，阿根廷政府将加大缩减赤字力度，并将在2019年至2021年逐步降低通货膨胀水平。2018年1月至7月，阿根廷月度通货膨胀水平分别为25.00%、25.40%、25.40%、25.50%、26.30%、29.50%和31.20%，2018年全年通货膨胀水平有望维持在30%左右，而2019年阿根廷政府的通胀目标为17%，将比2018年降低约13个百分点。

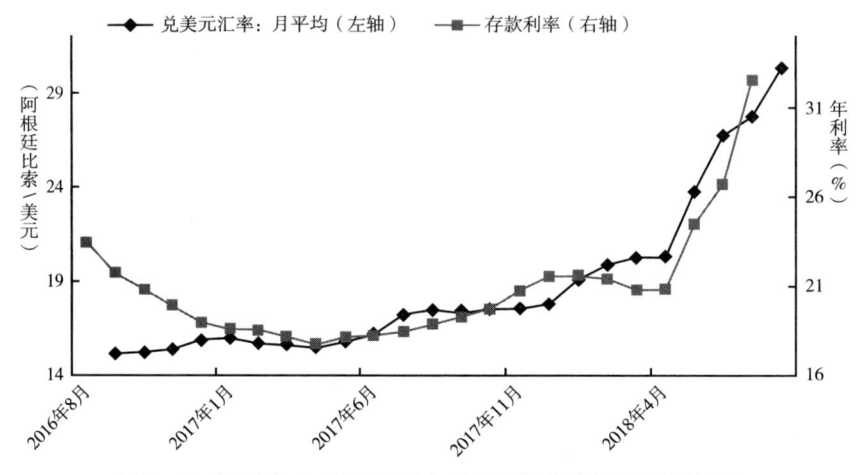

图8-5　2016年8月至2018年8月阿根廷利率和汇率情况

资料来源：CEIC数据库。

土耳其方面，土耳其里拉兑美元汇率从2018年初的1美元约兑3.8里拉大幅贬值至2018年9月初的1美元约兑6.7里拉，贬值幅度达到76.3%（见图8-6）。其间，2018年5月23日，土耳其里拉兑美元汇率一度大跌5.5%，迫使土耳其央行当天紧急加息300个基点；6月7日，土耳其央行再次加息125个基点，并且将隔夜贷款利率上调至19.25%的水平；8月10日，土耳其里拉当天贬值15.90%，盘中贬值更是一度高达22.60%。由于土耳其有大量的欧元区银行贷款，土耳其里拉的暴跌加剧了土耳其外债负担，导致欧洲银行股全线大跌，欧元急挫并引爆全球外汇市场震荡。

此外，印度、印度尼西亚等新兴经济体也通过不同程度的加息旨在稳定国内金融市场。2018年6月6日，印度央行将回购利率提高25个基点，从6%上调至6.25%，6月7日，印度尼西亚央行宣布将利率水平从4.25%提高至4.75%，并明确表示，加息旨在对冲美联储6月加息带来的

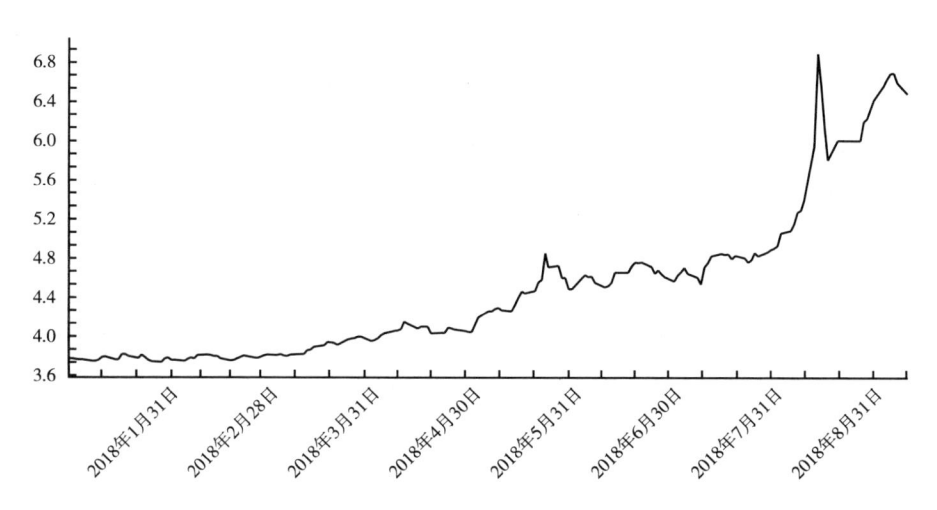

第八章 美联储新一轮紧缩性货币政策下我国短期跨境资本流动及应对

图 8-6　2018 年 1 月至 2018 年 9 月美元兑土耳其里拉汇率中间价走势

资料来源：Wind。

不利影响。美元对巴西雷亚尔的汇率由 2018 年初的 1 美元兑 3.14 巴西雷亚尔升至 8 月末的 1 美元兑 4.1 巴西雷亚尔的高点，巴西雷亚尔贬值 30.57%，其间在巴西雷亚尔兑美元汇率接近 4∶1 的红线时，巴西中央银行虽然两次入市进行汇率干预，但仍无法止住巴西雷亚尔下跌的趋势（见图 8-7）。

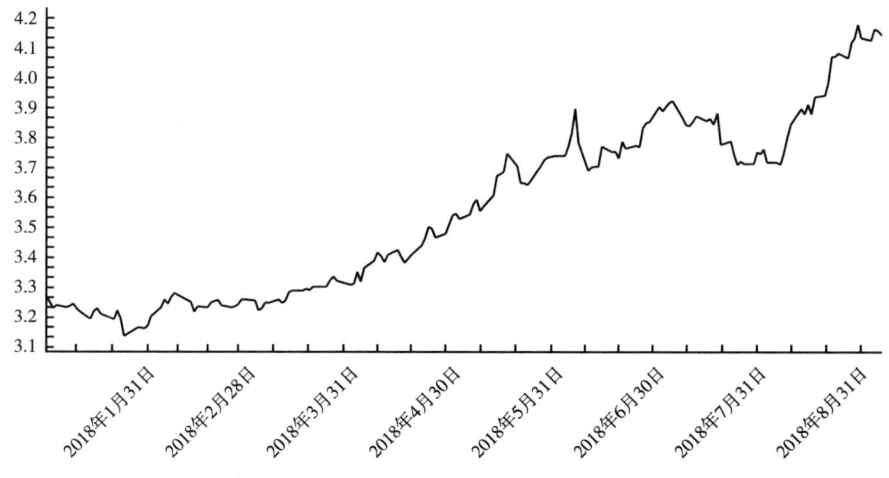

图 8-7　2018 年 1 月至 2018 年 9 月美元对巴西雷亚尔汇率走势

资料来源：Wind。

经济基本面恶化是新兴市场国家金融市场出现动荡的根本原因,美联储紧缩性货币政策在其中发挥了或多或少的"导火索"的作用。以土耳其为例,2008年全球金融危机后的近9年中,土耳其国内生产总值平均增速达到7%,这一增长主要靠积极的财政和货币政策推动,特别是过度依赖外债的作用,2018年第一季度末,土耳其外债总额达到4666.57亿美元,而其2017年国内生产总值为8510.46亿美元,外债比重超过国内生产总值的一半。[①]

3. 新兴经济体跨境资本流动频繁,大量资金流向美国

随着美国加息和缩表政策效应持续发挥作用以及新兴经济体潜在金融风险不断爆发,新兴经济体出现资本持续流出,集中体现在三个方面。一是出现无差别资本流出。国际金融研究所(Institute of International Finance, IIF)报告提到,2018年2月以后,新兴经济体资金加速流出,从4月的3亿美元快速上升至5月的123亿美元,创下2016年11月以来最大单月资金流出量,且股市、债市和基金均出现资本大量流出,其中,债券和股票市场各流出60亿美元左右。二是亚洲市场资本流出加快。彭博社公布的数据显示,2018年1月至7月,投资者从印度、印度尼西亚、菲律宾、韩国、中国台湾等国家或地区的股票市场连续撤资,累计流出金额达到190亿美元;5月,有超过40亿美元亚洲股票被卖出,而2017年全年流入亚洲股市的资金仅大约200亿美元。亚洲市场资本快速流出,一方面是资本出于逐利动机,需要从收益率低的地区转移至收益率较高且稳定的地区,另一方面则是出于对中美贸易摩擦会加大国际金融市场动荡的担忧,逃离亚洲地区以规避风险。三是大量资金流向美国。2018年以来美国经济增长势头的延续、美联储加息以及美元指数的上升进一步稳定了国际市场对美国经济未来发展趋势的信心,加快了全球逐利和避险资金流向美国。根据资金流向监测机构EPFR数据,2018年6月6日当周,流向全球货币基金的资金规模达到550亿美元,其中82%进入了美国市场,资金流入量创五年来新高,接下来的6月13日这一周,亚洲新兴市场流入美国股票与债券基金的资金又达到150亿美元。

---

① 数据转引自中国国际经济交流中心内部报告《积极应对我国当前面临的外部金融风险》。

第八章 美联储新一轮紧缩性货币政策下我国短期跨境资本流动及应对

第三节 美联储紧缩性货币政策溢出效应对我国短期跨境资本流动的影响

我国作为世界第二大经济体，长期以来与美国及其他国家有着密切的经贸往来，经济全球化水平的不断提升使我国越来越多地受世界主要经济体货币政策溢出效应的影响。在当前中美贸易摩擦持续进行的背景下，美联储紧缩性货币政策对我国跨境资本流动及政策选择产生了较大影响。

国内有部分学者对美联储紧缩性货币政策对我国短期跨境资本流动的影响进行了研究。钟伟（2005）基于当时人民币汇率刚性盯住美元的背景，研究认为美联储加息对中国跨境资本流动特别是短期跨境资本流动存在直接和间接的影响。从直接影响来看，美联储加息将促使包括中国在内的亚洲地区的短期资本流向美国，但由于中国存在资本账户管制以及"热钱"规模不大，美联储加息的直接影响对我国而言处于可承受范围之内。从间接影响来看，美联储加息将使美元—人民币之间相对利率在短期内变大，从而引致短期跨境资本流出，但中长期内这种影响将逐步消失。在作者看来，美联储加息对中国最显著的冲击是迫使人民币从刚性盯住美元向更富有灵活性的汇率制度安排过渡。周睿（2016）认为美联储加息后会加速国际资本市场上的美元回流美国，会对我国跨境资本流动产生影响，但对不同类别的资本影响不同，其中短期性"热钱"可能会出现一定规模撤离，但对投资于实体经济的中长期资本而言，由于其是跨国公司长期战略规划的组成部分，并不会因为美元阶段性升值而出现撤离，甚至会因为美元相对于人民币的升值而加快在我国的项目建设。

一、美联储紧缩性货币政策对我国短期跨境资本流动和相关经济指标的影响及原因

目前来看，美联储紧缩性货币政策对我国产生了短期跨境资本流出压力，由于我国仍然存在一定的资本账户管制和及时实施了延缓短期资本流出的管理措施，加之我国经济基本面仍较稳健，不具备促使短期资本大规

模流出的基础，但我国金融市场在美联储紧缩性货币政策影响下出现了一定程度动荡，增加了我国调节短期跨境资本流动的难度。

（一）国内金融市场受到较大冲击

一是人民币贬值压力增加。2018年1—8月，在岸市场上美元兑人民币汇率由1∶6.2上升至1∶6.9，人民币贬值幅度达到11%左右，离岸市场人民币汇率波动程度更大。预计人民币贬值压力在一段时期内仍将存在。二是三大股指全线下跌。2018年以来，国内A股市场多次出现数百只股票"闪崩"和千股跌停。1—8月，上证指数从接近3600点下跌至2600多点，跌幅约34%，深证成指从11000多点下跌至8300多点，跌幅约28.5%，创业板指数从1800多点下跌至8300多点，跌幅约21.9%。三是港元汇率持续面临贬值压力。2018年3月，美元兑港元即期汇率快速上升，从月初的1∶7.82上升至月末的接近1∶7.85，4月中旬中美贸易摩擦升级后，港元兑美元汇率多次触及7.85的弱方兑换保证水平，相应地，香港金融管理局多次入市进行干预，稳定港币汇率。4月12日，港元兑美元跌至7.85，香港金融管理局入市买入8.16亿港元，这是2005年香港金融管理局设立双边兑换保证以来首次进行操作。5月15日，香港金融管理局买入15.7亿港元，5月16日先买入47.89亿港元，后扩大至94.99亿港元。8月14日，纽约市场交易时段，香港金融管理局在市场买入21.59亿港元，8月15日晚，香港金融管理局先后买入23.55亿港元、72.53亿港元，8月16日早间，再度买入50.2亿港元。可以看出，香港金融管理局为维持港币稳定，入市干预频率越来越高，购入港元规模也不断增大。

（二）美联储缩表将增加我国实现跨境资本双向流动基本平衡的难度

完善人民币汇率市场化形成机制和进一步扩大资本项目开放需要跨境资本双向流动的基本平衡。受全球跨境资本流动总体格局变化影响，从2014年下半年开始，我国经常账户和资本与金融账户由先前的"双顺差"转变为经常账户顺差、资本与金额账户逆差的"一顺一逆"状态，且资本与金融账户逆差大于经常账户顺差，出现跨境资本净流出。近期，我国跨境资本流出压力有所缓解，国家外汇管理局数据显示，2016年全年外汇储备额下降3198亿美元，降幅较2015年收窄38%，2017年2—3月外汇储备余额分别为30051.24亿美元和30090.88亿美元，连续两个月回升，显示我国跨境资本流动正逐步向均衡状态收敛。但同时，我国跨境资本流出压力仍然存在，2017年第一季度非储备性质金融账户逆差215亿美元，银行结售汇逆差409亿美元，涉外收付款逆差252亿美元。在人民币汇率水平仍缺乏弹性的情况下，美联储缩减资产负债表将扩大中美两国利率差异，加大我国短期资本流出压力，增加我国实现跨境资本双向流动基本平衡的难度。

从成因来看，外部风险是美联储加息背景下我国金融体系出现大幅动荡的主要因素。首先是中美贸易摩擦带来的负面影响。2018年以来，中美贸易摩擦加剧。7月11日，美国政府发布了对从中国进口的约2000亿美元商品加征10%关税的措施。8月2日，美国贸易代表声明称拟将加征税率由10%提高至25%。8月3日，我国政府依据《中华人民共和国对外贸易法》等法律法规和国际法基本原则，对原产于美国的5207个税目的约600亿美元商品加征5%—25%不等的关税。其中，包括农产品、化工、纺织、电子产品和日常用品在内的2400多个税目商品的税率为25%。中美贸易摩擦涉及的经济规模并不太大，但对市场信心形成了较大冲击，并进一步传导至股市。部分被美国列入禁止出口的行业股票的股价持续走低，成为近一段时期股市大盘下跌的重要原因之一。

其次是部分新兴经济体金融市场风险溢出的影响。如前所述，2018年以来，美国延续了紧缩性货币政策，加息、缩表稳步推进，带动了新一轮全球资本大量流向美国，导致部分新兴经济体，如阿根廷、土耳其、巴西等国金融市场出现动荡。新兴经济体金融市场动荡强化了国际市场对新兴市场的风险预期，给我国资本流出和人民币汇率稳定带来了一定压力，并影响到我国资本市场稳定。未来一段时期，美国将维持其货币政策紧缩状态，新兴经济体金融市场动荡及其对我国金融体系的风险溢出效应预计也将持续。

最后是汇率波动导致我国境外资产损失的影响。近年来，我国"走出去"步伐加快，对外投资规模不断增加。随着人民币在对外投资中越来越广泛地被使用，我国在境外以人民币形式存在的资产规模也不断增加。人民币汇率波动幅度加大使我国境外以人民币计价的资产面临较大汇率风险敞口，并将这种风险传导至国内市场。

外部金融风险传导至我国国内金融市场需要经由一定的传导渠道。资本市场和人民币汇率波动是两个主要的风险传导途径。资本市场传导途径方面，近年来，我国资本市场开放程度不断提高，国内资本市场与境外资本市场互联互通力度加大，沪港通、深港通正式启动，沪伦通也预计将在年内实现。这类举措显著提高了经由资本市场的跨境资本流动便利性。截至2017年末，境外主体持有境内人民币股票市值11746.7亿元，持有的债券余额为11988.3亿元。2018年7月，中国人民银行将香港人民币合格境外机构投资者（RQFII）的投资额度提高至5000亿元，年底，RQFII试点扩展至18个国家和地区，总投资额度达17400亿元。加大境内外资本市场互联互通有助于利用国内国外两个市场的资源服务国内经济发展，但同时国际金融市场的风险也会经资本市场途径传导至国内，导致出现股票价格下跌、居民财富缩水、市场流动性不足以及大规模的资本流出等，进而使整个金融体系出现风险。

汇率波动传导途径方面，汇率大幅波动往往会成为金融危机乃至经济危机的导火索，特别是在一国短期外债规模较大、外汇储备规模相对较小的情况下，本国货币短时期大幅贬值容易导致支付困难，进而出现债务甚至是金融危机。这一风险传导途径已经为多次金融危机的爆发所证实。当前，人民币汇率实行以市场供求为基础、参考一篮子货币进行调节、有管理的浮动汇率制度，市场供求对人民币汇率的影响有所提高，未来人民币将走向清洁浮动，汇率将完全由市场供求决定。近期，在国际金融市场动荡的影响下，人民币汇率波动程度有所加大，人民币存在贬值压力，预计人民币汇率波动状态将会延续，应防范由此引起的跨境资本流出和可能出现的金融市场动荡。

二、需要准确评估美联储紧缩性货币政策对我国短期跨境资本流动的影响

应对美联储紧缩性货币政策引起的我国短期跨境资本流动波动，需要对当前我国跨境资本流动、国际收支及相关经济指标结构、运行情况等进行综合分析，并在此基础上做出较为准确的评估，为出台具有针对性的政策建议奠定基础。

（一）跨境资本流动总体稳定，资本流出压力有所缓解

2018年上半年，虽然受到美联储紧缩性货币政策等多个因素影响，我国跨境资本流动仍然实现了总体稳定。来自国家外汇管理局数据显

示，2018年上半年，我国银行机构结汇5.91万亿元人民币（等值9282亿美元），按美元计，同比增长20%；售汇5.82万亿元人民币（等值9144亿美元），同比增长6%，结售汇顺差880亿元人民币（等值138亿美元），而2017年同期为逆差938亿美元，实现了由逆差向顺差的转变。银行代客涉外收入达到10.86万亿元人民币（等值1.71万亿美元），同比增长23%，对外付款10.94万亿元人民币（等值1.72万亿美元），同比增长17%，涉外收付款逆差746亿元人民币（等值121亿美元），同比下降86%，表明银行代客涉外收付款渠道的资本流出压力得到较大缓解。

（二）国际收支处于基本平衡状态

一是经常账户保持基本平衡。2018年第一季度，我国经常账户实现逆差341亿美元，占国内生产总值（GDP）的比例为1.1%，保持在合理区间，其中，货物贸易进口增速快于出口，货物贸易顺差有所下降，运输和旅行项目逆差增长导致服务贸易逆差增加。二是非储备性质的金融账户顺差有所增加。2018年第一季度，非储备性质的金融账户顺差989亿美元，同比增长1.7倍，有力支撑了人民币汇率的稳定和缓解了短期资本流出压力，其中，因国际收支交易形成的我国对外金融资产净增加720亿美元，同比增长32%，其中对外直接投资资产净增加179亿美元，对外证券投资资产净增加335亿美元，对外存贷款等其他投资资产净增加208亿美元，境外投资者对我国的投资继续增加。2018年第一季度，我国对外负债净增加1709亿美元，包括外国来华直接投资净增加730亿美元，来华证券投资净增加438亿美元，吸收非居民存款和获得境外贷款等其他投资负债净增加544亿美元。三是外汇储备余额仍然保持基本稳定。2018年第一季度，我国储备资产因国际收支交易（剔除汇率、价格等非交易因素的影响）增加262亿美元，相比上年同期减少了26亿美元，其中，外汇储备增加266亿美元，在国际货币基金组织的储备头寸等减少4亿美元（见表8-7）。2018年第二季度末，我国外汇储备余额为31121亿美元，较2017年末下降278亿美元[①]，波动保持在合理范围之内。

---

① 数据来自国家外汇管理局网站和中国国际收支平衡表。

表 8-7　2018 年第一季度我国国际收支平衡表

单位：亿美元

项　目	规　模	项　目	规　模
1. 经常账户	-341	借方	-24
贷方	6474	1. A. b. 7 金融服务	3
借方	-6815	贷方	8
1. A 货物和服务	-218	借方	-4
贷方	5854	1. A. b. 8 知识产权使用费	-77
借方	-6073	贷方	13
1. A. a 货物	517	借方	-90
贷方	5289	1. A. b. 9 电信、计算机和信息服务	16
借方	-4771	贷方	70
1. A. b 服务	-736	借方	-54
贷方	566	1. A. b. 10 其他商业服务	58
借方	-1301	贷方	170
1. A. b. 1 加工服务	40	借方	-112
贷方	41	1. A. b. 11 个人、文化和娱乐服务	-5
借方	-1	贷方	2
1. A. b. 2 维护和维修服务	13	借方	-7
贷方	18	1. A. b. 12 别处未提及的政府服务	-4
借方	-5	贷方	5
1. A. b. 3 运输	-146	借方	-9
贷方	97	1. B 初次收入	-97
借方	-243	贷方	547
1. A. b. 4 旅行	-630	借方	-643
贷方	97	1. B. 1 雇员报酬	29
借方	-728	贷方	55
1. A. b. 5 建设	11	借方	-26
贷方	36	1. B. 2 投资收益	-135
借方	-25	贷方	482
1. A. b. 6 保险和养老金服务	-15	借方	-617
贷方	9	1. B. 3 其他初次收入	10

第八章　美联储新一轮紧缩性货币政策下我国短期跨境资本流动及应对

续表

项　目	规　模	项　目	规　模
贷方	10	2.2.1.1.1.2.b 关联企业债务	-2
借方	-1	2.2.1.1.2 负债	730
1.C 二次收入	-26	2.2.1.1.2.1 股权	497
贷方	73	2.2.1.1.2.2 关联企业债务	232
借方	-99	2.2.1.1.2.a 金融部门	57
1.C.1 个人转移	0	2.2.1.1.2.1.a 股权	47
贷方	20	2.2.1.1.2.2.a 关联企业债务	11
借方	-20	2.2.1.1.2.b 非金融部门	672
1.C.2 其他二次收入	-26	2.2.1.1.2.1.b 股权	451
贷方	53	2.2.1.1.2.2.b 关联企业债务	222
借方	-79	2.2.1.2 证券投资	103
2. 资本与金融账户	725	2.2.1.2.1 资产	-335
2.1 资本账户	-1	2.2.1.2.1.1 股权	-186
贷方	1	2.2.1.2.1.2 债券	-150
借方	-2	2.2.1.2.2 负债	438
2.2 金融账户	727	2.2.1.2.2.1 股权	119
资产	-982	2.2.1.2.2.2 债券	318
负债	1709	2.2.1.3 金融衍生工具	-1
2.2.1 非储备性质的金融账户	989	2.2.1.3.1 资产	2
资产	-720	2.2.1.3.2 负债	-3
负债	1709	2.2.1.4 其他投资	336
2.2.1.1 直接投资	550	2.2.1.4.1 资产	-208
2.2.1.1.1 资产	-179	2.2.1.4.1.1 其他股权	0
2.2.1.1.1.1 股权	-175	2.2.1.4.1.2 货币和存款	-90
2.2.1.1.1.2 关联企业债务	-5	2.2.1.4.1.3 贷款	-540
2.2.1.1.1.a 金融部门	-48	2.2.1.4.1.4 保险和养老金	-10
2.2.1.1.1.1.a 股权	-45	2.2.1.4.1.5 贸易信贷	301
2.2.1.1.1.2.a 关联企业债务	-3	2.2.1.4.1.6 其他	132
2.2.1.1.1.b 非金融部门	-132	2.2.1.4.2 负债	544
2.2.1.1.1.1.b 股权	-130	2.2.1.4.2.1 其他股权	0

· 143 ·

续表

项　目	规　模	项　目	规　模
2.2.1.4.2.2 货币和存款	300	2.2.2.4 外汇储备	−266
2.2.1.4.2.3 贷款	294	2.2.2.5 其他储备资产	0
2.2.1.4.2.4 保险和养老金	2	3. 净误差与遗漏	−384
2.2.1.4.2.5 贸易信贷	−77	（以下空白）	
2.2.1.4.2.6 其他	24		
2.2.1.4.2.7 特别提款权	0		
2.2.2 储备资产	−262		
2.2.2.1 货币黄金	0		
2.2.2.2 特别提款权	0		
2.2.2.3 在国际货币基金组织的储备头寸	4		

（三）外债结构处于稳健状态，短期外债规模合理，风险可控

截至 2018 年 3 月底，我国全口径（含本外币）外债余额为 115921 亿元人民币，[①] 总体规模保持稳定，具体主要有以下特点。一是外债的机构分布上，银行机构外债规模较大，余额为 57529 亿元人民币（等值 9149 亿美元），占全部外债的 50%，然后为其他部门外债余额，规模为 30419 亿元人民币（等值 4838 亿美元），占比为 26%，广义政府外债余额为 12056 亿元人民币（等值 1917 亿美元），占比为 11%，中央银行外债余额相对较低，规模为 1568 亿元人民币（等值 249 亿美元），占比仅为 1%。二是币种结构上，外币外债余额所占比重较高，且以美元债务为主。截至 3 月底，我国外币外债余额（含 SDR 分配）76338 亿元人民币（等值 12140 亿美元），占比为 66%；在外币登记外债余额中，美元债务占 81%，欧元债务占 9%，日元债务占 2%，特别提款权和其他外币外债合计占比为 8%；本币外债余额为 39583 亿元人民币（等值 6295 亿美元），占比为 34%。三是短期外债占比较高。截至 3 月底，我国短期外债余额为 74653 亿元人民币（等值 11872 亿美元），占比为 64%，其中，与贸易有关的短期信贷占比 37%，中长期外债余额为 41268 亿元人民币（等值 6563 亿美元），占比为 36%，相关数据见表 8 − 8。

---

① 剔除了香港特区、澳门特区和台湾地区的对外负债。

第八章 美联储新一轮紧缩性货币政策下我国短期跨境资本流动及应对

表8-8 2018年3月末我国按部门划分的外债总额头寸情况

项目	2018年3月末（亿元人民币）	2018年3月末（亿美元）
广义政府	12056	1917
短期	1185	188
货币与存款	0	0
债务证券	1185	188
贷款	0	0
贸易信贷与预付款	0	0
其他债务负债	0	0
长期	10872	1729
SDR分配	0	0
货币与存款	0	0
债务证券	7640	1215
贷款	3232	514
贸易信贷与预付款	0	0
其他债务负债	0	0
中央银行	1568	249
短期	793	126
货币与存款	793	126
债务证券	0	0
贷款	0	0
贸易信贷与预付款	0	0
其他债务负债	0	0
长期	775	123
SDR分配	639	102
货币与存款	0	0
债务证券	0	0
贷款	0	0
贸易信贷与预付款	0	0
其他债务负债	136	22
其他接受存款公司	57529	9149
短期	45983	7313
货币与存款	29573	4703
债务证券	4894	778
贷款	11305	1798

续表

项目	2018年3月末（亿元人民币）	2018年3月末（亿美元）
贸易信贷与预付款	0	0
其他债务负债	211	33
长期	11546	1836
货币与存款	0	0
债务证券	7713	1227
贷款	3786	602
贸易信贷与预付款	0	0
其他债务负债	47	7
其他部门	30419	4838
短期	22260	3540
货币与存款	10	2
债务证券	260	41
贷款	3785	602
贸易信贷与预付款	17261	2745
其他债务负债	943	150
长期	8160	1298
货币与存款	0	0
债务证券	2376	378
贷款	4686	745
贸易信贷与预付款	307	49
其他债务负债	790	126
直接投资:公司间贷款	14349	2282
直接投资企业对直接投资者的债务负债	9871	1570
直接投资者对直接投资企业的债务负债	290	46
对关联企业的债务负债	4188	666
外债总额头寸	115921	18435

资料来源：国家外汇管理局。

通过上述数据可以看出，当前阶段美联储紧缩性货币政策对我国短期跨境资本流动有一定影响，存在流出压力，但这种压力处于可控范围。除经济基本面因素以外，政策性因素不容忽视，我国相关管理举措也对稳定短期跨境资本流动发挥了一定作用，如 8 月 6 日，中国人民银行将金融机构远期售汇业务的外汇风险准备金率从 0 重新提高至 20% 的水平；8 月 16 日，中国人民银行为减少离岸市场人民币流动性，进一步限制自贸区账户向境外拆放人民币，提高做空成本，打击投机套利行为。

第四节　政策建议

党的十九大报告提出，"现在到二〇二〇年，是全面建成小康社会决胜期"，这一时期也是实现我国第一个百年目标的关键时期。在这一过程中，金融领域除进一步深化改革增强我国金融体系的实力和金融服务实体经济的能力外，一个重要方面是积极防范和化解各类金融风险，牢牢守住不发生系统性金融风险的底线，这需要妥善处理和化解国内各类金融风险。在美联储货币政策处于紧缩通道的情况下，防范和应对短期跨境资本流动风险对于维护金融稳定具有重要意义。

一、着力维护外汇市场稳定

在汇市、股市、债市中，汇市的影响具有全局性，应该抓住这个"牛鼻子"，加强外汇市场管理，着力维护汇市稳定。一是加强跨境资本流动管理，特别是短期跨境资本流动的管理，必要时可进一步提高远期售汇业务的外汇风险准备金率，并可考虑对外汇市场进行直接干预；二是加强对人民币汇率变化的预期管理，积极与市场进行沟通，稳定市场信心，减少因信息不对称和信心不足引发的市场恐慌；三是完善外汇市场微观监管框架，坚持真实性、合规性和合法性审核，依法依规打击外汇违法违规行为，维护外汇市场秩序，保护市场参与者的合法权益。

二、实施积极的稳定股市政策

短期内可通过适当放缓新股发行节奏、推动养老金入市等举措提升股市流动性，稳定市场信心，长期应优化上市公司治理结构，完善相关市场制度，包括分红制度、退市制度、资产重组制度等，打击违法违规行为，提升中小投资者信心。

三、坚持货币政策稳健中性，增强政策的灵活性、针对性和有效性

短期内应使广义货币供应量 M2 与名义 GDP 增速大体保持一致，避免出现流动性不足。多举措调控信贷资金流向，使资金能够流到"三农"、制造业等实体经济领域。

四、完善跨境资本流动宏观审慎管理

建立和完善跨境资本流动宏观审慎管理的监测、预警、响应机制。逆周期调节外汇市场短期波动。丰富跨境资本流动宏观审慎管理的工具箱，根据形势变化和开放政策不断调整，根据需要可以采用风险准备金，实施以银行和短期资本流动为重点的宏观审慎管理政策等。坚持跨境交易"留痕"原则，加强穿透式监管。

五、把握金融开放节奏

目前，我国已经明确了金融领域下一步开放的时间表，包括银行、证券、保险在内的主要领域，有些开放政策已经落地，部分政策也在有序推进。但金融开放不是一放了之，需要与我国经济和金融体系的可承受能力相结合，特别是在当前中美贸易摩擦增加的背景下，更加需要把握金融业开放节奏，当前可以扩大银行业对外开放，进行准入前国民待遇和负面清单管理，扩大外资银行在华业务范围；在风险可控的前提下，继续扩大证券、保险、信托等市场的开放。

六、加强对外金融监管合作

加强与其他国家在国际货币基金组织（IMF）、巴塞尔委员会等国际金融组织层面的合作，协调各国在金融监管领域的立场，共同建设全球金

融监管安全网,减少和避免跨境金融监管套利。加强与其他国家在金融领域的信息沟通,相互及时通报金融领域出现的异常波动,提升金融预警的准确性。加强与其他国家就建立相互兼容的宏观审慎政策框架进行沟通,促进全球范围的宏观审慎监管体系早日建成。

第九章 我国金融"走出去"背景下短期跨境资本流动的宏观审慎管理

改革开放四十年来,我国综合经济实力得到巨大提升。1978年改革开放之初,我国经济规模仅为3679亿元人民币,居世界第十位,2017年名义国内生产总值已经达到82.71万亿元人民币(约12.2万亿美元),成为世界第二大经济体。中国经济总量占世界的比重从1978年的1.8%提高至2017年的16%,仅次于美国。1978—2017年,我国以不变价计算的国内生产总值增长33.5倍,年均增速达到9.5%,远高于同时期世界经济整体年均增速2.9%的水平,对世界经济增长的贡献率连续多年超过30%。我国上述经济成绩的取得,很大程度上是立足于经济全球化水平不断提高的时代背景,融入世界发展潮流,不断密切与世界其他国家和地区的经贸往来,特别是抓住机遇加入世界贸易组织(WTO),充分利用国际市场的各种资源发展壮大自己。

从资金的流动方向来看,"引进来"是我国改革开放实践的重要着力点,通过吸引外部资金弥补我国经济发展资金不足的问题。随着我国经济规模不断扩大,越来越多的企业通过走出国门开拓国际市场进一步提升自身竞争力,"引进来"为主逐渐转向"引进来"与"走出去"并举。未来,"走出去"在我国经济发展中将发挥日益重要的作用,而金融作为现代经济的核心,也将步入"走出去"阶段。在金融"走出去"过程中,短期跨境资本流动对金融乃至经济稳定的作用将愈发显现,也将越来越成为影响我国金融"走出去"目标实现的重要变量,从金融"走出去"视角对短期跨境资本流动进行宏观审慎管理有助于实现金融"走出去"和我国国民经济中长期发展目标。

第九章 我国金融"走出去"背景下短期跨境资本流动的宏观审慎管理

第一节 我国金融"走出去"的进展及未来发展目标

改革开放是一个内外双向交流的过程,从"引进来"与"走出去"相结合的视角来看,我国在大力引入外部资金、技术、人才等生产资料的同时,也伴随着各种形式的产品、资金、人才等的"走出去"。杨枝煌、汤友民(2011)将改革开放以来我国的"走出去"划分为三个层次,一是产品"走出去",二是企业"走出去",三是金融"走出去"。"走出去"发展过程的演进体现了我国在全球产业链和价值链中地位的攀升,也是我国综合实力不断提升的过程。未来,产品和企业"走出去"仍将是我国经济"走出去"的基础,同时,金融的日益"走出去"需要确立新的着眼长远的发展目标。

一、我国已经进入金融"走出去"阶段

改革开放至今,我国成功抓住世界范围内产业转移的良好时机,利用我国劳动力、土地等生产资料价格低廉的成本优势,承接了来自发达经济体的劳动密集型产业,逐步发展成世界商品制造大国。随着经济实力不断提升,越来越多的企业"走出去",通过设立分支机构等多种方式开拓国际市场,参与国际市场竞争。与产品"走出去"不同,企业"走出去"存在融资等金融服务需求,客观上要求我国金融也"走出去",为企业"走出去"提供金融服务。

(一)我国产品和企业"走出去"态势稳定

1. 产品"走出去"整体保持稳定增长态势

产品出口是改革开放以来拉动我国经济增长的主要力量之一,出口规模从1978年的97.8亿美元提高至2017年的22634.9亿美元,其中,产品出口是主要组成部分,遍及世界主要国家和地区。图9-1显示了1978年至2017年我国出口的部分情况,可以看出,这一时期我国一般贸易与加工贸易出口取得较大发展,除2008—2009年以及2014—2016年曾出现一定程度较为明显的下滑外,其他年份整体上均保持了增长态势。

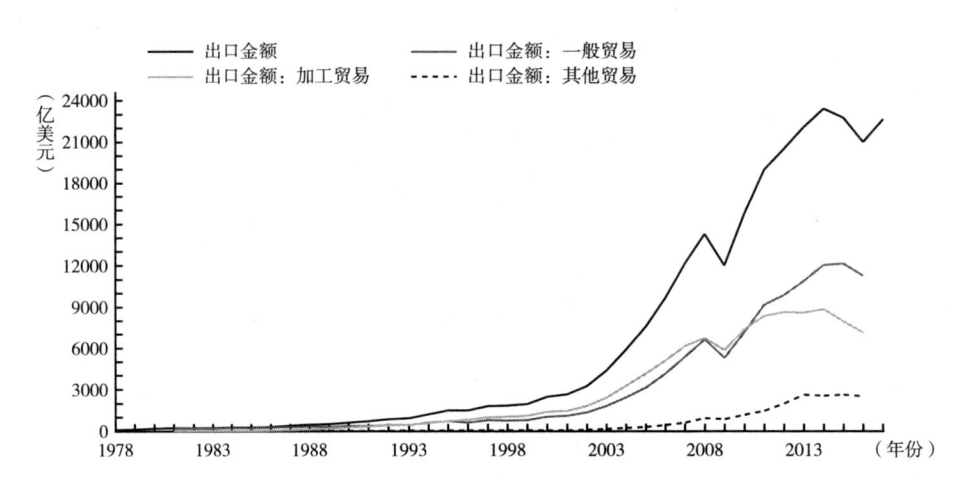

图 9-1 1978—2017 年我国出口情况

从出口产品的种类来看，传统劳动密集型产品和机电产品为出口主力。国家海关总署数据显示，2017年，我国传统劳动密集型产品合计出口3.08万亿元，增长6.9%，占出口总值的20.1%，同期，机电产品出口8.95万亿元，增长12.1%，占出口总值的58.4%。其中，汽车出口增长27.2%，计算机出口增长16.6%，手机出口增长11.3%。

2. 企业"走出去"稳步推进

随着我国经济实力日益增强，越来越多中国企业开始具备对外投资能力，我国对外投资规模整体上得到较大提升（见图9-2）。2015年我国对外直接投资金额为1456.67亿美元，实际使用外国直接投资1355.77亿美元，对外直接投资高出实际利用外资额100.9亿美元；2016年我国对外直接投资1961.49亿美元，实际使用外国直接投资1337.11亿美元，净流出624.38亿美元。2017年非金融类对外直接投资规模虽然有较为显著下降，但仍超过1200亿美元。可以预计，未来一段时期我国非金融类对外直接投资将维持在一定水平。

从图9-2可知，我国对外直接投资的构成中，对外非金融类直接投资占绝大多数，金融类对外直接投资规模相对较小。2015年，我国金融类对外直接投资规模为242.45亿美元，占对外直接投资总额的16.6%，2016年金融类对外直接投资规模为149.18亿美元，占对外直接投资总额的比重下降至7.61%，与非金融类对外直接投资差距较大。表9-1列出了2006—2016年我国企业"走出去"部分指标的变化情况，可以看出，

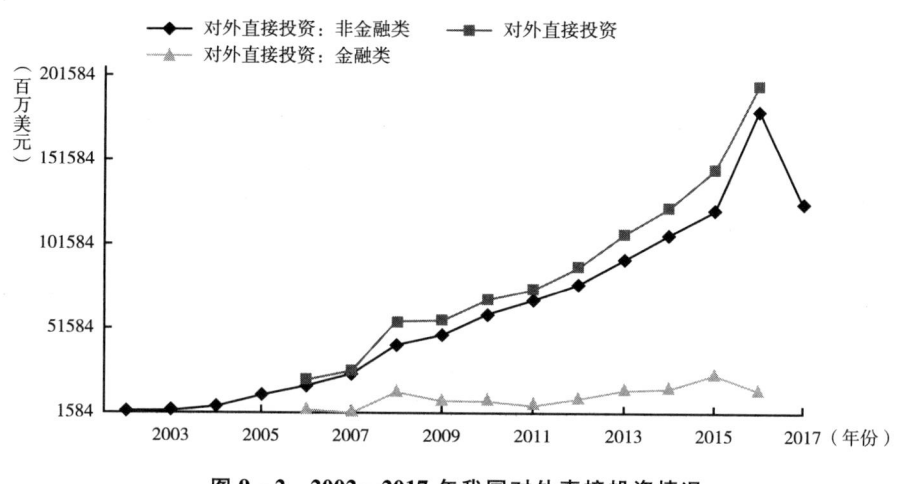

第九章 我国金融"走出去"背景下短期跨境资本流动的宏观审慎管理

图 9-2 2002—2017 年我国对外直接投资情况

资料来源：CEIC 数据库。

这一时期我国企业"走出去"取得较大进展，境外企业数量、境外企业年末资产总额以及境外企业就业人数均有大幅提升。

表 9-1 2006—2016 年我国企业"走出去"部分指标情况

年份	境外企业年末资产总额（亿元）	境外企业就业人数（万人）	覆盖的国家数（个）	投资覆盖率（%）	境外企业数量（家）
2006	—	63.00	—		
2007	—	65.80	173.00	71.50	10000.00
2008	10003.00	102.60	174.00	72.00	12000.00
2009	10000.00	97.00	177.00	72.80	13000.00
2010	15000.00	110.30	178.00	72.70	16107.00
2011	11000.00	122.00	178.00	72.40	17951.00
2012	13200.00	149.30	179.00	76.80	21860.00
2013	16600.00	196.70	184.00	79.00	25413.00
2014	22500.00	185.50	186.00	79.80	29669.00
2015	24400.00	283.70	188.00	80.30	30814.00
2016	28700.00	286.50	190.00	81.50	37164.00

资料来源：Wind 数据库。

未来，随着我国经济越来越融入世界经济体系，将有越来越多的企业"走出去"，非金融类对外直接投资规模有望延续稳步攀升发展态势，在这过程中相应需要有金融"走出去"加以配合。金融类对外直接投资规模不足将在一定程度上制约我国非金融类企业对外投资，而作为金融对外直接投资重要载体的金融机构，需要加快"走出去"步伐，为非金融类企业提供全面的金融服务。

（二）我国金融"走出去"取得较大进展

1. 金融"走出去"概念范围界定

金融"走出去"是指一国金融活动延伸到国外的过程。从一个较为宽泛的视角来看，金融"走出去"是指金融机构、业务、人才等各种金融要素"走出去"的过程，而从狭义的视角来看，金融"走出去"主要是指一国金融机构和货币"走出去"的过程，即金融机构和货币的国际化。这里采用狭义的金融"走出去"概念。

2. 我国金融"走出去"进展较大

改革开放以来，我国金融"走出去"取得较大进展，金融机构海外布局进一步增加，业务领域不断扩展，人民币国际化水平也得到显著提升。

（1）金融机构"走出去"取得较大进展。金融机构"走出去"是指一国金融机构在其他国家设立代表处、分行等分支机构，并在东道国相关法律法规的约束下开展投资、融资、借贷等业务活动以实现一定的目标。

目前，我国对外投资除商业性经营活动外，还包括非商业性的对外援助、对外合作等，相应地，我国金融机构"走出去"的类别包括商业性金融机构、政策性金融机构和开发性金融机构三类。商业性金融机构包括商业银行、证券、保险、信托等，但从实践来看，以四大国有股份制商业银行为代表的商业银行"走出去"较早，特别是中国银行、中国工商银行以及中国建设银行在海外网点布局较多。

金融机构服务国家开放发展战略，"走出去"开展业务需要遵循一定的原则，包括盈利性、安全性、合规性、服务性等。

盈利性。开放发展是我国在未来较长时期的发展战略之一，金融机构"走出去"服务于国家这一战略，首先要实现盈利，为实现自身的可持续发展奠定经济基础。商业银行由于按照市场规则开展业务，盈利性对其实现可持续发展至关重要，政策性银行和开发性银行主要服务于国民经济中长期重大战略，短时期可以存在一定程度的亏损，但长期来看，实现盈利是对其的基本要求。

安全性。金融机构"走出去"面临各种风险，如市场波动的风险、投资所在国政权更迭的政治风险等，因而金融机构"走出去"需要着力规避各种可能影响金融机构稳健经营的风险，提高经营安全性。

合规性。金融机构"走出去"在其他国家开展业务，需要受到所在国法律法规约束。合规经营短期内可能会在一定程度上增加金融机构经营成本，但从长远来看，有助于在当地树立中国金融机构良好形象和声誉，为各类业务顺利开展提供便利。

服务性。金融机构"走出去"大的方面是服务于国家开放发展战略，具体则是服务于实体经济"走出去"，为中国企业"走出去"提供融资、咨询等金融服务。从美国、日本等发达经济体金融机构"走出去"的发展历史来看，为本国企业"走出去"服务是金融机构"走出去"取得成功的基础。

近年来，我国金融机构"走出去"整体上有了较大进展，在对外投资规模、网点布局、业务范围等方面取得了不同程度的进步，提升了对实体经济"走出去"的服务能力，主要表现在以下几方面。一是对外投资规模在波动中实现整体攀升。2011年至2016年，我国金融类对外直接投资分别为60.7亿美元、100.7亿美元、151.05亿美元、159.17亿美元、242.45亿美元和149.18亿美元，虽然2016年较2015年有所下降，但整体仍呈现稳步攀升的发展态势。二是网点布局不断增加。以四大国有股份制商业银行为代表的商业银行海外分支机构稳步增加，基本实现了全球布局，特别是"走出去"时间较长的中国银行和中国工商银行，中国农业银行"走出去"较晚，网点布局相对较少，仍以国际金融中心和区域中心城市为主。中国进出口银行和国家开发银行的海外分支机构较少，近年来保持基本稳定，且海外分支机构主要以代表处的形式存在（见表9-2）。三是业务领域不断拓展。商业银行"走出去"除从事传统的资金借贷业务外，近年来将业务领域进一步拓展至人民币清算、出口信保融资、国际结算、贸易融资等方面，逐步成为提供综合性服务的金融机构。中国工商银行2017年跨境人民币业务量达到3.9万亿元人民币；中国农业银行成功办理全国首笔在"一带一路"沿线国家发行的企业"熊猫债"跨境人民币结算业务。四是商业银行海外业务盈利水平提升较快。2017年，四大国有股份制商业银行盈利水平较2016年有进一步提升（见表9-3）。可以看出，四大银行海外业务利润增速均较高，特别是中国建设银行和中国农业银行，增速接近80%，中国银行和中国工商银行由于"走出去"时间较长，经过快速增长时期后处于相对稳定的发展阶段，增速相对中国建设银行和中国农业银行较低。

表9-2 2017年末我国金融机构海外分支机构情况

序号	银行名称	海外分支机构情况
1	中国银行	共拥有545家海外分支机构,横跨全球54个国家和地区,比2016年末新增3个国家
2	中国工商银行	截至2017年底,在45个国家和地区建立了419家机构,通过参股标准银行集团间接覆盖非洲20个国家,与143个国家和地区的1545家境外银行建立了代理行关系,服务网络覆盖六大洲和全球重要国际金融中心。其中,在"一带一路"沿线20个国家和地区拥有129家分支机构
3	中国建设银行	截至2017年末,设有境外机构30个,附属的44家公司所有的500家机构中,境外机构有184个
4	中国农业银行	截至2017年底,在17个国家和地区设立了22家境外机构和1家合资银行,圣保罗代表处、伦敦分行、澳门分行和河内分行的设立获得当地监管机构正式批复,温哥华分行的境外申设工作顺利推进,覆盖亚洲、欧洲、美洲、大洋洲和非洲的境外机构骨干网络基本形成
5	国家开发银行	截至2017年末,在境外设有香港分行、开罗代表处、莫斯科代表处、里约热内卢代表处、加拉加斯代表处、伦敦代表处、万象代表处
6	中国进出口银行	截至2017年底,在境外设有巴黎分行、东南非代表处、圣彼得堡代表处、西北非代表处、香港代表处

注：中国进出口银行数据来源于2016年年报，其他机构数据来源于2017年年报。

表9-3 2016—2017年四大国有股份制商业银行海外业务盈利情况

银行名称	2017年	2016年	2017年较2016年增长
中国银行	151.52亿元人民币	123.86亿元人民币	22.33%
中国工商银行	39.18亿美元	32.47亿美元	20.7%
中国建设银行	121.77亿元人民币	67.71亿元人民币	79.84%
中国农业银行	5.01亿美元	2.82亿美元	77.1%

注：利润数据来源于四大银行相关年份年报，为扣除营业支出后的净利润，增速为计算得出。

第九章　我国金融"走出去"背景下短期跨境资本流动的宏观审慎管理

（2）人民币国际化水平得到显著提升。2009年7月，我国正式试点跨境贸易人民币结算以来，人民币在跨境支付、投资交易、价值储藏等方面整体取得较大进展。人民币国际使用稳步提升，在全球货币体系中保持稳定地位。近年来，受国内外经济环境影响，人民币国际化发展趋势在某些领域有所减缓，但仍保持整体向好发展态势。

跨境支付结算功能稳步提升。中国人民银行数据显示，2017年人民币跨境收付金额总规模为9.2万亿元，占同期本外币跨境收付总额的比重为22.3%，连续七年成为中国第二大跨境收付货币。截至2017年底，136个境外国家和地区的银行机构在中国境内开立人民币同业往来账户3901个，153个境外国家和地区的企业在中国境内开立人民币非居民账户约3.14万个，使用人民币进行结算的境内企业超过33.7万家，全年经常项目人民币收付金额4.36万亿元，资本项目人民币收付金额4.84万亿元。

境外机构持有人民币债券规模持续攀升。根据中央国债登记结算公司和上海清算所的数据，截至2018年6月底，境外机构在中国银行间债券市场债券托管余额达到1.5458万亿元，连续16个月增持人民币债券，单月增持规模达到1103.7亿元，创历史最高水平。其中，国债是境外机构购买人民币债券的主要种类。截至6月底，在中央国债登记结算公司的债券托管总量为1.2959万亿元，当月增持870.85亿元，托管持有境内债券的境外机构有688家，较2017年末增加了70家。

人民币作为储备货币起步平稳。2016年10月1日，人民币被正式纳入国际货币基金组织（IMF）特别提款权（SDR）货币篮子，成为继美元、欧元、日元、英镑后第五种入篮货币，人民币权重为10.92%，居第三位。人民币加入SDR标志着国际社会对人民币作为国际货币的认可，越来越多的国家和地区将人民币纳入外汇储备。IMF的"官方外汇储备货币构成"（COFER）数据显示，截至2017年第四季度末，人民币储备总额为1228.02亿美元，较2016年同期增加320.2亿美元，同比增速为35.27%，占全球外汇储备的份额为1.23%，较2016年同期增加0.15个百分点，是继美元（62.7%）、欧元（20.15%）、日元（4.89%）、英镑（4.54%）、加拿大元（2.02%）和澳大利亚元（1.80%）后的世界第七大储备货币（见表9-4）。此外，2017年6月，欧洲中央银行将其价值5亿欧元的外汇储备由美元转换为人民币；2018年1月，德国中央银行也表示，计划将人民币纳入外汇储备。

表 9-4 2014—2017 年全球主要货币占世界外汇储备份额情况

单位：%

货币	2014 年底	2015 年底	2016 年底	2017 年底
美元	65.14	65.72	65.34	62.70
欧元	21.20	19.14	19.13	20.15
日元	3.54	3.75	3.95	4.89
英镑	3.70	4.71	4.34	4.54
加拿大元	1.75	1.77	1.94	2.02
澳大利亚元	1.59	1.77	1.69	1.80
人民币	—	—	1.08	1.23
瑞士法郎	0.24	0.27	0.16	0.18
其他货币	2.83	2.86	2.37	2.50

资料来源：Currency Composition of Official Foreign Exchange Reserves（COFER）。

双边货币合作稳步推进。2008 年以来，我国不断推动与其他国家的双边货币合作。截至 2017 年底，中国人民银行先后与 36 个国家或地区的货币当局签署了货币互换协议，总额度为 33437 亿元人民币，其中，失效额度为 2927 亿元人民币，已到期但尚未续签或宣布失效的额度为 4510 亿元人民币，货币互换余额为 30510 亿元人民币（见图 9-3）。①

人民币国际化基础设施不断完善。近年来，中国人民银行稳步推进人民币跨境支付系统（Cross-border Interbank Payment System，CIPS）建设，着力整合人民币跨境支付结算渠道和资源，提升跨境清算效率，满足全球不同时区人民币业务发展需要，为促进实体经济发展、保障"走出去"战略实施、推动人民币国际化发挥了重要支撑作用。2015 年 10 月，CIPS 一期正式上线运行，首批参与者为包括中国工商银行在内的 19 家银行机构。2016 年 7 月，中国银行（香港）有限公司作为直接参与者接入 CIPS，成为 CIPS 首家境外直接参与者。2018 年 3 月 26 日，CIPS 二期正式投产运行，10 家中外资银行同步试点上线。跨境银行间支付清算（上海）有限责任公司统计数据显示，截至 2018 年 3 月底，CIPS 共有 31 家直接参与

---

① 对已到期的 4510 亿元人民币双边互换额度，由于尚未正式宣布失效，且存在续签可能，故这一部分货币互换额度仍计算在货币互换余额内。

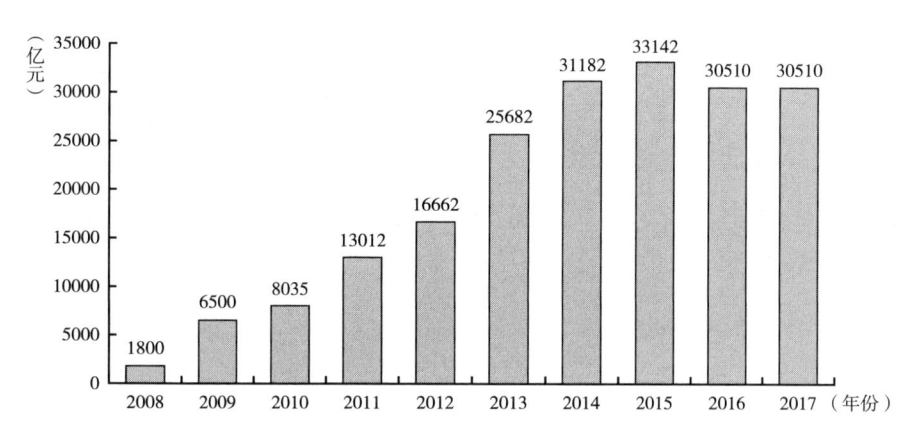

第九章 我国金融"走出去"背景下短期跨境资本流动的宏观审慎管理

图 9-3 中国人民银行和其他货币当局货币互换余额

资料来源：中国人民银行。

者，695 家间接参与者（其中亚洲 521 家，欧洲 88 家，北美洲 25 家，大洋洲 17 家，南美洲 16 家，非洲 28 家），初步形成了覆盖全球的跨境支付网络系统。CIPS 的不断完善促进了人民币跨境支付业务量的快速增长。2017 年，人民币跨境支付系统处理业务 125.90 万笔，金额达到 14.55 万亿元，同比分别增长 97.92% 和 233.67%，日均处理业务 5056.22 笔，日均处理金额为 584.50 亿元。[①] 此外，境外人民币业务清算行不断增加。我国自 2003 年 12 月在香港设立第 1 家人民币业务清算行以来，境外人民币业务清算行数量不断增加，特别是 2014 年以来，我国加快了境外人民币业务清算行的网点布局，覆盖了包括欧洲、美洲、东南亚、中东、大洋洲和非洲在内的广泛区域，世界主要发达国家中除日本外，英国、美国、德国、法国等国家均设有人民币业务清算行。2018 年 2 月，中国人民银行授权摩根大通担任美国人民币业务清算行，成为首家承担人民币清算业务的外资银行。

人民币离岸市场发展稳步提升。香港仍然保持着全球最大人民币离岸中心的位置。2018 年 3 月底，香港市场人民币存款为 5543.17 亿元，排在所有人民币离岸中心之首；截至 2017 年底，香港的人民币清算业务排名全球第一，占比高达 75.68%，较 2016 年底提高了 1.6 个百分点（见图

---

① 数据来源于中国人民银行的《2017 年支付体系运行总体情况》。

9-4）。伦敦人民币离岸市场稳步发展。2017年底，伦敦离岸人民币存款余额为626亿元，同比上升22.67%，离岸人民币贷款余额为571.2亿元，同比上升34.21%，均呈现稳健回升发展态势；2017年11月累计清算量为8489亿元，同比增长77.29%，继续保持亚洲地区以外规模最大清算中心；截至2018年3月，39%的离岸人民币外汇交易通过英国完成，伦敦成为最大的离岸人民币外汇交易中心（见图9-5）。①

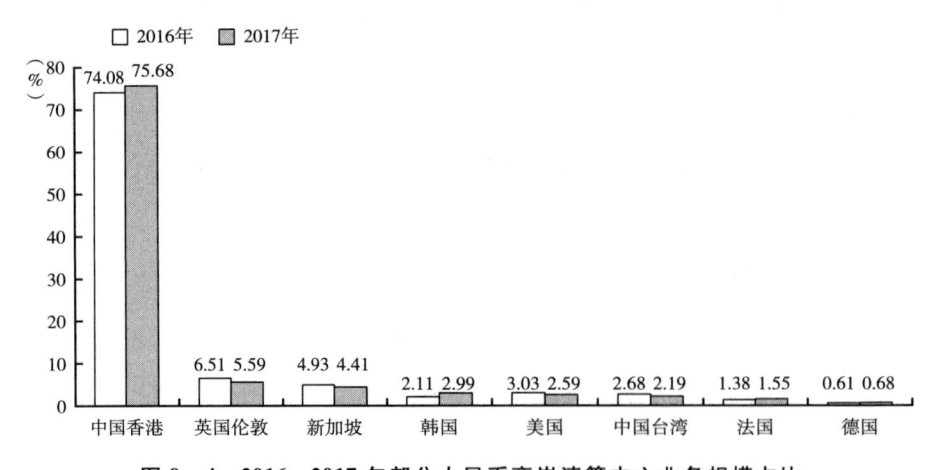

图9-4　2016—2017年部分人民币离岸清算中心业务规模占比

资料来源：SWIFT，RMB Tracker，2018年1月。

二、我国金融"走出去"的未来目标与风险防范

从中长期的视角来看，随着我国经济全球布局的次第展开，金融"走出去"相应需要有一个中长期的未来发展目标。同时，在实现这一目标的过程中需要积极防范与化解各种潜在风险。

（一）我国金融"走出去"的目标

1. 金融机构"走出去"的目标

依据金融机构"走出去"目标层级的不同，可以将金融机构"走出去"的目标划分为宏观层面的目标和微观层面的目标。宏观层面的目标

---

① 资料来源：中国工商银行伦敦分行。

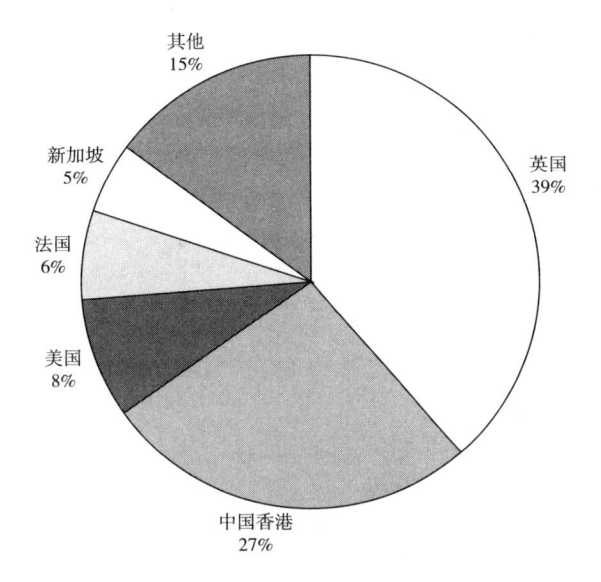

第九章 我国金融"走出去"背景下短期跨境资本流动的宏观审慎管理

图 9-5　2018 年 3 月全球主要离岸人民币外汇交易中心业务占比情况

与国家发展战略相一致，通过发挥金融机构在金融资源的筹集、配置等方面的作用，促进实现国家特定发展战略；微观层面的目标则主要服务于金融机构本身的发展战略，具体而言，金融机构"走出去"宏观层面的战略目标是充分利用国内外两种金融资源，在实现自身可持续发展的同时服务于中国对外经济战略；微观层面的目标则依金融机构性质的差异而有所不同，对商业银行来说，由于其商业性质，盈利性在"走出去"过程中居于首要位置，此外，通过开拓国际市场、提升盈利水平、增强国际竞争力等实现自身发展的战略目标亦是商业银行"走出去"微观层面的目标；对政策性银行和开发性银行来说，由于定位为非商业性金融机构，其主要目标是服务于国家中长期发展战略，例如，中国进出口银行旨在围绕服务国家战略，建设定位明确、业务清晰、功能突出、资本充足、治理规范、内控严密、运营安全、服务良好、具备可持续发展能力的政策性银行，国家开发银行则主要通过开展中长期信贷与投资等金融业务，为国民经济重大中长期发展战略服务。[①]

---

① 准确地讲，政策性银行还包括中国农业发展银行，但因农发行目前暂无海外分支机构，故此处没有加入农发行的发展目标。

2. 人民币国际化的目标

世界上很多国家的货币均不同程度地实现了国际化发展，但由于各国经济规模、资源禀赋等的差异，其货币国际化目标也不尽相同。如对于一些经济规模较小的国家来说，其推动货币国际化的主要目标在于便利本国开展跨境贸易、规避国际市场汇率波动风险等，主要发挥货币的跨境支付结算与交易作用。但对大国来说，货币的国际化是本国综合国力的重要体现，除发挥跨境支付结算与交易功能外，最核心的是使本国货币成为国际储备货币且在全球外汇储备中占有一定比例。

当前，人民币国际化水平与中国经济规模在世界上的地位存在较为明显的失衡。2017年，中国国内生产总值（GDP）为82.7万亿元人民币，约为12.2万亿美元，居全球第二位，同期美国GDP为19.3万亿美元，中美占全球经济的比重分别为16%和23%。2017年底，美元在全球储备货币中的比例为62.7%，在全球支付结算中的比例为41.27%（仅考虑跨境支付且剔除欧元区内部国家间的支付往来），远远高于人民币的1.23%和0.98%。[1] 人民币国际化的目标是使人民币在国际范围内的使用与中国经济在世界上的地位相匹配，即在跨境支付结算、投资以及储备货币等领域人民币在国际市场的份额与中国的经济地位相匹配。从这个角度来看，人民币国际化存在较大潜力。

（二）我国金融"走出去"面对的国际金融环境[2]

一国金融"走出去"的进展及成效与所处国际金融环境密不可分。当前，我国金融"走出去"面临错综复杂的国际金融环境，一方面，以美元为核心的"一超多强"的国际货币体系得到延续，即美国作为世界上唯一的超级大国，其货币美元在国际货币体系中居于核心地位，支付结算、投资以及储备货币领域中，美元在全球范围内所占份额均居于绝对优势地位。虽然布雷顿森林体系的崩溃一定程度上冲击了美元在国际货币体系中的地位，欧元、日元、英镑以及人民币等的作用有所提高，但仍难以撼动美元作为全球唯一"超级货币"的地位。另一方面，国际金融管理体系由注重促进币值稳定向注重促进机构稳定拓展，1999年4月，美国、

---

[1] 资料来源：国家统计局和SWIFT。
[2] 通常，一国所处的国际金融环境的核心部分是国际金融体系的制度构建及运行，构成国际金融体系的两大核心支柱是国际货币体系和国际金融监管体系。

日本、德国、英国、法国、加拿大以及意大利共同发起设立金融稳定论坛，重点研究影响全球金融稳定的相关问题并提出解决这些问题的行动方案，同年6月，中国香港、澳大利亚、新西兰以及荷兰成为论坛新成员。随着新兴经济体对世界经济的影响日渐增大，加之2008年国际金融危机对全球金融体系造成了巨大冲击，加强与改善全球金融监管的呼声日益高涨，2009年4月在伦敦举行的G20金融峰会决定将金融稳定论坛的成员扩展至包括中国在内的所有G20成员，并将其更名为金融稳定理事会（Financial Stability Board，FSB）。

目前，国际金融体系存在一些不足之处，这些不足的解决与否及解决的好坏将影响国际金融体系的未来发展。当前国际金融体系的不足集中体现在以下几方面。一是中心—外围汇率制度框架下，外围国家利益容易受损。以美国为代表的发达经济体通过货币输出实现商品输入，并主导国际金融市场运行，广大新兴经济体和发展中国家通过向发达经济体输出产品和资源，获取发达经济体的货币以满足支付结算和价值储藏等需要，发达经济体与新兴经济体和发展中国家在国际金融体系中地位的长期不对等使双方之间的利益冲突日益复杂和尖锐，一定程度上影响了国际金融体系的顺畅运行。二是《巴塞尔协议Ⅲ》难以完全满足监管需要。2008年国际金融危机爆发后，国际社会对金融监管体系进行了反思，一致认为当时的金融监管体系已经滞后于经济发展，难以对金融市场上一些隐蔽性较强、风险较高的金融创新业务进行有效约束和管理，加之之前作为金融监管主要规则的《巴塞尔协议Ⅱ》本身存在会导致金融机构出现顺周期性制度设计，反而放大了金融体系的周期性波动风险。针对《巴塞尔协议Ⅱ》暴露出来的这一关键不足之处，巴塞尔委员会在广泛征求意见的基础上，全面修订和出台了《巴塞尔协议Ⅲ》，以期能够弥补《巴塞尔协议Ⅱ》的不足。目前看来，《巴塞尔协议Ⅲ》在一定程度上缓解了金融机构的顺周期性行为，但在监管的组织架构、内容设定以及跨国协调等方面仍显得不够，特别是没有明确回答如何构建各国之间相容的宏观审慎监管框架这一国际金融监管领域的核心问题。三是国际货币体系和监管体系不协调性依然突出。布雷顿森林体系崩溃后，国际货币基金组织在监测国际市场汇率波动和各成员贸易运行情况、为成员提供资金和技术帮助、促进国际金融领域制度安排不断完善等方面发挥了重要作用，有力地促进了国际货币体系和金融体系的稳定。这与国际货币基金组织的政策对各成员具有较强的约束力密切相关，各成员会较为严格地将国际货币基金组织的规定付诸实践。与此相对，当前的国际金融监管体系则显得约束力不强，巴塞尔委员会作为主要的国际金融监管机构，针对金融机构业务特点制定了许多约束性指标，如银行机构的资本充足率标准、公允价值计量、银行不良贷款拨备计提等，但各国在对金融机构的监管中往往优先从本国需要出发，根据本国金融和经济发展需要进行监管，对巴塞尔委员会制定的监管指标也是根据需要进行取舍，导致国际金融监管成效不佳，跨国监管套利较普遍存在。国际货币体系的统一性与监管体系的分割状态并存，一定程度上制约了货币体系与监管体系协同，没有能够完全发挥两者在促进国际金融体系稳定方面的应有作用。[①]

未来一段时期，国际金融体系有望在保持当前格局稳定的基础上逐步调整。

一方面，国际货币体系"一超多强"的格局短时期内难以扭转，同时，欧元、英镑、日元、人民币等货币在国际金融市场的作用将逐渐增强。在当前的国际货币体系下，美元在全球的支付结算、投资以及储备货币方面均居于领先地位，且这一领先地位短时间内难以扭转，其他货币难以对美元现有的优势产生根本威胁。以美元在全球储备货币中所占的比例为例，1960—2016年，虽然经历了若干次经济危机，但美元在全球储备货币中所占的比例均超过50%，特别是2008年国际金融危机爆发后，美元在全球储备货币中的占比甚至出现了一定程度的上升（见图9-6）。与此同时，欧元、日元、英镑、人民币等世界主要经济体货币的使用也日益广泛，特别是在跨国支付结算领域。国际货币体系未来这一发展趋势背后的原因是未来一段较长时期内，美国将维持其世界唯一超级大国地位，但世界经济多极化发展趋势不变。世界经济格局决定国际金融体系格局。未来一段时期，美国作为世界上唯一超级大国的地位不会改变，经济、科技、军事等多个领域的领先优势决定了其在国际金融体系中仍将居于主要地位，但世界经济多极化的发展趋势决定了美国在国际金融体系中难以回归布雷顿森林体系下的绝对优势地位，欧元区、英国、日本和中国等世界主要经济体将在各方的持续博弈下获得与自身经济规模相适应的经济地位。

---

① 这类似于欧元区目前遇到的欧元危机，即欧元区国家统一使用欧元，实施统一的货币政策，但各国财政政策的不统一制约了欧元区货币政策的效果。

第九章 我国金融"走出去"背景下短期跨境资本流动的宏观审慎管理

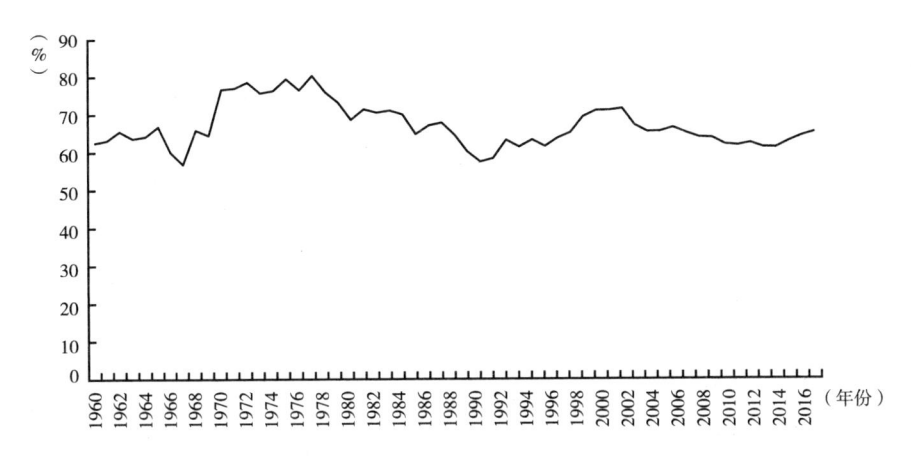

图9-6 1960—2016年美元占全球储备货币比例

另一方面，跨国金融监管协调问题短期内难以得到显著改观。跨国金融监管协调是国际金融监管领域的核心问题。2008年国际金融危机后，巴塞尔委员会虽然制定了最新的《巴塞尔协议Ⅲ》以期能够减少金融机构特别是系统重要性金融机构的顺周期性行为，并着力加强各国宏观审慎监管体系的融合，但毋庸讳言，全球范围内宏观审慎监管的实践仍处于发展的初期，各国都在探索建立符合本国国情的宏观审慎监管体系，加之各国国情和金融发展程度的差异，各国宏观审慎监管体系差别较大，短期内难以完全协调各国立场，实现跨国监管的协调一致。

第二节 金融"走出去"与短期跨境资本流动的宏观审慎管理

金融"走出去"作为我国经济"走出去"的重要组成部分，具有长期性，某种程度上，金融"走出去"同时也是国内外市场上包括各类资本在内的要素资源的流动。提升我国金融"走出去"成效，需要一定的制度体系的支撑，相应需要进行配套制度改革，便利各类要素的跨境流动。在这个过程中，短期跨境资本流动将更加便利，也更容易受国际金融市场波动影响，需要对其进行宏观审慎管理。

一、金融"走出去"将更加便利短期跨境资本流动

提升我国金融"走出去"成效需要一系列相关制度建设作为支撑（而我国当前仍然存在不少制约金融"走出去"的制度障碍），同时也需要建立并完善相关制度。金融"走出去"制度建设不断完善将更加便利短期跨境资本流动。

加强制度建设对于金融"走出去"意义重大。一方面，随着我国金融"走出去"程度不断提升，国际金融市场的波动对我国金融体系的影响也日益显著。面对复杂的国际金融市场环境及其变化，除了需要增强对各种突发状况的临时应变能力外，更需要通过在研究金融"走出去"规律的基础上建立相应的制度体系，尽可能在制度体系框架下解决金融"走出去"过程中的问题，减少随意性。另一方面，我国金融"走出去"的一个重要作用是充分利用国际国内两个市场的资源促进我国经济和金融的发展，而这需要包括资本、劳动力在内的各种生产要素的顺畅跨境流动，尽可能减少扭曲，包括因制度体系建设不完善而来的扭曲，由市场调节各类生产要素的跨境配置。

金融机构"走出去"方面，我国银行机构"走出去"取得较大进展，初步实现了全球布局；证券领域相继实现"沪港通"和"深港通"，极大便利了资金双向流动，筹划多时的"沪伦通"取得显著进展，监管部门多次表示争取于2018年底前正式推出，实现上海和伦敦资本市场的互联互通。金融机构"走出去"较好地支持了我国产品和企业的"走出去"。未来，我国金融机构进一步"走出去"，一方面要加强在美洲、非洲等地区的空间布局，特别是加强在"一带一路"沿线国家的布局；另一方面拓展在国际金融市场的业务范围，除银行类金融机构外，要进一步加强证券、信托等非银行类金融机构的全球布局。

我国金融机构"走出去"开展相关业务意味着对方金融市场对我国金融机构的开放，出于平等原则，我国的金融市场也需要对其他国家金融机构开放，虽然我国金融市场的开放是一个渐进的过程，但坚持开放的方向是确定的。从这个角度来说，加强我国金融"走出去"制度建设的一个重要方面是扩大金融业的对外开放。加入世界贸易组织（WTO）后，我国曾有过一次比较大规模的金融业集中对外开放，2018年我国开始了新

一轮大规模金融对外开放,中国人民银行公布了 11 条金融业扩大开放的政策举措。

专栏 我国金融业进一步扩大对外开放的具体措施

2018 年 4 月 11 日,中国人民银行行长易纲在亚洲博鳌论坛宣布了我国年内将实施的金融业对外开放的 11 条举措,具体包括:

(1) 取消银行和金融资产管理公司的外资持股比例限制,内外资一视同仁;允许外国银行在我国境内同时设立分行和子行;

(2) 将证券公司、基金管理公司、期货公司、人身险公司的外资持股比例上限放宽至 51%,三年后不再设限;

(3) 不再要求合资证券公司境内股东至少有一家是证券公司;

(4) 为进一步完善内地与香港两地股票市场互联互通机制,从 5 月 1 日起把互联互通每日额度扩大四倍,即沪股通及深股通每日额度从 130 亿元人民币调整为 520 亿元人民币,港股通每日额度从 105 亿元人民币调整为 420 亿元人民币;

(5) 允许符合条件的外国投资者来华经营保险代理业务和保险公估业务;

(6) 放开外资保险经纪公司经营范围,与中资机构一致;

(7) 鼓励在信托、金融租赁、汽车金融、货币经纪、消费金融等银行业金融领域引入外资;

(8) 对商业银行新发起设立的金融资产投资公司和理财公司的外资持股比例不设上限;

(9) 大幅度扩大外资银行业务范围;

(10) 不再对合资证券公司业务范围单独设限,内外资一致;

(11) 全面取消外资保险公司设立前需开设 2 年代表处要求。

货币"走出去"方面,人民币国际化取得显著进展,未来进一步使人民币在全球范围内发挥计价、支付结算和价值储备的职能,核心是提升人民币流动性,使人民币能够便利地兑换,顺畅地流出和回流,同时需要保持人民币币值的基本稳定。

无论是伴随金融机构"走出去"而来的我国金融业对外开放的进一

步扩大,还是人民币国际化水平的进一步提高,均可以从制度层面便利跨境资本流动,特别是随着我国资本市场对外开放程度的进一步提高,短期跨境资本流动的便利性将进一步提高,规模也将进一步扩大,对我国金融稳定的影响也会进一步扩大。

二、金融"走出去"背景下需要对短期跨境资本流动进行宏观审慎管理

改革开放以来,我国短期跨境资本流动规模不断增大,对经济运行的影响也不断增大,预计未来较长一段时期,短期跨境资本流动将延续当前态势,其对金融体系和宏观经济稳定可能产生的负面影响不容忽视。

(一)短期跨境资本流动规模不断增大

我国短期跨境资本流动主要以短期债权债务、股票市场投资以及银行机构在国际金融市场的短期融资等形式为主。其中,短期债权债务是我国短期跨境资本流动的主要形式,特别是短期债务规模的变化对我国金融和宏观经济的稳定具有较大影响。

1. 我国外债总体情况

以举借外债的方式弥补国内资金不足是改革开放至今我国重要的资金来源渠道之一,我国外债整体上维持着双向流动基本平衡的态势。表9-5为1985年至2017年我国外债流动与国民经济的情况,可以看出,这33年中我国外债流入和流出呈现以下一些特点:一是外债流动规模逐渐增大,与1985年相比,2017年流入的外债规模扩大了约197倍,同期外债流出规模增加了超过200倍;二是不同年份之间外债流入流出同比增速的变化较大,绝大多数年份的变化率达到或超过两位数,个别年份甚至达到三位数,例如2002年我国外债流入和流出同比增速分别达到141.9%和122.7%;三是外债流出和流入规模占国内生产总值的比例有一定程度波动,但整体上仍保持稳定,最高的2014年分别为16.4%和22.76%;四是偿债率[①]整体水平较低,说明我国外债整体的期限结构较为合理,没有出现短时期内大规模借入短期外债的情况。

[①] 偿债率是指当年外债还本付息额(中长期外债还本付息额加上短期外债还本付息额)占当年国际收支口径的货物与服务贸易出口收入的比例。

第九章 我国金融"走出去"背景下短期跨境资本流动的宏观审慎管理

表 9-5　1985—2017 年我国外债流动与国民经济情况

年份	外债流入（十亿美元）	外债流入比上年增长（%）	外债流出（十亿美元）	外债流出比上年增长（%）	外债净流入（十亿美元）	国内生产总值（十亿元人民币）	外债流出/国内生产总值（%）	外债流入/国内生产总值（%）	偿债率（%）
1985	8.33	n.a.	0.84	n.a.	7.49	904.0	0.3	2.97	2.7
1986	8.72	4.7	6.23	641.7	2.49	1030.9	2.1	2.94	15.4
1987	9.21	5.6	5.12	-17.8	4.09	1210.2	1.6	2.88	9.0
1988	14.23	54.5	7.28	42.2	6.95	1510.1	1.8	3.52	6.5
1989	17.43	22.5	17.02	133.8	0.41	1709.0	3.8	3.89	8.3
1990	16.48	-5.5	9.62	-43.5	6.86	1877.4	2.5	4.28	8.7
1991	18.86	14.4	12.79	33.0	6.07	2189.6	3.1	4.57	8.5
1992	15.22	-19.3	13.43	5.0	1.79	2706.8	2.7	3.06	7.1
1993	27.37	79.8	18.25	35.9	9.12	3552.4	3.0	4.50	10.2
1994	34.33	25.4	25.06	37.3	9.27	4846.0	4.5	6.18	9.1
1995	39.11	13.9	31.71	26.5	7.40	6113.0	4.3	5.30	7.6
1996	30.95	-20.9	22.47	-29.1	8.48	7157.2	3.1	3.58	6.0
1997	43.10	39.3	32.42	44.3	10.68	7942.9	3.4	4.52	7.3
1998	45.66	5.9	42.48	31.0	3.18	8488.4	4.1	4.41	10.9
1999	30.05	-34.2	36.45	-14.2	-6.40	9018.8	3.3	2.72	11.2
2000	24.92	-17.1	35.01	-4.0	-10.09	9977.6	2.9	2.06	9.2
2001	25.16	1.0	31.28	-10.7	-6.12	11027.0	2.3	1.85	7.5
2002	60.87	141.9	69.67	122.7	-8.80	12100.2	4.8	4.19	7.9
2003	101.54	66.8	98.13	40.8	3.41	13656.5	5.9	6.11	6.9
2004	205.97	102.8	190.24	93.9	15.73	16071.4	9.8	10.61	3.2
2005	281.05	36.5	271.59	42.8	9.46	18589.6	12.0	12.42	3.1
2006	385.43	37.1	365.15	34.4	20.28	21765.7	13.4	14.14	2.1
2007	500.20	29.8	479.81	31.4	20.39	26801.9	13.6	14.18	2.0
2008	575.90	15.1	557.16	16.1	18.74	31675.2	12.2	12.61	1.8
2009	387.52	-32.7	390.85	-29.8	-3.33	34562.9	7.7	7.63	2.9
2010	679.25	75.3	611.93	56.6	67.32	40890.3	10.1	11.21	1.6
2011	773.31	13.8	682.51	11.5	90.80	48412.1	9.1	10.31	1.7
2012	648.12	-16.2	651.79	-4.5	-3.67	53412.3	7.7	7.66	1.6
2013	1010.92	56.0	908.07	39.3	102.85	58801.9	9.6	10.68	1.6
2014	2353.40	n.a.	1695.98	n.a.	657.42	63591.0	16.4	22.76	2.6
2015	1205.13	-48.8	1599.54	-5.7	-394.41	68905.2	14.5	10.92	5.0
2016	1274.20	5.7	1255.19	-21.5	19.01	74358.5	11.2	11.37	6.1
2017	1645.41	29.1	1383.59	10.2	261.82	82712.2	11.3	13.44	6.9

注：n.a. 表示该数据空缺。
资料来源：国家外汇管理局。

2. 我国短期外债情况

短期外债在调剂我国短期资金余缺方面发挥了重要作用,改革开放后的一段时期内,中长期外债是我国外债的主体,进入21世纪后,短期外债逐步成为我国外债的主要组成部分。

表9-6为1985—2017年我国中长期外债和短期外债规模、增速等相关指标变化的情况。首先,短期外债余额规模增长速度明显快于中长期外债和总体外债规模增速。1985—2017年,我国短期外债余额规模从64.2亿美元增加至10990.4亿美元,增长了约170倍,同期中长期外债和总体外债余额分别增长了约64倍和107倍。其次,21世纪以来短期外债逐步成为我国外债的主要组成部分,2004年以来其占外债总余额的比例持续超过50%,最高的2013年占比高达78.4%的水平。最后,短期外债占我国外汇储备的比例在经过改革开放初期持续的下降后,近期有所回升。改革开放初期,我国外汇储备规模较小,因而短期外债余额占外汇储备的比例较高,随着我国外汇储备的快速增加,短期外债余额占外汇储备的比例也出现快速下降。近年来,我国外汇储备出现了一定程度的下降,而短期外债余额整体上仍在增加,因而短期外债余额占外汇储备的比例出现一定回升。

表9-6 1985—2017年我国外债结构变化情况

年份	外债余额（十亿美元）	中长期外债 余额（十亿美元）	中长期外债 比上年增长（%）	中长期外债 占总余额的比例（%）	短期外债 余额（十亿美元）	短期外债 比上年增长（%）	短期外债 占总余额的比例（%）	短期外债余额占外汇储备的比例（%）
1985	15.83	9.41	n. a.	59.4	6.42	n. a.	40.6	242.8
1986	21.48	16.71	77.6	77.8	4.77	-25.7	22.2	230.2
1987	30.20	24.48	46.5	81.1	5.72	19.9	18.9	195.7
1988	40.00	32.69	33.5	81.7	7.31	27.8	18.3	216.8
1989	41.30	37.03	13.3	89.7	4.27	-41.6	10.3	76.9
1990	52.55	45.78	23.6	87.1	6.77	58.5	12.9	61.0
1991	60.56	50.26	9.8	83.0	10.30	52.1	17.0	47.4
1992	69.32	58.47	16.3	84.3	10.85	5.3	15.7	55.8
1993	83.57	70.02	19.8	83.8	13.55	24.9	16.2	63.9
1994	92.81	82.39	17.7	88.8	10.42	-23.1	11.2	20.2

续表

年份	外债余额（十亿美元）	中长期外债 余额（十亿美元）	中长期外债 比上年增长（%）	中长期外债 占总余额的比例（%）	短期外债 余额（十亿美元）	短期外债 比上年增长（%）	短期外债 占总余额的比例（%）	短期外债余额占外汇储备的比例（%）
1995	106.59	94.68	14.9	88.8	11.91	14.3	11.2	16.2
1996	116.28	102.17	7.9	87.9	14.11	18.5	12.1	13.4
1997	130.96	112.82	10.4	86.1	18.14	28.6	13.9	13.0
1998	146.04	128.70	14.1	88.1	17.34	-4.4	11.9	12.0
1999	151.83	136.65	6.2	90.0	15.18	-12.5	10.0	9.8
2000	145.73	132.65	-2.9	91.0	13.08	-13.8	9.0	7.9
2001	203.30	119.53	n.a.	58.8	83.77	n.a.	41.2	39.5
2002	202.63	115.55	-3.3	57.0	87.08	4.0	43.0	30.4
2003	219.36	116.59	0.9	53.2	102.77	18.0	46.8	25.5
2004	262.99	124.29	6.6	47.3	138.71	35.0	52.7	22.7
2005	296.54	124.90	0.5	42.1	171.64	23.7	57.9	21.0
2006	338.59	139.36	11.6	41.2	199.23	16.1	58.8	18.7
2007	389.22	153.53	10.2	39.4	235.68	18.3	60.6	15.4
2008	390.16	163.88	6.7	42.0	226.28	-4.0	58.0	11.6
2009	428.65	169.39	3.4	39.5	259.26	14.6	60.5	10.8
2010	548.94	173.24	2.3	31.6	375.70	44.9	68.4	13.2
2011	695.00	194.10	12.0	27.9	500.90	33.3	72.1	15.7
2012	736.99	196.06	1.0	26.6	540.93	8.0	73.4	16.3
2013	863.17	186.54	-4.9	21.6	676.63	25.1	78.4	17.7
2014	1779.90	481.70	n.a.	27.1	1298.20	n.a.	72.9	33.8
2015	1382.98	495.57	2.9	35.8	887.41	-31.6	64.2	26.6
2016	1415.80	549.76	10.9	38.8	866.04	-2.4	61.2	28.8
2017	1710.62	611.58	11.2	35.8	1099.04	26.9	64.2	35.0

注：n.a. 表示该数据空缺。
资料来源：国家外汇管理局。

从短期外债结构来看，其他接受存款公司和其他部门持有的短期外债是我国短期外债主要组成部分，其中其他接受存款公司持有的短期外债自2014年底以来波动较大，呈现"U"形变化趋势（见表9-7）。

表 9-7 2014 年 12 月至 2018 年 3 月我国短期外债结构变化情况

单位：亿美元

时间	广义政府	中央银行	其他接受存款公司	其他部门
2014 年 12 月末	73	105	8123	3940
2015 年 3 月末	0	82	7123	3809
2015 年 6 月末	8	81	7082	3737
2015 年 9 月末	0	116	5901	3459
2015 年 12 月末	30	132	5020	3041
2016 年 3 月末	58	210	4585	2607
2016 年 6 月末	94	208	4690	2673
2016 年 9 月末	111	182	4710	2928
2016 年 12 月末	122	89	4677	3126
2017 年 3 月末	101	122	5350	2909
2017 年 6 月末	117	178	6105	2997
2017 年 9 月末	144	129	6702	3258
2017 年 12 月末	170	108	6696	3332
2018 年 3 月末	188	126	7313	3540

资料来源：国家外汇管理局。

（二）我国金融"走出去"目标的实现需要对短期跨境资本流动进行宏观审慎管理

短期跨境资本的整体平稳流动、避免出现大幅波动关系到我国金融"走出去"目标的实现。从金融机构"走出去"的角度看，金融机构在国际金融市场上进行短期资金余缺调剂非常普遍，但需要把握短期资金调剂的节奏和力度，合理分配借入短期资本的规模及期限，避免因短期外债规模过大、偿还期限过于集中而导致出现流动性危机。从人民币国际化的角度来看，提升外部经济主体持有人民币的意愿是进一步提升人民币国际化的基础，扩大人民币在计价、支付结算和价值储藏领域作用的一个必要条件是保持人民币币值基本稳定，避免出现人民币汇率大幅波动。对于中长期跨境资本流动，各市场主体往往拥有足够的时间预估其可能产生的影响并采取相应举措加以应对，因而中长期跨境资本流动对人民币汇率波动的影响相对可控，而短期跨境资本的大规模流动将导致外汇市场上短时期内人民币供求失衡加剧，导致人民币汇率频繁大幅波动，削弱外部市场主体持有人民币的意愿，延缓人民币国际化进程。

我国经济与全球金融监管的发展需要对短期跨境资本流动进行宏观审

慎管理。在我国金融"走出去"过程中，一方面，系统重要性金融机构在短期跨境资本流动中所起的作用将日益突出。目前，我国共有5家金融机构入选全球系统重要性金融机构，[①] 其中4家国有大型股份制商业银行在机构布局、业务范围和未来发展趋势等方面居于国内领先地位，其在短期跨境债权债务资金融通中发挥的作用将日益重要，有望成为我国短期跨境资本流动的主要通道之一，同时其所面临的风险敞口水平也将影响我国整个金融体系的稳定。另一方面，随着我国经济进一步融入世界经济体系，外部经济周期性波动以及在此影响下而产生的短期跨境资本周期性流动也将日益频繁。全球金融监管方面，加强全球金融监管合作有助于推动我国金融更好地"走出去"。宏观审慎管理弥补了原有金融监管体系注重微观审慎而忽视宏观审慎的不足，得到巴塞尔委员会和绝大多数国家的认可，各国也在探索建立基于本国实际的宏观审慎管理体系，部分国家已在短期跨境资本流动的宏观审慎管理方面进行了有益的探索并取得了一定经验。未来，宏观审慎管理有望成为全球范围内对短期跨境资本流动进行监管的主要方式，需要各国积极参与到这一过程当中，为全球短期跨境资本流动监管不断完善提供帮助。因此，基于上述原因，未来我国金融"走出去"过程中需要加强对短期跨境资本流动进行宏观审慎管理。

第三节　金融"走出去"背景下短期跨境资本流动宏观审慎管理面临的障碍及政策建议

经济全球化不仅使各国经贸往来更加密切，同时也使各国的金融体系的融合程度日益加深。这一金融发展模式的一个显著优势是能够实现金融资源全天候在世界范围内的优化配置，使资金从富余国家流向资金短缺国家，从盈利能力弱的领域流向盈利能力强的领域。但同时，这一金融发展模式也使金融风险从原先的一个国家、某个特定区域范围内扩展至全球范围。对我国而言，经济全球化使我国在享受全球化带来红利的同时，也使我国难以避免国际金融市场波动的影响，如跨境资本的大规模流动、外汇

[①] 这5家金融机构分别为中国工商银行、中国建设银行、中国银行、中国农业银行和中国平安保险。

市场的大幅波动等，经济全球化时代我国金融"走出去"将受到国内外诸多潜在风险的影响，同时也存在一系列障碍。

一、金融"走出去"背景下短期跨境资本流动宏观审慎管理面临的风险与障碍

从大的方面看，我国金融"走出去"背景下短期跨境资本流动宏观审慎管理面临的风险可以划分为市场类风险和非市场类风险。市场类风险方面，短期内以美国以加息和缩表为主要组成部分的紧缩性货币政策及其溢出效应所导致的国际金融市场动荡为主，长期内世界主要经济体经济的周期性波动将成为我国金融"走出去"面临的主要风险。

非市场类风险方面，宏观层面的风险主要体现在两个方面，其一是国内金融体系积累的风险及制度体系建设方面存在的不足将削弱我国在金融"走出去"过程中应对风险的能力。近年来，随着我国经济增速放缓，经济运行中的潜在风险逐步暴露出来，特别是近一段时期以来，金融领域风险性事件陆续发生，如互联网金融领域众多的违规筹资事件、不少企业出现了债务违约等。对此，我国从政策层面明确了要牢牢守住不发生系统性金融风险的底线，实践层面采取了多项举措整顿金融秩序，稳步有序释放金融风险。从目前的进展来看，我国金融体系面临的风险仍较严峻，且这一态势预计仍将持续一段时期，加之金融制度体系的建设与完善是一个长期的过程，国内金融体系风险释放与制度建设的长期性将成为影响我国金融"走出去"面临的潜在风险之一。其二是东道国政局动荡和政策变化的风险。虽然和平与发展是当今世界的主题，但世界形势总体平稳、局部动荡的发展态势在未来较长的一个时期内不会改变。我国金融"走出去"既包括经济社会发展水平较高的发达国家和地区，也包括广大新兴经济体和发展中国家，更包括发展水平较为落后的国家和地区。发达国家和地区整体上政局较为稳定，而部分落后国家和地区政局较为动荡，政权更替较为频繁。政局的动荡将对我国金融"走出去"产生影响。此外，东道国宏观经济政策的调整也会使我国金融"走出去"面临政策调整的风险。

微观层面的非市场类风险主要是指金融机构内部存在的道德风险和操作风险，道德风险指金融机构管理人员出于自身利益需要而做出的影响短期跨境资本流动的决策，如在风险水平较高的情况下向境外主体发放大量

短期贷款或者借入大量短期资金，导致金融机构面临流动性风险。操作风险方面，随着管理水平不断提升，我国金融"走出去"面临的操作风险有望逐步降低。

我国金融"走出去"背景下短期跨境资本流动宏观审慎管理面临的内外部障碍主要有以下一些。

一是我国在国际金融体系中的话语权还不够强，难以通过影响国际货币和金融监管体系规则的制定来影响短期跨境资本流动。一国在国际金融体系中话语权的强弱在很大程度上会决定国际金融规则的制定是否有利于实现该国的金融利益诉求。当一国在国际金融体系中具有较强的话语权时，国际金融规则体系构建和政策形成的最终结果往往更多体现该国的利益，话语权较弱国家的利益往往会被忽视，被动接受不利于本国金融安全的国际金融制度安排。虽然目前我国 GDP 居全球第 2 位，但在国际金融体系中的话语权与我国在世界上的经济地位极度不匹配，尤其是在国际货币基金组织（IMF）、国际清算银行（BIS）和世界银行（World Bank）中的话语权不强，难以通过影响上述机构的政策制定来有效维护国家金融安全，降低金融"走出去"面临的风险。以我国在世界银行的投票权为例，目前我国在世界银行的投票权为 4.42%，排第 3 位，但美国的投票权为 15.85%，具有一票否决权，德、法、英、意四国投票权虽然均低于中国，但四国总和达到 14.14%（见表 9-8）。

表 9-8 世界银行投票权排名前十的国家

单位：%

名次	国家	改革后投票权	改革前投票权
1	美国	15.85	15.85
2	日本	6.84	7.62
3	中国	4.42	2.77
4	德国	4.00	4.35
5	法国	3.75	4.17
6	英国	3.75	4.17
7	印度	2.91	2.77
8	俄罗斯	2.77	2.77
9	沙特阿拉伯	2.77	2.77
10	意大利	2.64	2.71

资料来源：公开资料。

二是我国国内相关配套制度改革相对滞后。目前我国在跨境资本流动的宏观审慎管理方面进行了一些探索，如在人民币兑美元汇率中间价报价模型中引入"逆周期调节因子"，使人民币中间价形成机制变为"收盘汇率＋一篮子货币汇率变化＋逆周期调节因子"，此外我国还通过一些管制措施应对跨境资本（特别是短期跨境资本）的流动，但短期跨境资本流动宏观审慎管理的相关配套制度改革相对滞后，如人民币汇率形成机制尚未完全市场化，资产账户开放程度有待进一步提高，国内利率水平市场化改革也有待继续完善等，配套制度改革的相对滞后在一定程度上降低了短期跨境资本流动宏观审慎管理政策的成效。

三是国际性跨境资本流动监管协调规则体系有待完善。2008年全球金融危机后虽然各国普遍意识到宏观审慎管理在促进金融体系稳健方面将发挥重要作用，巴塞尔委员会也推出了新的资本协议并积极推动在各国的实施，但专门针对国际范围内跨境资本流动的监管规则体系尚未完全建立。部分国家虽然在对短期跨境资本流动的宏观审慎管理方面进行了探索，但各国宏观审慎监管工具的协调仍是短期跨境资本流动宏观审慎管理中的主要难点之一。如部分国家针对短期跨境资本流动实施了资本流动税，并根据各自需要设定了相应税率，旨在通过增加资本流动成本以减轻短期跨境资本流动的波动，但各国资本流动税率的差异使税率相对较低的国家容易受短期跨境资本流动的冲击，削弱了其宏观审慎政策有效性。

二、金融"走出去"背景下对短期跨境资本流动进行宏观审慎管理的政策建议

（1）明确我国在国际金融体系中的定位。短期跨境资本流动涉及深层次国际金融市场利益格局的调整，明确我国在国际金融体系中的定位有助于我国出台为其他国家所接受的短期跨境资本流动管理规则，推动建立完善全球短期跨境资本流动管理体系。未来一段时期中国在国际金融体系中可定位为"积极的参与者"，而非领导者。与改革开放之初相比，中国在国际金融体系中的影响力有了很大提升。人民币在跨境支付结算中被广泛使用，储备货币职能的发挥也平稳起步，但相对美元、英镑、欧元、日元等货币来说，仍是"后来者"，话语权还不强，需要在一段较长的时期内不断完善自身金融体系建设，提升金融发展水平。世界经济多极化以及

国际金融体系的改革给中国参与制定全球短期跨境资本流动规则提供了机遇，应不失时机积极参与国际金融体系的改革，并提出基于我国在国际金融体系中定位的短期跨境资本流动宏观审慎管理的中国方案。

(2) 推动完善国际金融领域多边治理体系。国际货币体系多元化是世界经济发展多极化在国际金融领域的反映，同时也会对全球短期跨境资本流动格局产生重要影响。实现国际货币体系多元化的目标，需要建立相应的全球多边经济治理体系，特别是国际金融领域的多边治理体系。我国应积极参与全球性多边金融治理体系的建设，提升包括中国在内的发展中国家和新兴市场经济体的话语权，推动国际金融多边治理体系落到实处。

(3) 加强与世界银行、国际货币基金组织等国际金融机构的合作，参与国际宏观审慎管理规则体系的构建，积极推动短期跨境资本流动领域的跨国金融监管合作。当前及今后一个时期国际金融体系不会出现大的变化，这也意味着国际性的短期跨境资本流动监管规则的形成需要借助国际货币基金组织、世界银行以及巴塞尔委员会等国际金融机构的力量，因此需要加强与上述机构的合作，借以推动短期跨境资本流动宏观审慎管理规则得到各国认可。加强与其他国家在巴塞尔委员会、金融稳定理事会、IMF 等多边国际金融组织中的合作，不断强化上述监管机构的监督职能，树立监管权威。同时，积极利用上述国际金融机构平台，与其他国家就短期跨境资本流动宏观审慎管理领域的合作进行磋商，协调各国监管立场。由点及面开展与其他国家在短期跨境资本流动宏观审慎管理领域的合作，初期可考虑在与我国经贸往来规模较大的国家之间进行监管合作试点，在条件成熟的情况下稳步扩大金融监管合作的国家范围。

(4) 完善我国宏观审慎管理体系建设，深化相关配套制度改革。宏观审慎管理体系的建立是一项系统性工程，短期跨境资本流动的宏观审慎管理作为整个宏观审慎管理体系的重要组成部分，与其他领域的配套改革密切相关。一方面，应基于我国国情不断完善短期跨境资本流动宏观审慎管理体系和监管工具箱，探索宏观审慎管理领域的规律性经验；另一方面，继续稳步推进利率市场化、人民币汇率市场化形成机制等配套领域的改革，减少制度扭曲，为短期跨境资本流动的宏观审慎管理创造良好的制度环境。

(5) 充分发挥香港国际金融中心的作用，为短期跨境资本流动的宏观审慎管理探索积累经验。香港作为国际金融中心之一，在金融机构国际化程度、人才储备、法律法规制度体系、金融基础设施等方面居于全球前列,是我国金融机构进入国际市场的重要窗口和桥梁。同时,香港作为全球著名的自由港之一,对短期跨境资本流动的限制较少,国际金融市场的波动能够在短时期内反馈至香港市场。香港在应对短期跨境资本流动的冲击方面积累了一定的经验,应利用香港的这一有利地位,结合我国国情促进短期跨境资本流动宏观审慎管理体系所需的制度、人才等的建设。

(6) 准确研判经济周期性波动。逆周期调节跨境资本流动是宏观审慎管理政策的重要方面。短期跨境资本流动虽然较多地受各种临时性因素的影响,但经济周期性波动这一中长期因素在短期跨境资本流动的趋势性变化方面具有重要影响。从政策的角度来看,准确研判经济周期所处的阶段,有助于在短期跨境资本流动的宏观审慎管理中综合考虑短期和中长期因素的作用,提高政策的短期针对性和中长期的预见性。

(7) 保持人民币汇率在均衡水平上的基本稳定。人民币汇率形成机制市场化改革正在稳步推进,在可预见的未来将由市场供求决定人民币汇率的均衡水平。在这一背景下,实现人民币汇率在均衡水平上的基本稳定,需要我国拥有一定规模的外汇储备,以备外汇市场上人民币汇率出现较大程度波动时有能力及时进行干预,减轻人民币汇率的波动。

附　录

附录一　类托宾税等价格型工具的国际实践

国家	政策工具	政策目标	调控对象	具体内容	实施效果
智利	无息准备金	应对资本流入	外国贷款（除贸易信贷）、美国存托凭证、银行外币存款、投机性外国直接投资	1991—1998年智利逐步对除贸易信贷以外的所有外国贷款、银行外币存款、二级市场交易的美国存托凭证、投机性外国直接投资等征收无偿准备金，准备金率从最初的20%提高至30%，缴存期限从最初的90天至1年逐步统一为1年，缴存方式由最初的无限制调整为币种只限美元。形势变化后，智利逐步调整无息准备金率至零，并不断放宽缴存范围。2001年取消征收	短期跨境资本流入币种大幅下降，改善了资本流入结构，保持了相对稳定的正的利差，为独立的货币政策创造了较大空间
马来西亚	累进特别费	应对资本流出	利润汇出、证券投资	1998年9月，马来西亚政府开始对利润汇出征收托宾税。1999年，对证券投资流出的外汇兑换环节征收特别费，费率与投资期限成反比	较好地抑制了资本流出，特别是短期跨境资本流出，减轻了汇率压力，促进了金融体系稳定
泰国	无息准备金	应对资本流入	外国直接投资、境外借款	2006年12月，泰国宣布实施无息准备金制度，规定境外借款由金融机构预留30%作为准备金，一年返还，外国直接投资也适用这一限制，但在提供相关证明后可返还预留资金	政策出台后市场波动剧烈，股市、汇市大跌，政府被迫缩小无息准备金适用范围，并以失败告终

续表

国家	政策工具	政策目标	调控对象	具体内容	实施效果
巴西	金融交易税	应对资本流入	外国投资者证券投资、债券投资	2009年10月,对投资本国股票和债券市场的外国投资者征收2%的预提税;2010年,上调债券投资税率至6%,股票基金投资税率至4%	有效抑制了短期资本流入,资本流入明显放缓
印度尼西亚	外币存款准备金	应对资本流入	外币存款	2010年,印尼将外币存款准备金从1%提高至8%(同期本币存款准备金从5%提高至8%),并在2011年提高存贷比大于100%的银行的准备金要求	—
韩国	征收预扣税	应对资本流入	外国投资者债券投资	2011年1月,为抑制外国投资者对韩国国债的投资增长,对外国投资者债券投资的利息收入征收15.4%的预扣税	缓解了短期资本流入压力,短期外债占比明显下降
韩国	宏观审慎稳定税	应对资本流入	银行非存款外币负债	2011年8月,对国内和国外银行持有的非存款外币负债进行征税:持有时间1年以下,税率0.2%;1年至3年,税率0.1%;3年至5年,税率0.05%;5年以上,税率0.02%	
土耳其	无息准备金	应对资本流入	银行缴存准备金	停止对准备金支付利息,大幅度提高准备金比例,创新推出准备金选择机制,银行可以持有外汇或黄金来代替土耳其里拉作为准备金。土耳其央行通过改变准备金选择系数,改变持有外汇或黄金的成本	外汇储备显著增加
西班牙	无息准备金	应对资本流出	本币净卖出头寸	对本币净卖出头寸征收100%、期限1年的准备金	未能完全阻止本币贬值

资料来源:转引自《金融纵横》2017年第1期,第30页。

附录二 国家外汇管理局历年资本项目外汇管理政策汇总

附表1 资本项目综合类

序号	文件名称	发布日期
1	关于再次重申境外开立外汇账户的有关规定的通知	1996年11月4日
2	关于禁止非金融企业之间进行外汇借贷的通知	1996年12月5日
3	境内机构借用国际商业贷款管理办法	1997年9月24日
4	关于加强资本项目外汇管理若干问题的通知	1998年9月15日
5	关于完善资本项目外汇管理有关问题的通知	1999年1月7日
6	关于非贸易及部分资本项目项下售付汇提交税务凭证有关问题的通知	1999年10月18日
7	关于外汇指定银行县级和县级以下支行恢复办理资本项目外汇业务有关事项的通知	1999年11月3日
8	关于非贸易及部分资本项目项下售付汇提交税务凭证有关问题的通知	2000年5月19日
9	关于外销房转内销外汇管理若干问题的批复	2000年8月22日
10	资本项目外汇收入结汇暂行办法	2001年1月1日
11	中国人民银行、国家外汇管理局关于调整资本项下部分购汇管理措施的通知	2001年10月24日
12	国家外汇管理局关于取消部分资本项目外汇管理行政审批后过渡政策措施的通知	2003年4月3日
13	国家外汇管理局关于改进外商投资企业资本项目结汇审核与外债登记管理工作的通知	2004年5月17日
14	国家外汇管理局关于跨国公司外汇资金内部运营管理有关问题的通知	2004年10月18日
15	中国人民银行公告〔2004〕第16号	2004年11月16日
16	国家外汇管理局关于印发《〈个人财产对外转移售付汇管理暂行办法〉操作指引（试行）》的通知	2004年12月9日

续表

序号	文件名称	发布日期
17	国家外汇管理局、外交部、公安部、监察部、司法部关于实施《个人财产对外转移售付汇管理暂行办法》有关问题的通知	2005年1月27日
18	国家税务总局 国家外汇管理局关于个人财产对外转移提交税收证明或者完税凭证有关问题的通知	2005年1月31日
19	国家外汇管理局关于下放部分资本项目外汇业务审批权限有关问题的通知	2005年8月25日
20	国家外汇管理局综合司关于下发《关于完善外债管理有关问题的通知》及《关于境内居民通过境外特殊目的公司融资及返程投资外汇管理有关问题的通知》操作规程的通知	2005年11月24日
21	中华人民共和国建设部、商务部、国家发展和改革委员会、中国人民银行、国家工商行政管理总局、国家外汇管理局关于规范房地产市场外资准入和管理的意见	2006年7月11日
22	国家外汇管理局 建设部关于规范房地产市场外汇管理有关问题的通知	2006年9月1日
23	国家外汇管理局关于调整部分资本项目外汇业务审批权限的通知	2009年5月13日
24	国家外汇管理局关于发布《境内企业内部成员外汇资金集中运营管理规定》的通知	2009年10月15日
25	国家外汇管理局关于调整部分资本项目外汇业务审批权限的通知	2010年6月29日
26	关于进一步规范境外机构和个人购房管理的通知	2010年11月15日
27	国家外汇管理局关于取消和调整部分资本项目外汇业务审核权限及管理措施的通知	2011年5月23日
28	国家外汇管理局关于资本项目信息系统试点及相关数据报送工作的通知	2012年12月3日
29	国家外汇管理局关于进一步改进和调整资本项目外汇管理政策的通知	2014年1月24日
30	国家外汇管理局关于改革和规范资本项目结汇管理政策的通知	2016年6月15日

附表2 跨境直接投资类

序号	文件名称	发布日期
1	境外投资外汇管理办法	1989年3月6日
2	境外投资外汇管理办法细则	1990年6月26日
3	关于对境外投资外汇风险审查和外汇资金来源审查书面结论统一规范的通知	1991年6月21日
4	境外投资外汇风险及外汇资金来源审查的审批规范	1993年9月20日

续表

序号	文件名称	发布日期
5	关于外商投资企业中方投资者购买外汇投资款的通知	1994年11月3日
6	关于《境外投资管理办法》的补充通知	1995年9月14日
7	关于外商投资企业资本金变动若干问题的通知	1996年6月28日
8	外商投资企业外汇登记管理暂行办法	1996年6月28日
9	关于外商投资企业申报和区分外汇账户若干问题的通知	1996年9月24日
10	对外商投资企业实行联合年检的试行方案	1996年12月26日
11	关于对外商投资企业实行联合年检的通知	1996年12月26日
12	关于境外上市企业外汇账户开立与使用有关问题的通知	1997年5月8日
13	关于简化境外带料加工装配业务外汇管理的通知	1999年4月20日
14	关于援外项目外汇管理有关问题的通知	1999年7月30日
15	关于授权分局办理外商投资企业转股、清算外汇业务的通知	1999年12月22日
16	关于外商投资企业以发展基金和储蓄基金转为注册资本增资的外汇管理的规定	2000年7月17日
17	关于2002年外商投资企业联合年检有关工作的通知	2001年12月25日
18	财政部、国家外汇管理局关于进一步加强外商投资企业验资工作及健全外资外汇登记制度的通知	2002年3月15日
19	国家外汇管理局关于开展外商直接投资外汇登记工作有关问题的通知	2002年4月30日
20	国家外汇管理局关于改革外商投资项下资本金结汇管理方式的通知	2002年6月17日
21	国家外汇管理局关于外商收购境内土地使用权外汇登记有关问题的批复	2002年7月4日
22	国家外汇管理局关于转发《国务院办公厅关于妥善处理现有保证外方投资固定回报项目有关问题的通知》的通知	2002年10月24日
23	国家外汇管理局关于清理境外投资汇回利润保证金有关问题的通知	2002年11月12日
24	利用外资改组国有企业暂行规定	2002年11月18日
25	境外投资联合年检暂行办法	2002年11月27日
26	国家外汇管理局、财政部关于调整外商投资企业外汇年检"外汇内容表"的通知	2002年12月12日
27	对外贸易经济合作部、国家税务总局、国家工商行政管理总局、国家外汇管理局关于加强外商投资企业审批、登记、外汇及税收管理有关问题的通知	2002年12月30日
28	外商投资创业投资企业管理规定	2003年2月18日

续表

序号	文件名称	发布日期
29	国家外汇管理局关于完善外商直接投资外汇管理工作有关问题的通知	2003年3月6日
30	国家外汇管理局关于简化境外投资外汇资金来源审查有关问题的通知	2003年3月19日
31	外国投资者并购境内企业暂行规定	2003年4月12日
32	商务部、国家外汇管理局关于简化境外加工贸易项目审批程序和下放权限有关问题的通知	2003年6月26日
33	国家外汇管理局关于退换境外投资汇回利润保证金有关问题的通知	2003年7月8日
34	国家外汇管理局关于进一步深化境外投资外汇管理改革有关问题的通知	2003年10月15日
35	商务部、海关总署、国家税务总局、国家外汇管理局《关于设立外商投资出口采购中心管理办法》	2003年11月17日
36	国家外汇管理局关于改进外商投资企业外汇年检工作有关事项的通知	2004年2月18日
37	商务部、国家外汇管理局关于2004年境外投资联合年检和综合绩效评价工作有关事项的通知	2004年3月8日
38	国家外汇管理局关于在出口加工区、保税区和上海钻石交易所开展外商直接投资验资询证及外资外汇登记工作的通知	2004年10月27日
39	国家外汇管理局综合司关于转发中国注册会计师协会《外汇收支情况表审核指导意见》的通知	2005年1月27日
40	国家外汇管理局关于境外上市外汇管理有关问题的通知	2005年2月1日
41	国家外汇管理局关于边境地区境外投资外汇管理有关问题的通知	2005年3月3日
42	商务部、国家外汇管理局关于印发《企业境外并购事项前期报告制度》的通知	2005年3月31日
43	商务部、国家外汇管理局关于2005年境外投资联合年检和综合绩效评价工作有关事项的通知	2005年4月6日
44	国家外汇管理局关于扩大境外投资外汇管理改革试点有关问题的通知	2005年5月19日
45	国家外汇管理局关于境内居民通过境外特殊目的公司融资及返程投资外汇管理有关问题的通知	2005年10月21日
46	中华人民共和国商务部、中国证券监督管理委员会、国家税务总局、国家工商行政管理总局《外国投资者对上市公司战略投资管理办法》	2005年12月31日

续表

序号	文件名称	发布日期
47	商务部、国家外汇管理局关于2006年境外投资联合年检和综合绩效评价工作有关事项的通知	2006年6月2日
48	国家外汇管理局关于调整部分境外投资外汇管理政策的通知	2006年6月6日
49	中华人民共和国商务部、国务院国有资产监督管理委员会、国家税务总局、国家工商行政管理总局、中国证券监督管理委员会、国家外汇管理局《关于外国投资者并购境内企业的规定》	2006年8月8日
50	商务部、国家外汇管理局关于进一步加强、规范外商直接投资房地产业审批和监管的通知	2007年6月11日
51	保险资金境外投资管理暂行办法	2007年7月31日
52	国家外汇管理局关于开展境内个人直接投资境外证券市场试点的批复	2007年8月20日
53	国家外汇管理局综合司关于直接投资外汇业务信息系统与外汇账户系统操作有关问题的通知	2008年8月5日
54	国家外汇管理局综合司关于完善外商投资企业外汇资本金支付结汇管理有关业务操作问题的通知	2008年8月29日
55	国家外汇管理局关于在全国范围推广上线直接投资外汇业务信息系统境外投资模块有关事项的通知	2008年12月22日
56	国家外汇管理局关于境内企业境外放款外汇管理有关问题的通知	2009年6月9日
57	国家外汇管理局关于发布《境内机构境外直接投资外汇管理规定》的通知	2009年7月13日
58	国家外汇管理局关于境内银行境外直接投资外汇管理有关问题的通知	2010年7月5日
59	国家外汇管理局关于印发《境内居民通过境外特殊目的公司融资及返程投资外汇管理操作规程》的通知	2011年5月27日
60	国家外汇管理局关于鼓励和引导民间投资健康发展有关外汇管理问题的通知	2012年6月15日
61	国家外汇管理局综合司关于上海证券交易所和中国证券登记结算有限责任公司上海分公司证券交易费用专用外汇账户增加收支范围的批复	2012年8月2日
62	国家外汇管理局关于外商投资合伙企业外汇管理有关问题的通知	2012年11月21日
63	国家外汇管理局关于进一步改进和调整直接投资外汇管理政策的通知	2012年11月21日
64	国家外汇管理局关于印发《外国投资者境内直接投资外汇管理规定》及配套文件的通知	2013年5月11日

续表

序号	文件名称	发布日期
65	国家外汇管理局综合司关于2014年外商投资企业年度外汇经营状况申报工作有关问题的通知	2014年5月23日
66	国家外汇管理局关于境内居民通过特殊目的公司境外投融资及返程投资外汇管理有关问题的通知	2014年7月14日
67	国家外汇管理局关于在部分地区开展外商投资企业外汇资本金结汇管理方式改革试点有关问题的通知	2014年8月4日
68	国家外汇管理局关于进一步简化和改进直接投资外汇管理政策的通知	2015年2月28日
69	国家外汇管理局关于改革外商投资企业外汇资本金结汇管理方式的通知	2015年4月8日
70	商务部、财政部、税务总局、质检总局、统计局、国家外汇管理局关于开展2018年外商投资企业年度投资经营信息联合报告的通知	2018年3月19日

附表3 跨境证券投资类

序号	文件名称	发布日期
1	关于禁止金融机构随意开展境外衍生工具交易业务的通知	1995年3月29日
2	关于调整境内发行B股和境外上市股票外汇专用账户的开立和募股收入结汇审批权限的通知	1999年12月13日
3	关于境内居民个人投资境内上市外资股若干问题的通知	2001年2月22日
4	国家外汇管理局关于境内居民投资境内上市外资股有关问题的补充通知	2001年2月23日
5	关于证券经营机构从事B股业务若干问题的补充通知	2001年2月23日
6	国有企业境外期货套期保值业务管理办法	2001年7月11日
7	国家外汇管理局关于《国有企业境外期货套期保值业务外汇管理操作规程（试行）》的通知	2001年9月3日
8	国家外汇管理局、中国证监会关于进一步完善境外上市外汇管理有关问题的通知	2002年8月20日
9	国家外汇管理局资本项目管理司关于做好境外上市外汇管理工作有关事项的通知	2002年9月9日

续表

序号	文件名称	发布日期
10	合格境外机构投资者境内证券投资管理暂行办法	2002年11月19日
11	国家外汇管理局关于发布《合格境外机构投资者境内证券投资外汇管理暂行规定》的公告	2002年11月28日
12	国家外汇管理局关于外资参股基金管理公司有关外汇管理问题的通知	2003年3月29日
13	国家外汇管理局关于调整《国有企业境外期货套期保值业务外汇管理操作规程(试行)》中有关开立境内外汇账户问题的通知	2003年6月4日
14	国家外汇管理局综合司关于QFII外汇管理操作问题的通知	2003年9月12日
15	国家外汇管理局关于完善境外上市外汇管理有关问题的通知	2003年9月24日
16	国家外汇管理局关于汽车金融公司有关外汇管理问题的通知	2004年7月15日
17	国家外汇管理局关于修改《国有企业境外商品期货套期保值业务外汇管理操作规程(试行)》有关问题的通知	2005年5月17日
18	中国人民银行 中国银行业监督管理委员会 国家外汇管理局关于发布《商业银行开办代客境外理财业务管理暂行办法》的通知	2006年4月17日
19	中国证券监督管理委员会、中国人民银行、国家外汇管理局《合格境外机构投资者境内证券投资管理办法》	2006年8月24日
20	国家外汇管理局关于基金管理公司境外证券投资外汇管理有关问题的通知	2006年8月30日
21	中国银行业监督管理委员会、国家外汇管理局关于印发《信托公司受托境外理财业务管理暂行办法》的通知	2007年3月14日
22	国家外汇管理局《合格境外机构投资者境内证券投资外汇管理规定》	2009年10月10日
23	国家外汇管理局关于基金管理公司和证券公司境外证券投资外汇管理有关问题的通知	2009年10月10日
24	国家外汇管理局关于基金公司、证券公司人民币合格境外机构投资者境内证券投资试点有关问题的通知	2011年12月23日
25	国家外汇管理局关于境内个人参与境外上市公司股权激励计划外汇管理有关问题的通知	2012年3月16日
26	国家外汇管理局关于境外上市外汇管理有关问题的通知	2013年2月7日
27	中国证券监督管理委员会、中国人民银行、国家外汇管理局《人民币合格境外机构投资者境内证券投资试点办法》	2013年3月19日
28	国家外汇管理局关于人民币合格境外机构投资者境内证券投资试点有关问题的通知	2013年3月21日

续表

序号	文件名称	发布日期
29	国家外汇管理局《合格境内机构投资者境外证券投资外汇管理规定》	2013年8月27日
30	国家外汇管理局关于境外上市外汇管理有关问题的通知	2014年12月31日
31	国家外汇管理局关于境外交易者和境外经纪机构从事境内特定品种期货交易外汇管理有关问题的通知	2015年7月31日
32	中国人民银行、国家外汇管理局《内地与香港证券投资基金跨境发行销售资金管理操作指引》	2015年11月9日
33	国家外汇管理局综合司关于发布《合格境外机构投资者额度管理操作指引》的通知	2015年12月7日
34	国家外汇管理局《合格境外机构投资者境内证券投资外汇管理规定》	2016年2月4日
35	国家外汇管理局关于境外机构投资者投资银行间债券市场有关外汇管理问题的通知	2016年5月27日
36	中国人民银行 国家外汇管理局关于人民币合格境外机构投资者境内证券投资管理有关问题的通知	2016年9月5日
37	国家外汇管理局《合格境外机构投资者境内证券投资外汇管理规定》	2018年6月12日
38	中国人民银行 国家外汇管理局关于人民币合格境外机构投资者境内证券投资管理有关问题的通知	2018年6月12日

附表4 跨境债券债务类

序号	文件名称	发布日期
1	外债统计监测暂行规定	1987年8月27日
2	外汇(转)贷款登记管理办法	1989年11月10日
3	国家计委关于借用国外贷款实行全口径计划管理的通知	1996年4月22日
4	境内机构对外担保管理办法	1996年8月21日
5	境外进行项目融资管理暂行办法	1997年4月16日
6	关于中资外汇指定银行为地方限下项目等筹措中长期国际商业贷款有关问题的通知	1997年7月8日
7	境内机构借用国际商业贷款管理办法	1997年9月24日
8	外债统计监测实施细则	1997年9月24日
9	关于要求各中资外汇指定银行加强对所属海外分支机构管理的通知	1998年7月8日

续表

序号	文件名称	发布日期
10	关于禁止购汇提前还贷有关问题的通知	1998年8月20日
11	关于严禁购汇提前还贷的紧急通知	1998年8月31日
12	关于加强境内金融机构外汇担保项下人民币贷款业务管理的通知	1998年9月26日
13	国家计委、中国人民银行、国家外汇管理局关于国有商业银行实行中长期外债余额管理的通知	2000年1月11日
14	关于进一步加强对外发债管理的意见	2000年2月23日
15	关于中国银行所询对外出具保函问题的通知	2000年4月13日
16	关于支付涉外担保费有关处理原则的通知	2000年8月10日
17	关于提供对外担保有关问题的批复	2000年8月15日
18	国家外汇管理局综合司关于为境内外资银行人民币贷款提供担保问题的复函	2001年7月11日
19	中国人民银行、国家外汇管理局关于中资外汇指定银行就远期信用证进行外债登记的通知	2001年7月20日
20	国家外汇管理局关于对国内外汇贷款外汇管理方式进行改革试点的通知	2001年8月8日
21	国家外汇管理局关于调整购汇提前还贷管理措施的通知	2002年4月22日
22	国家发展计划委员会、中国人民银行、国家外汇管理局关于印发国有和国有控股企业外债风险管理及结构调整指导意见的通知	2002年7月8日
23	国家外汇管理局关于实施国内外汇贷款外汇管理方式改革的通知	2002年12月6日
24	国家外汇管理局关于境内居民个人以外汇抵押人民币贷款政策问题的通知	2003年1月6日
25	外债管理暂行办法	2003年1月8日
26	境内外资银行外债管理办法	2004年5月27日
27	国家外汇管理局关于实施《境内外资银行外债管理办法》有关问题的通知	2004年6月21日
28	国家外汇管理局关于金融资产管理公司利用外资处置不良资产有关外汇管理问题的通知	2004年12月17日
29	国家外汇管理局关于2005年境内外资银行短期外债指标核定工作的通知	2005年1月26日
30	国家外汇管理局关于下达2005年境内外资银行短期外债指标的通知	2005年4月1日
31	国家外汇管理局关于下达2005年度中资机构短期外债余额指标的通知	2005年4月8日
32	国家外汇管理局关于调整境内银行为境外投资企业提供融资性对外担保管理方式的通知	2005年8月16日

续表

序号	文件名称	发布日期
33	国家外汇管理局关于完善外债管理有关问题的通知	2005年10月21日
34	国家外汇管理局关于2007年度金融机构短期外债管理有关问题的通知	2007年3月2日
35	国家外汇管理局关于外资银行改制所涉外汇管理有关问题的通知	2007年3月20日
36	国家外汇管理局关于实行企业货物贸易项下外债登记管理有关问题的通知	2008年7月2日
37	国家外汇管理局综合司关于过渡期部分企业预收货款结汇或划转有关问题的通知	2008年7月21日
38	国家外汇管理局关于做好企业延期付款登记管理工作有关问题的通知	2008年9月24日
39	国家外汇管理局关于对企业货物贸易项下对外债权实行登记管理有关问题的通知	2008年10月30日
40	国家外汇管理局关于完善企业货物贸易项下外债登记管理有关问题的通知	2008年12月23日
41	国家外汇管理局关于2009年度金融机构短期外债指标核定情况的通知	2009年3月17日
42	国家外汇管理局关于下发2010年度短期外债余额指标有关问题的通知	2010年4月29日
43	国家外汇管理局关于核定2011年度境内机构短期外债余额指标有关问题的通知	2011年4月15日
44	国家外汇管理局关于核定2013年境内机构短期外债余额指标有关问题的通知	2013年3月1日
45	国家外汇管理局关于发布《外债登记管理办法》的通知	2013年5月2日
46	国家外汇管理局关于印发《外债转贷款外汇管理规定》的通知	2014年2月21日
47	国家外汇管理局关于核定2014年度境内机构短期外债余额指标有关问题的通知	2014年4月8日
48	国家外汇管理局关于发布《跨境担保外汇管理规定》的通知	2014年5月19日
49	中国保监会 国家外汇管理局关于规范保险机构开展内保外贷业务有关事项的通知	2018年2月13日
50	关于进一步支持商业银行资本工具创新的意见	2018年3月20日
51	国家外汇管理局关于融资租赁业务外汇管理有关问题的通知	2018年3月23日

参考文献

[1] 安起雷、李治刚:《国际短期资本流动对我国金融安全的影响及对策研究》,《宏观经济研究》2011年第2期。

[2] 曹永福、匡可可:《美联储加息与新兴市场资本流动:历史经验分析》,《北京工商大学学报》(社会科学版)2016年第1期。

[3] 陈瑾玫、徐振玲:《我国国际短期资本流动规模及其对宏观经济的影响研究》,《经济学家》2012年第10期。

[4] 陈康:《理论与现实——试论托宾税》,《南方经济》1998年第2期。

[5] 陈平:《如何看待当代经济学》,《观察与交流》2013年第3期。

[6] 陈西果:《全球流动性泛滥:成因、危害及我国应对策略》,《经济研究参考》2011年第31期。

[7] 陈学彬、余辰俊、孙婧芳:《中国国际资本流入的影响因素实证分析》,《国际金融研究》2007年第12期。

[8] 戴根有:《中国中央银行公开市场业务操作实践和经验》,《金融研究》2003年第1期。

[9] 樊丽明、张晓雯:《托宾税:论争焦点及评析》,《财贸经济》2012年第8期。

[10] 冯彩:《我国短期国际资本流动的影响因素——基于1994—2007年的实证研究》,《财经科学》2008年第6期。

[11] 冯菊平:《改进的两级托宾税设计模型与我国的外资管理》,《金融研究》2002年第6期。

[12] 巩志强:《构建我国金融宏观审慎管理体系的思考——以完善中央银行职能为视角》,硕士学位论文,山东大学,2012年。

[13] 苟琴、王戴黎、鄢萍、黄益平:《中国短期资本流动管制是否有效》,

《世界经济》2012 年第 2 期。

[14] 国际货币基金组织:《全球金融稳定报告——金融市场动荡起因、后果和政策》,中国金融出版社 2007 年版。

[15] 国际货币基金组织:《全球金融稳定报告——从流动性驱动的市场转向经济增长带动的市场》,贺韬等译,中国金融出版社 2014 年版。

[16] 国家统计局国际统计信息中心:《2005—2006 中国与世界经济发展回顾与展望》,中国统计出版社 2006 年版。

[17] 国家外汇管理局:《2011 年中国跨境资金流动监测报告》,中国金融出版社 2011 年版。

[18] 国家外汇管理局江苏省分局课题组:《跨境资本流动的价格型宏观审慎监管工具研究》,《金融纵横》2017 年第 1 期。

[19] 国家外汇管理局资本流动脆弱性分析和预警体系课题组:《金融脆弱性分析——中国跨境资本流动监测预警体系构建》,中国商务出版社 2005 年版。

[20] 何帆:《等待温和加息——对美联储加息的评论》,《中国外汇管理》2004 年第 7 期。

[21] 何淑兰、王聪:《我国跨境资本流动的宏观审慎管理——基于新兴经济市场国家经验借鉴的视角》,《甘肃社会科学》2017 年第 5 期。

[22] 贺力平:《弱化的效应——评美联储加息及其国际影响》,《国际贸易》1999 年第 9 期。

[23] 胡海鸥、贾德奎:《"利率走廊"调控的运行机制及其在我国的实践意义》,《上海金融》2004 年第 2 期。

[24] 黄昊、王春红:《过渡性工具——实施托宾税遏制短期资本流动可行性评述》,《国际贸易》2001 年第 5 期。

[25] 贾德奎、胡海鸥:《利率走廊:货币市场利率调控的新范式》,《经济评论》2004 年(a)第 2 期。

[26] 贾德奎、胡海鸥:《利率走廊:我国利率调控模式的未来选择》,《财经研究》2004 年(b)第 9 期。

[27] 金荦、李子奈:《中国资本管制有效性分析》,《世界经济》2005 年第 8 期。

[28] 兰振华、陈玲:《中国短期国际资本流动规模测算及其影响因素的实证分析》,《金融经济》2008 年第 7 期。

［29］李超：《国际货币基金组织资本流动管理框架的转变及其启示》，《国际经济评论》2013年第5期。

［30］李翀：《短期资本流动的风险与我国资本项目的开放》，《长白学刊》2003年第1期。

［31］李慧勇：《真正的"热钱"有多少？基于国际收支平衡表评估"热钱"规模》，《申银万国宏观经济深度报告》2011年第2期。

［32］李伟、乔兆颖、吴晓利：《宏观审慎视角下短期跨境资本流动风险防范研究》，《金融发展研究》2015年第4期。

［33］李晓峰：《中国资本外逃的理论与现实》，《管理世界》2000年第4期。

［34］李扬：《中国经济对外开放中过程中的资金流动》，《经济研究》1998年第2期。

［35］廖岷、林学冠、寇宏：《中国宏观审慎监管工具和政策协调的有效性研究》，《金融监管研究》2014年第12期。

［36］林松立：《我国历年热钱规模的测算及10年预测》，《国信证券宏观经济深度报告》2010年第4期。

［37］刘澜飚、文艺、王博：《短期资本流动对中国经济产出的影响》，《经济学动态》2014年第4期。

［38］刘仁伍、覃道爱、刘华编著：《国际短期资本流动监管理论与实证》，社会科学文献出版社2008年版。

［39］刘亚莉：《境外热钱是否推动了股市、房市的上涨——来自中国市场的证据》，《金融研究》2008年第10期。

［40］刘义圣、赵东喜：《利率走廊理论述评》，《经济学动态》2012年第7期。

［41］刘毅、高宏建：《宏观审慎监管与跨境资金流动管理研究》，《福建金融》2016年增刊第1期。

［42］吕光明、徐曼：《中国的短期国际资本流动——基于月度VAR模型的三重动因解析》，《国际金融研究》2012年第4期。

［43］梅新育：《"托宾税"理论与实践的发展——渊源、效率与公平分析》，《经济学动态》2002年第5期。

［44］曲凤杰：《中国短期资本流动状况及统计实证分析》，《经济研究参考》2006年第40期。

［45］任惠：《中国资本外逃的规模测算和对策分析》，《经济研究》2001年

第 11 期。

[46] 盛雯雯：《OECD 国家的跨境资本监管》，《中国金融》2015 年第 14 期。

[47] 石刚、王琛伟：《中国短期国际资本流动的测算——基于 BOP 表》，《宏观经济研究》2014 年第 3 期。

[48] 宋文兵：《中国的资本外逃问题研究：1987—1997》，《经济研究》1999 年第 5 期。

[49] 谈俊：《变与不变：2016 年 TTIP 谈判进程展望》，《国际金融》2016 年第 6 期。

[50] 谈俊、綦鲁明、胡华：《美联储缩减资产负债表的路径、影响及应对》，《中国发展观察》2017 年第 12 期。

[51] 田晓琳：《运用托宾税抑制短期资金流入：理论、实践及政策设计》，《上海金融》2014 年第 12 期。

[52] 汪洋：《中国的热钱：分析视角与行为异常》，转引自庄宗明、何帆主编《后危机时期的世界经济与中国》，中国世界经济学会，2010 年。

[53] 王军：《短期国际资本流动新趋势、对我国的影响及防范》，《经济与管理研究》2011 年第 1 期。

[54] 王世华、何帆：《中国的短期国际资本流动：现状、流动途径和影响因素》，《世界应急》2007 年第 7 期。

[55] 王书朦：《我国跨境资本流动的宏观审慎监管研究——基于新兴经济体的国际借鉴》，《金融发展研究》2015 年第 11 期。

[56] 王信：《90 年代以来我国短期资本流动的变化》，《国际金融研究》2005 年第 12 期。

[57] 王信、林艳红：《90 年代以来我国短期资本流动的变化》，《国际金融研究》2005 年第 12 期。

[58] 王玉、陈柳钦：《托宾税的国际经验及其对中国的启示》，《学习与探索》2011 年第 6 期。

[59] 王志强、李青川：《资本流动、信贷增长与宏观审慎政策——基于门限向量自回归的实证分析》，《财贸经济》2014 年第 4 期。

[60] 伍戈、严仕锋：《跨境资本流动的宏观审慎管理探索——基于对系统性风险的基本认识》，《新金融》2015 年第 10 期。

[61] 奚祥英：《美联储加息的动因及对东南亚经济的影响》，《武汉金融》2000 年第 7 期。

[62] 谢国忠：《"食利一族"吮吸全球经济"果汁"》，《经济展望》2005年第6期。

[63] 谢海玉：《我国债券收益率变动分析》，《国际金融研究》2004年第7期。

[64] 修晶、张明：《中国资本外逃的规模测算与因素分析》，《世界经济文汇》2002年第1期。

[65] 徐高：《中国的资本外逃：对1999年到2006年月度数据的分析》，《北京大学中国经济研究中心讨论稿系列》第5号，2007年。

[66] 严启发：《中国2000年以来的资本非正常外流：形式与评论》，《国际贸易》2010年第12期。

[67] 晏丘：《外汇管理中的中国均衡》，《中国金融》2012年第1期。

[68] 杨海珍、陈金贤：《中国资本外逃：估计与国际比较》，《世界经济》2000年第1期。

[69] 杨胜刚、刘宗华：《资本外逃与中国的现实选择》，《金融研究》2000年第2期。

[70] 杨枝煌、汤友民：《科学提升中国金融业"走出去"品质——兼论推进人民币理性国际化的路径选择》，《亚太经济》2011年第6期。

[71] 易纲、汤弦：《汇率制度的"角点解假设"的一个理论基础》，《金融研究》2011年第8期。

[72] 尹音频、张友树：《全球双层金融交易税的制度构想》，《上海金融》2012年第10期。

[73] 尹宇明、陶海波：《热钱规模及其影响》，《财经科学》2005年第6期。

[74] 于海莲、谭雅玲：《短期难以抗衡——美联储加息举措与国际货币体系发展》，《国际贸易》2005年第2期。

[75] 余珊萍、张文熙：《中国非FDI资本流入的易变性测度》，《东南大学学报》（哲学社会科学版）2008年第5期。

[76] 张斌：《增进中国资本管制的有效性研究——从宏观经济稳定视角出发》，《世界经济》2002年第11期。

[77] 张斌：《人民币升值预期、短期资本流动及其影响》，《国际金融》2010年第4期。

[78] 张健华、贾彦东：《宏观审慎政策的理论与实践进展》，《金融研究》2012年第1期。

[79] 张明：《当前热钱流入中国的规模与渠道》，《国际金融》2008 年第 7 期。

[80] 张明：《中国面临的短期国际资本流动：不同方法与口径的规模测算》，《世界经济》2011 年第 2 期。

[81] 张明、徐以升：《全口径测算中国当前的热钱规模》，《当代亚太》2008 年第 4 期。

[82] 张雪春：《危机后的欧元区金融政策》，《中国金融》2015 年第 6 期。

[83] 张燕生、贺力平：《"不可能三角"再探讨——资本账户开放、国际收支平衡调整与人民币汇率改革相互匹配研究》，中国商务出版社 2011 年版。

[84] 张谊浩、沈晓华：《人民币升值、股价上涨和热钱流入关系的实证研究》，《金融研究》2008 年第 11 期。

[85] 赵进文、张敬思：《人民币汇率、短期国际资本流动与股票价格——基于汇改后数据的再检验》，《金融研究》2013 年第 1 期。

[86] 赵文兴、孙蕾：《宏观审慎理念下的跨境资金流动调控：框架设计与工具选择》，《南方金融》2015 年第 8 期。

[87] 郑辉：《托宾税与信息不对称型投机攻击——由 Obstfeld 模型引申的讨论》，《世界经济》2000 年第 11 期。

[88] 郑杨：《金融宏观调控与外汇管理市场化选择》，《中国货币市场》2010 年第 10 期。

[89] 中国人民银行：《中国人民银行 2017 年报》，2018 年。

[90] 中国人民银行营业管理部课题组：《中央银行利率引导——理论、经验分析与中国的政策选择》，《金融研究》2013 年第 9 期。

[91] 钟伟：《论托宾税和国际资本流动》，《国际金融研究》2001 年第 2 期。

[92] 钟伟：《美联储加息、资本流动与人民币汇率》，《世界经济》2005 年第 3 期。

[93] 周睿：《美联储加息对世界经济的冲击效应分析》，《亚太经济》2016 年第 6 期。

[94] 周小川：《金融政策对金融危机的响应——宏观审慎政策框架的形成背景、内在逻辑和主要内容》，《金融研究》2011 年第 1 期。

[95] 周小川：《新世纪以来中国货币政策主要特点》，《新世纪》2012 年第 46 期。

[96] 朱孟楠、刘林:《短期国际资本流动、汇率与资产价格——基于汇改后数据的实证研究》,《财贸经济》2015 年第 5 期。

[97] Aghion P., P. Bacchetta and A. Banerjee, "Capital market and the instability of open economies", in *The Asian Financial Crisis: Causes, Contagion and Consequences*, eds. by P. R. Agenor, M. Miller, D. Vines, A. A. Weber, Cambridge, UK: Cambridge Univesity Press, 1999.

[98] Allen F. and D. Gale, "Financial Contagion", *Journal of Political Economy* 108 (1), 2000.

[99] Angelini P., "An Analysis of Competitive Externalities in Gross Settlement Systems", *Journal of Banking and Finance* 22, 1998.

[100] Aoki K., G. Benigno and N. Kiyotaki, "Adjusting to Capital Account Liberalization", *CEPR Discussion Paper No. 8087*, 2010.

[101] Ariyoshi A., Habermeier K., Laurens B. et al., "Capital controls: Country Experiences with Their Use and Liberalization", *IMF Occasional Paper* No. 190, 2000.

[102] Aslander O., Ciplak U., Kara H., Kucuksarac D., "Reserve Option Mechanism: Does it Work as an Automatic Stabilizer?", *CBRT Working Paper No. 14/38*, 2014.

[103] Aysan A. F., Fendoglu S., Kiling M., "Macroprudential Ploicies as Buffer Against Volatile Cross-border Capital Flows", *CBRT Working Paper No. 14/04*, 2014.

[104] Bank for International Settlements, *Recent Innovations in International Banking*, report prepared by a study group established by the central banks of the G10 countries, Basel, April (Cross Report), 1986.

[105] Bank for International Settlements, *Recent Developments in International Interbank Relations*, report prepared by a working group established by the central banks of the G10 countries, Basel, October, 1992.

[106] Bank of England, "The Role of Macroprudential Policy", Bank of England Discussion Paper, November 2009.

[107] Bekaert G., C. R. Harvey, "Foreign Speculators and Emerging Equity Markets", *Social Science Electronic Publishing* 55 (2), 2000.

[108] Ben S. Bernanke, Carol Bertaut, Laurie Pounder DeMarco and Steven

Kamin, "International Capital Flows and the Returns to Safe Assets in the United States, 2003 – 2007", *Social Science Electronic Publishing* 15 (49), 2011.

[109] Bernanke B., *Financial Reform to Address Systemic Risk*, Speech at the Council on Foreign Relations, Washington, D. C., 2009.

[110] Bhagwat J., "The Pure Theory of International Trade: A Survey", *Economic Journal*, Vol. 74, No. 293, 1964.

[111] Bhagwati J., "The Capital Myth: The Different between Trade in Widgets and Dollars", *Economic Affairs* 77 (3), 1998.

[112] Bhagwati J., A. Krueger and C. Wibulswasdi, "Capital Flight from LDCs: A Statistical Analysis", In Bhagwati J. (Ed.), *Illegal Transactions In International Trade*, North Holland and Amsterdam, 1974.

[113] Bianconia G., Gallaa T., Marsilia M. and Pin P., "Effect of Tobin Tax in Minority Game Markets", *Journal of Economic Behavior &Organization*, Vol. 70, 2009.

[114] Bloomfield R. J., Hara M. O. and Saar G., "How Noise Trading Affects Market: an Experimental Analysis", *Review of Financial Studies*, Vol. 22, No. 6, 2009.

[115] Borio C., "Towards a Macroprudential Framework for Financial Supervision and Regulation?", *BIS Working Papers*, No. 128, 2003.

[116] Borio C., "Implementing the Macroprudential Approach to Financial Regulation and Supervision", *Banque de France Financial Stability Review*, No. 13, 2009.

[117] Bowman D., Londono J. M., Sapriza H., "U. S. Unconventional Monetary Policy and Transmission to Emerging Market Economies", *Journal of International Money and Finance* (55), 2015.

[118] Brunnermeier M. and Y. Sannikov, *A Macroeconomic Model of the Financial Sector*, Working Paper, Princeton University, 2010.

[119] Calomiris C. W. and C. M. Kahn, "The Role of Demandable Debt in Structuring Optimal Banking Arrangements", *American Economic Review*, 81 (3), 1991.

[120] Calvo Guillermo A., "Capital flows and Capital-market Crises: the Simple

Economics of Sudden Stop". *Journal of Applied Economics* (1), 1998.

[121] Calvo G. A. and Reinhart C. M., "When Capital Inflows Come to a Sudden Stop: Consequences and Policy Options", *International Monetary Fund*, 2000.

[122] Caruana J., "Moneatry Policy in a World with Macroprudential Policy", Speech at the Saarcfinance Governors' Symposium, 2011.

[123] Chari V. V. and R. Jagannathan, "Banking panics, Information, and Rational Expectations Equilibrium", *Journal of Finance* 43, 1988.

[124] Chen Y., "Banking Panics: the Role of the First-come, First-served Rule and Information Externalities", *Journal of Political Economy* 107 (5), 1999.

[125] Chuban P., G. Perez – Quiros and H. Poper, "International Capital Flows: Do Short-term Investment and Direct Investment Differ?", *World Bank Policy Research Working Paper*, No. 1669, 1996.

[126] Claessens S., "Alternatives Forms of External Finance: A Survey", *World Bank Research Observer*, Vol. 8, No. 1, 1993.

[127] Cline W., "Discussion" (of Chapter 3), In Lessard, D. R. and Williamson, J., eds., *Capital Flight And World Debt*, Washington, D. C., Institute For International Economics, 1987.

[128] Crockett A., "Marrying the Micro – and Macroprudential Dimensions of Financial Stability", *BIS speeches* 21, 2000.

[129] Cuddington J., "Capital Flight: Estimate, Issues and Explanations", *Princeton Studies in International Finance*, No. 58, 1986.

[130] César Calderón and Ha Nguyen, "Do Capital Inflows Boost Growth in Developing Countries? Evidence from Sub – Saharan Africa", *World Bank Policy Research Working Paper 7298*, 2015。

[131] De Bandt O., "Competition among Financial Intermediaries and the Risk of Contagious Failures", *Notes Etudes et de Recherches*, No. 30, Paris: Banque de France, 1995.

[132] DeBandt O. and P. Hartmann, "Systemic Risk: a Survey", *ECB Working Paper No. 35*, 2000.

[133] Degerli A., Fendoglu S., "Reserve Option Mechanism as a Stabilizing

Policy Tool: Evidence from Exchange Rate Expectations", *CBRT Working Paper No. 13/28*, 2013.

[134] DeGregorio J., S. Edwards, and R. O. Valdes, "Controls on Capital Inflows: Do They Work?", *Journal of Development Economics*, Vol. 63, 2000.

[135] Desai M. A., C. F. Foley et. al., "Capital Controls, Liberalization, and Foreign Direct Investment", *NBER Working Paper No. 10337*, 2004.

[136] Diamond D. V. and P. Dybvig, "Bank Runs, Deposit Insurance, and Liquidity", *Journal of Political Economy* 91 (3), 1983.

[1.37] Dooley M. P., "A Survey of Acadamic Literature on Controls over International Capital Transactions", *IMF Stuff Papers*, 1996.

[138] Dornbusch R., Werner A., Calvo G., and Fischer S., "Mexico: Stabilization, Reform, and Growth", *Brookings Papers on Economic Activity*, 1994.

[139] Dornbusch R., "Special Exchang Rate for Capital Account Transactions", *World Bank Economic Review*, Vol. 1, 1986.

[140] Drehmann M., "Macroeconomic Stress Testing Banks: A Survey of Methodologies", in *Stress Testing the Banking System: Methodologies and Applications*, Cambridge University Press, 2009.

[141] Drehmann M., "Macroeconomic Stress Testing Banks: A Survey of Methodologies", in *Stress Testing the Banking System: Methodologies and Applications*, Cambridge University Press, 2009.

[142] Edison H. J., and C. M. Reinhart, "Capital Controls dunring Financial Crisis: The Case of Malaysia and Thailand", *International Finance Discussion Papers*, No. 662, 2000.

[143] Edwards S., "Capital Inflows into Latin America: A Stop – Go Story?", *NBER Working Paper No. 6441*, 1998.

[144] Edwards S., "The International Transmission of Interest Rate Shocks: The Federal Resserve and Emerging Markets in Latin America and Asia", *Journal of International Money and Finance* (29), 2010.

[145] Edwards S., "How Effective are Capital Controls", *Journal of Economic Perspectives* 13 (4), 1999.

[146] Ehrenstein G., Westerhoff F., Stauffer D., "Tobin Tax and Market Depth", *Quantitative Finance*, Vol. 5, No. 2, 2005.

[147] Eichengreen B., Tobin J. and Wyplosz C., "Two Cases for Sand in the Wheels of International Finance", *Center for International & Development Economics Research Working Papers*, Vol. 105, 1995.

[148] Eichengreen B., Rose A., Wyplosz C., "Contagious Currency Crises: First Tests", *Scandinavian Journal of Economics* 98 (4), 1996.

[149] Eichengreen B. J., M. Bordo, K. Daniela, M. S. Martinez-Peria, "Isthe Crisis Problem Growing More Severe?", *Economic Policy* 16, 2001.

[150] Enrique Alberola, Aitor Erce and José María Serena, "International Reserves and Gross Capital Flow Dynamics", *BIS WorkingPapers*, No. 512, 2015.

[151] Eswar Prasad, "Managing Capital Flow Volatility", *BIS Papers No. 75*, 2013.

[152] Fendoglu S., Kiling M., Yörükoğlu M., "Cross-border Portfolio Flows and the Role of Macroprudential Policies: Experiences from Turkey", *BIS Papers No. 78*, 2014.

[153] Forbes K. J., "One Cost of the Chilean Capital Controls: Increased Financial Constraints for Small Traded Firms", *NBER Working Paper No. 9777*, 2003.

[154] Forbes K. J., "The Microeconomic Evidence on Capital Controls: No Free Lunch", *NBER Working Paper No. 11372*, 2005.

[155] Freixas X. and B. Parigi, "Contagion and Efficiency in Gross and Net Interbank Payment Systems", *Journal of Financial Intermediation* 7 (1), 1998.

[156] Freixas X., B. Parigi and J. C. Rochet, "System Risk, Interbank Relations and Liquidity Provision by the Central Bank", *Journal of Money, Credit and Banking* 32 (3/2), 2000.

[157] FSB, IMF, BIS, Macroprudential Policy Tools and Framework: Update to G20 Financial Ministers and Central Bank Governors, 2011a.

[158] FSB, IMF, BIS, Macroprudential Policy Tools and Frameworks: Progress Report to G20, 2011b.

[159] Garber P. M. and Grilli V., "Bank Runs in Open Economies and The International Transmission of Panics", *Journal of International Economics*, Elssevier, vol. 27 (1-2), 1989.

[160] Glick R., Michael Hutchison, "Capital Controls and Exchange Rate Instability in Developing Economies", *Journal of International Money and Finance* 24, 2005.

[161] Goodhart C., Liquidity Management, Conference on Financial Stability and Macroeconomic Policy, Jackson Hole, Wyoming, 2009.

[162] Gorton G., "Banking Suspension of Convertibility", *Journal of Monetary Economics* 15, 1985.

[163] Gray S., "Central Bank Balances and Reserve Requirements", *IMF Working Paper*, WP/11/36, 2011.

[164] Gregorio J., "Economic Growth in Chile: Evidence, Sources and Prospects", *Central Bank of Chile Working Paper No. 298*, 2004.

[165] Grilli V., G. M. Milesti-Ferretti, "Economic Effects and Structural Determinants of Capital Controls", *IMF Staff Papers*, Vol. 42, 1995.

[166] Grossman S. J. and Stiglitz J. E., "On the Impossibility of Informationally Efficient Markets", *The American Economic Review*, Vol. 70, No. 3, 1980.

[167] Guidotti P. E., C. A. Vegh, "Macroeconomic Independence under Capital Control: A Two-countries Model of Dual Exchange Rates", *Journal of International Economics*, May, 1992.

[168] Hoffmann A. and A. Loeffler, "Low Interest Rate Policy and the Use of Reserve Requirements in Emerging Markets", *University Leipzig Working Paper120*, 2013.

[169] Iacovie M. and S. Neri, "Housing Market Spillovers: Evidence from an Estimated DSGE Model", *American Economic Journal: Macroeconomics* 2 (2), 2010.

[170] Jacklin C. and S. Bhattacharya, "Distinguishing Panics and Information-based Runs: Welfare and Policy Implications", *Journal of Political Economy* 96 (3), 1988.

[171] Jappelli L., M. Pagano, "Saving, Growth and Liquidity Constraints",

Center for Economic Policy Research, Discussion Paper 662, 1992.

[172] Jeanne O., "Would a Tobin Tax have Saved the EMS?", Scandinavian Journal of Economics 98 (4), 1996.

[173] John Clark, Nathan Converse, Brahima Coulibaly, and Steve Kamin, "Emerging Market Capital Flows and U. S. Monetary Policy", International Finance Discussion Paper Note 23, 2016.

[174] Johnston B., C. Ryan, "The Impact of Controls on Capital Movement on the Private Capital Accounts of Countries' Balance of Payments: Empirical Etimates and Policy Implications", IMF Working Paper WP/94/78, 1994.

[175] Kant C., "Foreign Direct Investment and Capital Flight", Princeton Studies in International Finance, No. 80, 1996.

[176] Kindleberger C. P., P. H. Lindert, International Economics, Richard D. Irwin, Inc., 1982.

[177] King M. and S. Wadhwani, "Transmission of Volatility Between Stock Markets", Review of Financial Studies 3 (1), 1990.

[178] Kobayakawa S., "The Comparative Analysis of Settlements Systems", CEPR Discussion Paper, No. 1667, London: Centre for Economic Policy Research, July 1997.

[179] Kodres L. E. and M. Pritsker, A Rational Expectations Model of Financial Contagion, Mimeo, IMF and Federal Reserve Board, May 1999.

[180] Koray Alper, Hakan Kara and Mehmet Yörükoğlu, "Alternative Tools to Manage Capital Flow Volatility", BIS Papers No. 73, 2013.

[181] Krugman P., "Saving Asia: It's time to get radical", 1998, http://www.pkarchive.org/crises/SavingAsia.html.

[182] Leiderman L., A. Razin, Capital Mobility: the Impact on Consumption, Investment and Growth, Cambridge University Press, 1994.

[183] Luiz Awazu Pereira da Silva, "Sudden Floods" and Sudden Stops of Capital Fows in an Environment of Ultra-low Interest Rates: an Equal Opportunity Menace for Emerging Market and Advanced Economies Alike, Remarks at 51st SEACEN Governors' High-Level Seminar, 2015.

[184] Mackowiak B., "External Shocks, U. S. Monetary Policy and Macroeconomic Fluctuations in Emerging Markets", Journal of Monetary Economics

(54), 2007.

[185] Mahir Binici and Mehmet Yörükoğlu, "Capital Flows in the Post-global Financial Crisis Era: Implications for Financial Stability and Monetary Policy", *BIS Papers*, No. 57, 2011.

[186] McCauley R. N., Guonan, Ma, "Do China's Controls still Bind? Implications for Monetary Autonomy and Capital Liberalisantion", *BIS Working Papers No. 233*, 2006.

[187] Mendoza, E. and M. Terrones, "An Anatomy of Credits Booms and their Demise", *The Chilean Economy*, 15 (2), 2012.

[188] Michaelson L., Hot Money Flow in China: A Look at the Rapport Between International Capital Flows and Business Cycle, The Conference Board China Center, August 2010.

[189] Montoro C. and R. Moreno, "The Use of Reserve Requirements as a Policy Instrument in Latin America", *BIS Quarterly Review*, No. 3, 2011.

[190] Morgan Guaranty Trust Company, "LDC Capital Flight", *World Financial Markets*, March 1986.

[191] Mundell R. A., "Capital Mobility and Stabilization Policy under Fixed and Flexible Exchange Rates", *Canadian Journal of Economics and Political Science* 29, 1963.

[192] Nikola Tarashev, Stefan Avdjiev and Ben Cohen, International Capital Flows and Financial Vulnerabilities in Emerging Market Economies: Analysis and Data Gaps, Note Submitted to the G20 International Financial Architecture Working Group, 2016.

[193] Obstfeld M., Shambaugh J. C. and Taylor A. M., The Trilemma in Histroy: Tradeoffs among Exchange Rates, Monetary Policies and Capital Mobility, 2004, http://elsa.berkely.edu/obsfeld/index.shtml.

[194] Obstfeld M., Alan M. Taylor, "Globalization and Capital Markets", *NBER Working Paper No. 8846*, 2002.

[195] Oduncu A., Akcelik Y., Ermisoglu E., "Reserve Option Mechanism and FX Volatility", *CBRT Working Paper No. 13/03*, 2013.

[196] Ozge Akinci and Albert Queralto, "Banks, Capital Flows and Financial Crises", *International Finance Discussion Papers Number 1121*, 2014.

[197] Palley T. I. , " Speculation and Tobin Tax: Why Sand in the Wheels can Increase Economic Efficiency", *Journal of Economics*, Vol. 69, No. 2, 1999.

[198] Paul Castillo, Cesar Carrera, Marco Ortiz and Hugo Vega, "Spillovers, Capital Flows and Prudential Regulation in Small Open Economies", *BIS Working Papers No. 459*, 2014.

[199] Prasad E. , R. Rajan and A. Subramanian, "Foreign Capital and Economic Growth", *Brookings Papers on Economic Activity*, Spring 2007.

[200] Reinhart C. M. , P. Montiel, "Do Capital Controls and Macroeconomic Policies Influence the Volume and Composition of Capital Flows? — Evidence from the 1990s", *Journal of International Monetary and Finance 19*, 1999.

[201] Rochet J – C. and J. Tirole, "Interbank Lending and Systemic Risk", *Journal of Money, Credit and Banking* 28 (4), 1996.

[202] Rodric D. , A. Velasco, "Short-term Capital Flows", *NBER Working Paper7364*, 1999.

[203] Schneider B. , "Measuring Capital Flight: Estimates and Interpretations", *Overseas Development Institute Working Paper*, No. 194, 2003.

[204] Schoenmaker D. , "A Comparision of Alternative Interbank Settlement System", *L. S. E. Financial Markets Group Discussion Paper*, No. 204, London: London School of Economics, 1995.

[205] Shaghil Ahmed and Andrei Zlate, "Capital Flows to Emerging Market Economies—A Brave New World?", Board of Governors of the Federal Reserve System International Finance, *Discussion Papers Number 1081*, 2013.

[206] Shang – Jin Wei and Zhiwei Zhang, "Collateral Damage: Exchange Controls and International Trade", *IMF Working Paper* WP/07/8, 2007.

[207] Shim I. and Borio C. , "What Can (macro –) Prudential Policy Do to Support Monetary Policy", *BIS Working Paper No.* 242, 2007.

[208] Shin H. and T. Adrian, "Financial Intermediaries and Monetary Economics", in *Handbook of Monetary Economics*, North – Holland Publishing Company, 2010.

[209] Smith B. and Bencivenga V. , "Financial Intermediaries and Endogenous Growth", *Review of Economic Studies*, Vol. 58 (2), 1991.

[210] Spahn P. B. , "The Tobin Tax and Exchange Rate Stability", *Finance and Development*, IMF, Vol. 33, No. 2, 1996.

[211] Stefan Avdjiev, Leonardo Gambacorta, Linda S. Goldberg and Stefano Schiaffi, "The Shifting Drivers of InternationalCapital Flows", *BIS Papers*, No. 106, 2016.

[212] Tamirisa N. , "Exchange Rate and Capital Controls as Barriers to Trade", *IMF Staff Papers*, Vol. 46, No. 1, 1999.

[213] Temzelides T. , "Evolution, Coordination, and Banking Panics", *Journal of Monetary Economics* 40, 1997.

[214] Tobin James, "A Proposal for International Monetary Reform", *Eastern Economic Journal* 4, 1978.

[215] Tornell A. , "Common Fundamentals in the Tequila and Asian Crises", *NBER Working Paper 7139*, 1999.

[216] Tovar C. E. , M. Garcia – Eseribano, and M. V. Martin, "Credit Growth and the Effectiveness of Reserve Requirements and Other Macroprudential Instruments in Latin America", *IMF Working Paper*, No. 12/142, 2012.

[217] Valentina Bruno, Ilhyock Shim and Hyun Song Shin, "Effectiveness of Macroprudential and Capital Flow Measures in Asia and the Pacific", *BIS Papers*, No. 82, 2015.

[218] Voth H. J. , "Convertibility, Currency Controls and the Cost of Capital in Western Europe", *International Journal of Finance and Economics*, 2003.

[219] Waldo D. G. , "Bank Runs, the Deposit Currency Ratio and the Interest Rate", *Journal of Monetary Economics* 15, 1985.

[220] Wang Y. S. , Chueh Y. L. , "Dynamic Transmission Effects Between the Interest Rate, the US dollar, and Gold and Crude Oil Prices", *Economic Modeling* (30), 2013.

[221] World Bank, *World Development Report*, Washington D. C. , 1985.

[222] Yalta Yasemin and Yalta Talha, "Dose financial liberalization decrease capital flight? A panel causality analysis", *International Review of Economics and Finance*, Vol. 22, No. 1, 2012.

[223] Yamazaki A., "Foreign Exchange Netting and System Risk", *IMES Discussion Paper Series*, No. 96, Tokyo: Bank of Japan, June 1996.

[224] Yusuf Soner Baskaya, Julian di Giovanni, Sebnem Kalemli–Ozcan, Jose–Luis Peydro, Mehmet Fatih Ulu, "Capital Flows, Credit Cycles and Macroprudential Policy", *BIS Papers*, No. 86, 2016.

索　引

A

阿根廷比索　133

B

巴塞尔协议　60，72，163，165
巴西雷亚尔　135
伯南克　1
布雷顿森林体系　6，20，21，162—164

C

传导机制　61，63

D

"大而不倒"　69
"大稳定"　1，4，14，22
"大萧条"　1，68，127
动态准备金制度　23
短期跨境资本流动　5，9，12—14，19，20，25—28，30—32，34，37—40，43—46，48—50，53—55，57—60，66，67，77—80，84，87—90，92，96，99—104，113，116，120，121，136—138，140，146，147，150，165，166，168，172—178
短期外债　26，51，52，57，77，78，81，83，140，144，168—172，180，189，190
多层次资本市场　40，46，49

F

非储备性质金融账户　10，11，139

G

杠杆率　14，57，60，73，80，84
国际货币基金组织　2，3，5，8，40，44，69，75，110，131—133，141，144，148，157，163，164，175，177
国际收支平衡表（BOP）　39，54，89，114
国家外汇管理局　27，35—38，40—46，48，50—57，78，84，88，115，138，140，141，146，169，171，172，181—190
G20　69，72，75，110，163

H

宏观审慎管理　10，12—14，30，39，54，55，57，59，60，67，69，75，77—80，84，85，87，88，103，105，109—113，148，150，165，168，172—178

汇率并轨　44

J

机构失灵　24

挤兑　61—63，67，127

加息　13，59，116—122，124，126，130，132，134—137，139，174

价格信号　13，77，79，106

间接法　31，32，34，35，37

金融"走出去"　13，150，151，154，160，162，165，166，168，172—176

金融危机　1，5—7，9，10，12—20，22，23，25，26，28，39，45，46，48，49，54，60，65，67—69，71，73，77，80，89，101，105，106，109，110，113，116，118，121，123，130，131，136，140，163—165，176

金融稳定理事会　69，110，163，177

紧缩性货币政策　23，117，119，121，122，131，136—140，146，174

K

卡丁顿　31，32

肯特　31

库克委员会　68

L

联邦公开市场委员会　126

联邦基金利率　2，117，124，126

量化宽松　2—4，18，93，95，116，126，128，131

灵活利率走廊　89，91，93，100—104

M

美联储　1，2，13，18，19，26，59，73，93，95，96，116—122，124，126—132，135—140，146，147

美元指数　116，132，133，136

N

逆周期调节因子　176

R

人民币国际化　56，154，157，158，161，162，167，168，172

人民币离岸市场　27，159，160

S

三元悖论　20—22，27，107

世界贸易组织　49，132，150，166

市场失灵　24

双顺差　54，138

顺周期性　54，65—67，69—71，79，110，111，163，165

缩表　122，126，128—131，136，138，139，174

T

特别提款权　43,144,157
托宾税　13,14,76,78,81,105—115,179
TISA　3
TPP　3
TTIP　3,4

W

外汇储备　9,19,22,24,26,27,32,35,38,71,81,89,103,120,138,140,141,144,157,158,162,170,171,178,180
完全可兑换　12,46,79,80

X

系统性风险　10,23,54,60—67,69—74,78,79,81,85,109—111
系统性危机　61,72
系统重要性金融机构　14,54,66,67,69—72,110,112—115,165,173
新兴经济体　5,17,19,20,22,23,26,89,116—118,120,121,130,131,133,134,136,139,163,174

Y

"羊群效应"　62,63
易纲　22,167

Z

詹姆斯·托宾　105
证券投资　5,11,12,17,26,31,33,36,38—42,46,49,52—56,58,81,83,89,112,141,143,179,180,186—188
政策失灵　24
支付与清算系统　62,64
直接法　31—35
直接投资　7—10,26,33,35,36,38—41,45—47,49—51,54,56—58,81—83,89,120,141,143,146,152,154,155,179,182—186
周小川　66,70,103,110
主权债务危机　3,4,93
准备金选择机制　89,91,95—104,180
资本充足率　8,60,164
资本流动反转　23
资本账户开放　12,21,49,55,56,80,88

后 记

书稿即将付梓，对短期跨境资本流动宏观审慎管理的思考也将暂时告一段落。书稿从最初构思到最终完成历时四年，这四年恰好分为两个阶段，前两年在北京师范大学从事偏理论性的博士后研究工作，后两年进入中国国际经济交流中心（CCIEE）进行实践性较强的智库研究工作。自己感觉这两种研究存在较大差异，理论研究中逻辑演绎的色彩较浓，而智库研究则具有明显的问题导向特征。同时，两种研究方式之间存在千丝万缕的联系，"理论联系实际"是两者的桥梁。

书稿的前七章主要完成于博士后工作期间，以理论分析为主，后两章完成于 CCIEE 工作期间，侧重于在对当前及今后一个时期存在的问题进行分析的基础上提出相应的政策建议。书稿虽以独著形式出版，但书稿的完成汇集了众人的帮助。

感谢贺力平老师在书稿选题与构思方面给予的指导。贺老师学术功底深厚，对问题的独到见解常常使人眼前一亮。与贺老师就国际金融前沿领域热点问题的交流为后来的研究奠定了坚实的基础。

感谢博士生导师张卓元研究员在博士期间及工作以来给予的指导与帮助。张老师从事经济研究六十余年，十多次参与党和国家重要文件的起草工作。每每聆听张老师的教诲、阅读张老师的文章都能体会到张老师对"理论联系实际"的精准把握。

感谢中国国际经济交流中心赵进军副理事长的鼓励。进入中心工作以来，有幸跟随赵大使先后赴非洲和欧洲调研，开阔了自己的眼界。在平时的交流中，赵大使的言传身教使自己受到很多启发，特别是使自己逐渐注重从决策需要的角度看待问题、提出对策。

感谢中心的领导与同事的帮助。两年前，王军老师曾提议我参评第六批《中国社会科学博士后文库》（简称《文库》），当时因部分参评条件不满足而作罢。去年底，在姜春力老师的提议下，我将书稿做了修改后参评第七批《文库》，前不久接到出版社通知，书稿正式入选，出乎自己的意料。感谢信息部同事在工作上的帮助与支持。李晓西师兄和刘学敏师兄在博士后期间给予了大力帮助，社会科学文献出版社皮书分社邓泳红社长和张超编辑为本书的出版做了大量工作，本书也受益于与王晓红老师和徐洪才老师的交流，在此一并致以深深谢意。

感谢我的爱人胡华同志的默默奉献，承担了大部分照料孩子和家庭的事务。感谢我的父母和岳父、岳母对我们家庭的大力支持，使我免除了很多后顾之忧，安心工作。谈若辰小朋友的健康成长给家庭增添了许多快乐。

感谢书中提到的各位专家学者，他们富有成效的工作使我的研究不必从头开始。如前所述，"理论联系实际"是理论研究与问题导向研究的桥梁。如何将理论与实际更好地结合起来，使理论契合实际发展需要是自己进入 CCIEE 工作以来萦绕在心头的一个疑问。本书算是自己回答这一疑问的一个初步尝试，无疑还存在不少欠缺之处，敬请专家、读者批评指正。

谈　俊
2018 年 10 月 14 日凌晨于京西

征稿函附件2：

第七批《中国社会科学博士后文库》专家推荐表1

推荐专家姓名	郑新立	行政职务	原副主任
研究专长	国民经济学	电话	13901214188
工作单位	中央政策研究室	邮编	100000
推荐成果名称	中国短期跨境资本流动宏观审慎管理研究		
成果作者姓名	谈俊		

（对书稿的学术创新、理论价值、现实意义、政治理论倾向及是否达到出版水平等方面做出全面评价，并指出其缺点或不足）

2008年国际金融危机爆发以来，全球出现了若干轮跨境资金大规模流动，冲击了发展中国家和新兴经济体的经济稳定。我国也出现短期跨境资本大量流出，虽然通过行政和数量管制，短期跨境资本流出压力有所缓解，但从长远来看这一调控方式缺乏可持续性，需要建立市场化的、以价格调节为主体的短期跨境资本流动调节体制机制。

本报告以"中国短期跨境资本流动宏观审慎管理研究"为题，拓展了对短期跨境资本流动宏观审慎管理的理论认知，同时与党的十九大报告提出的"健全货币政策和宏观审慎政策双支柱调控框架，深化利率和汇率市场化改革。健全金融监管体系，守住不发生系统性金融风险的底线"的改革任务联系较为紧密，兼具理论和现实意义。

纵观全文，资料翔实，分析全面，达到出版要求，不足之处在于实证研究相对较少，有待加强。

签字：郑新立

2018年1月5日

说明：该推荐表由具有正高职称的同行专家填写。一旦推荐书稿入选《博士后文库》，推荐专家姓名及推荐意见将印入著作。

第七批《中国社会科学博士后文库》专家推荐表 2

推荐专家姓名	张卓元	行政职务	无
研究专长	价格学、市场学、政治经济学	电话	13901378503
工作单位	中国社科院经济研究所	邮编	100000
推荐成果名称	中国短期跨境资本流动宏观审慎管理研究		
成果作者姓名	谈俊		

（对书稿的学术创新、理论价值、现实意义、政治理论倾向及是否达到出版水平等方面做出全面评价，并指出其缺点或不足）

近年来我国资本流出压力加大，资本与金融账户出现逆差，短期跨境资本流动的波动性加大，加之人民币贬值预期仍然存在，需要着力防范与化解短期跨境资本流动可能给宏观经济稳定带来的冲击。从长远的制度建设来看，当前我国以行政和数量管制为主的短期跨境资本调控方式虽然取得了一定成效，但仍存在不足之处，如难以及时根据市场价格信号进行调整，扭曲了市场汇率水平等，未来需要逐步建立以价格手段为主体的短期跨境资本流动调节体制机制。

党的十九大报告提出"健全货币政策和宏观审慎政策双支柱调控框架，深化利率和汇率市场化改革。健全金融监管体系，守住不发生系统性金融风险的底线"，本报告以"中国短期跨境资本流动宏观审慎管理研究"为题，涉及健全宏观审慎调控框架和金融监管体系两个方面，具有较强的现实意义。

本报告的理论价值在于，一方面基于我国实践丰富了对短期跨境资本流动宏观审慎管理的理论认知，为完善我国短期跨境资本流动的管理提供了理论支持，另一方面通过对其他国家在实践中取得的有益经验进行研究与总结，为我国吸收和借鉴。

本报告的不足之处在于：一是实证研究相对较少，二是实践调研略显不足，这两方面有待加强。

签字：张卓元

2018 年 1 月 29 日

说明：该推荐表由具有正高职称的同行专家填写。一旦推荐书稿入选《博士后文库》，推荐专家姓名及推荐意见将印入著作。